Das mächtigste Amt der deutschen Politik hat noch niemand freiwillig aufgegeben – außer Angela Merkel. Dabei hat sie sich gerade am Ende ihrer Amtszeit wieder als Krisenmanagerin bewährt und hohe Zustimmungswerte kassiert. Denn so schätzten sie die Deutschen: Angela Merkel war so pragmatisch, wie Helmut Schmidt es gerne gewesen wäre. Unaufgeregt schlachtete sie mehrere heilige Kühe der Christdemokraten, etwa die Wehrpflicht oder die Kernkraft. Kritiker warfen ihr vor, ihr einziges Programm sei es, Kanzlerin zu sein.

Und doch hat sie, ideologiefrei, visionslos, eine Epoche der deutschen Politik geprägt: Die Jahre von 2005 bis 2021 sind eindeutig die Merkel-Jahre. Was bleibt von ihnen? Wurde da «nur» pragmatisch regiert, oder sind Entwicklungen in Gang gesetzt worden, die über den Tag hinausweisen? Ja, die gibt es, sagt Ursula Weidenfeld, und sie werden entscheidend sein für unsere nächsten Jahre.

Dieses Buch ist mehr als eine Bilanz. Es versucht, dem Phänomen Merkel gerecht zu werden – und zeichnet das Bild einer Frau, die Deutschland verändert hat.

«Eine wirklich lesenswerte Analyse einer Epoche an der Schwelle zwischen Aktualität und Geschichte.» *Deutschlandfunk*

Ursula Weidenfeld, geboren 1962, studierte Wirtschaftsgeschichte, Germanistik und Volkswirtschaftslehre in Bonn und München. Sie war u. a. Berlin-Korrespondentin und stellvertretende Ressortleiterin der «Wirtschaftswoche», Ressortleiterin Wirtschaft und stellvertretende Chefredakteurin des Berliner «Tagesspiegel». Heute arbeitet Weidenfeld als freie Wirtschaftsjournalistin, daneben ist sie als Moderatorin und Kommentatorin für Fernseh- und Hörfunksender tätig. 2007 wurde Ursula Weidenfeld mit dem Ludwig-Erhard-Preis für Wirtschaftspublizistik ausgezeichnet.

URSULA WEIDENFELD

DIE KANZLERIN

PORTRÄT EINER EPOCHE

ROWOHLT TASCHENBUCH VERLAG

Veröffentlicht im Rowohlt Taschenbuch Verlag,
Hamburg, Juni 2023
Copyright © 2021 by Rowohlt · Berlin Verlag GmbH, Berlin
Covergestaltung zero-media.net, München,
nach einem Entwurf von Frank Ortmann
Coverabbildung Dominik Butzmann / laif
Satz aus der Arno bei Pinkuin Satz und Datentechnik, Berlin
Druck und Bindung CPI books GmbH, Leck
ISBN 978-3-499-00642-5

INHALT

ABGANG

Wer die Besonderheit Angela Merkels für die politische Geschichte Deutschlands beschreiben will, fängt am besten am Ende an – und beginnt mit ihrer Entscheidung, das Amt aufzugeben. Dass ein deutscher Kanzler freiwillig aufhört, ist eigentlich unvorstellbar, es kam jedenfalls noch nie vor. Auch dass eine völlig unbekannte und politisch unerfahrene Person innerhalb von fünfzehn Jahren aus dem Nichts zur Regierungschefin aufsteigt, ist einmalig. Dass es einer Frau gelingt, kam ebenfalls noch nie vor. Angela Merkel hat das geschafft. Sie steht für eine Politikerbiographie, wie sie einer Westdeutschen ihrer Generation nicht möglich gewesen wäre.

Der beinah freiwillige Abgang im letzten möglichen Moment ist ein Symbol ihrer Kanzlerschaft wie ihres Lebens: Angela Merkel ist unabhängiger und freier als die meisten, gleichzeitig ist sie unentschlossen bis zur äußersten Schmerzgrenze. Mit schwierigen Entscheidungen wartet sie, bis es fast zu spät ist.

Zögern und Zaudern als Regierungsprinzip

Eine der von ihr selbst mit Bedacht erzählten Geschichten aus ihrer Kindheit geht so: Als Schülerin steht sie auf dem Dreimeterbrett – und springt erst, als die Schulglocke den Sportunterricht schon beendet. Keine Sekunde zu früh, aber eben gerade noch so, dass die Leistung zählt. Sie erzählt das nicht ohne Hintersinn. Es ist die Selbstdeutung ihres ureigensten Regierungsprinzips: das des Zögerns. Und es ist das Herausstellen einer vermeintlichen Schwäche, die sie selbst als Stärke empfindet. Sie sieht es als Wartenkönnen: «Wenn ich mir etwas Zeit nehme, um zu meiner Meinung zu kommen, muss ich hinterher nicht damit hadern.»[1]

Damit setzt sie sich nicht nur von der Kindheitserzählung des westdeutschen Vorgängers Gerhard «Acker» Schröder ab, der sich als Jugendlicher aus schwierigsten sozialen Verhältnissen auf den Bolzplätzen im niedersächsischen Osterhagen im Wettbewerb mit den bessergestellten Altersgenossen durchsetzen wollte. Auch ihren westdeutschen Konkurrenten in der eigenen Partei, die sich mit großen Politikentwürfen, belastbaren Netzwerken und großem Selbstbewusstsein bewerben, baut sie die Story vom Dreimeterbrett in den Weg. Sie ist nämlich diejenige, die am Ende springt. «Ich bin, glaube ich, im entscheidenden Moment mutig», sagt sie im Gespräch mit der Journalistin Evelyn Roll.[2] Sie befreit die CDU am 22. Dezember 1999 von Helmut Kohl und der Spendenaffäre. Angela Merkel gibt ihrer Partei an diesem Tag in einem Autorenstück in der «Frankfurter Allgemeinen Zeitung» das Signal, sich von den alten «Schlachtrössern» zu befreien und selbst laufen zu lernen.[3] Der damalige CDU-Vorsitzende Wolfgang Schäuble, die jungen Wilden Roland Koch, Peter Müller, Friedrich Merz stehen zwar ebenfalls auf dem Sprungbrett. Aber ihnen fehlt der Mut, als die Glocke klingelt.

Als Kanzlerin verweigert Angela Merkel zu Beginn der Finanzkrise im September 2008 ein milliardenschweres Konjunkturprogramm – und schwenkt erst im allerletzten Moment um, als die Wirtschaft im Winter nahezu zusammenbricht. In der Migrationskrise wartet sie bis weit ins Jahr 2016, bevor sie mit der Türkei ein Abkommen über die Aufnahme von Flüchtlingen aushandelt und damit die deutsche Grenze für den Zustrom schließt. Es dauert bis zur Corona-Krise, dass sie sich zu einer gemeinsamen Schuldenaufnahme der europäischen Staaten durchringt. Und dann 2018, in eigener Sache: Als es für einen freiwilligen Abschied vom Parteivorsitz schon fast zu spät zu sein scheint, gibt sie dieses Amt auf und verkündet das Ende ihrer politischen Karriere für das Jahr 2021.

Wo ihre Vorgänger und internationalen Partner Visionen formulieren und dann krachend an ihnen scheitern, hat die Kanzlerin eine andere Weise, mit den Herausforderungen des Regierungsalltags umzugehen. Warten, schweigen, beobachten – und im letzten möglichen Augenblick handeln: Dieses Prinzip steht für die Momente größter Schwäche, aber auch für die historischen Wendepunkte von Merkels Kanzlerschaft. Es ist ihre Methode, den Verzicht auf eigene Vorstellungen und Ziele, die politische Orientierungslosigkeit zu kompensieren.

Sie hofft geduldig, dass sich zumindest ein Teil der Herausforderungen im Zeitablauf von selbst erledigt. So hat es sie Helmut Kohl gelehrt. Sie kann warten, bis der Zeitgeist das Problem von der Tagesordnung fegt. Oder bis der Entscheidungsdruck auf allen Seiten so steigt, dass Lösungen und politische Kompromisse unausweichlich sind. Wachsam legt sie sich auf die Lauer, strengt Gutachten an, beruft Ethikkreise, beobachtet die öffentliche Meinung. So lange, bis sie die Strategien und die Gedanken der anderen kennt und als ehrliche Maklerin walten kann. Ihre eigenen Absichten hält sie im Verborgenen. Politisch spielen sie viel seltener eine Rolle, als es der Richtlinienkompetenz ihres Amtes angemessen wäre. «Die Dinge vom Ende her denken», nennen sie das im Kanzleramt. Wobei das Ende oft eine Leerstelle ist, die sich erst im Lauf des Verfahrens füllt.

Im Grunde ist es ein pessimistisches Verständnis der Arbeit von Politikern. Die Vorstellung, die Zukunft gestalten zu können, verschwindet hinter der Verpflichtung, die Gegenwart zu managen.

Der Mensch verschwindet hinter dem Amt

Farbiger Blazer, schwarze Hose, flache Schuhe, Halbedelsteinkette, dezentes Make-up, Föhnfrisur. Die Bundeskanzlerin trägt fast immer Uniform, nicht nur äußerlich. «Ich will Deutschland dienen», sagt sie im Mai 2005, als Bundespräsident Horst Köhler das Parlament aufgelöst und Neuwahlen ausgerufen hat und Angela Merkel ihre Kandidatur für die CDU und die CSU ankündigt. Für den fleißigen, untertänigen Ton dieses Wahlspruchs erntet sie damals noch das süffisante Lächeln ihres Vorgängers, des amtierenden Bundeskanzlers Gerhard Schröder. Im Jahr 2017 wiederholt sie diese Wendung, als sie unerwartet eine erneute, vierte Kandidatur ankündigt: Angesichts der schweren Krisen und Verwerfungen in der Welt werde sie noch einmal «das, was mir an Gaben und Talenten gegeben ist, in die Waagschale werfen (...), um meinen Dienst für Deutschland zu tun».[4]

Jetzt lacht niemand mehr. Längst hat sich die Arbeitsweise der Kanzlerin zu einer Blaupause für effizientes Regieren entwickelt. Die Kanzlerin wird als Stabilitätsanker in Deutschland, Europa und in der internationalen Staatengemeinschaft wahrgenommen – im Ausland noch viel stärker als in Deutschland. In ihrer abwägenden Art sei sie das «Gravitationszentrum europäischer Innenpolitik», attestiert der ehemalige österreichische Bundeskanzler Christian Kern 2018 in einem Gastbeitrag für das «Handelsblatt». Doch während in Berlin, München, Saarbrücken, Düsseldorf und Hamburg schon zu diesem Zeitpunkt eine ganze Politikerinnengeneration sehnlich darauf wartet, dass die Kanzlerin endlich abtritt und Platz macht, wächst in Europa die Sorge: Wer wird nach ihr kommen? Und: Wird die neue Kanzlerin, wird der neue Kanzler in Krisen flexibel und klug wie Merkel reagieren? Und wenn er es kann, wird er es auch wollen?

Zwei Politikertypen dominieren zu diesem Zeitpunkt die internationale Staatengemeinschaft. In der Minderheit sind diejenigen, die wie Angela Merkel ihre Persönlichkeit hinter der Arbeit für das Land verschwinden lassen. Auf der anderen Seite stehen charismatische, oft populistische Regierungschefs, die ihren Wahlsieg und die Führung in der Politik ausschließlich von ihrer Person ableiten: Donald Trump als amerikanischer Präsident ist ein solcher Politiker, Wladimir Putin, Emmanuel Macron sind es, später kommt Boris Johnson dazu. Während Letztere den politischen Handlungsspielraum hell, manchmal grell ausleuchten, um ihn dann mit ihren persönlichen Politikentscheidungen, symbolischen Gesten und großen Ansprachen zu möblieren, hat die Kanzlerin es andersherum gehalten. Sie hat sich an den Rand gestellt, beobachtet, sich beraten lassen und dann entschieden. Nur wenige, aber wichtige Ausnahmen gibt es von dieser Regel – sie werden im Kapitel «Enttäuschungen» diskutiert. Für die Nachfolger ist die Versuchung groß, es anders zu halten, mehr wie die Briten oder die Franzosen. Wie mächtig dieser Trend ist, zeigt der Kampf um die Kanzlerkandidatur zwischen Markus Söder und Armin Laschet. Noch einmal setzt sich das Modell Merkel gegen das Modell Volkstribun durch. Der «Kanzlerkandidat der Herzen» aber wohne jetzt in Bayern, heißt es bei der CSU.

Angela Merkel ist wie Haßloch

Sechzehn Jahre lang arbeitet sie als erste Dienstfrau des Landes. Dafür unterdrückt sie ihre Ecken und Kanten, ihre Haltung, ihren Humor und ihre Meinungen so erfolgreich, dass zum Ende ihrer Amtszeit viele zweifeln, ob sie überhaupt welche hat. Wenn man mit Angela Merkel in ein Flugzeug steige, werde man sicher ankommen, hat ihr erster Vizekanzler Franz Müntefering von der SPD einmal gewitzelt. Man wisse halt nur nie, wo.

Nach außen ist die Kanzlerin eine Frau ohne Eigenschaften geworden, eine Projektionsfläche für alle möglichen Erwartungen und Befürchtungen, für Verehrung und Verachtung, Hass und Bewunderung. In Angela Merkel kann man alles finden, die Retterin und die Zerstörerin Europas, die entschiedene Befürworterin und die Gegnerin der Atomkraft, die Klimaretterin und die Industriepolitikerin, die Wirtschaftsreformerin und die strukturkonservative Sozialpolitikerin. So macht sie sich anschlussfähig für fast jede denkbare Regierungskoalition der Mitte. Sie könnte mit den Sozialdemokraten, den Liberalen und den Grünen regieren. Nur die politischen Extreme fallen aus ihrem Spektrum.

Wäre die öffentlich sichtbare Angela Merkel eine Stadt, sie wäre Haßloch. Das 20 000-Seelen-Gemeinwesen in der Nähe von Speyer in Rheinland-Pfalz gilt als Musterstadt des deutschen Durchschnitts. Hier gibt es genauso viele Alte, Singles, Familien, Akademiker, Ausländer und Kinder wie im statistischen Schnitt des ganzen Landes, die Kaufkraft entspricht ebenfalls haargenau dem Mittelwert. Haßloch ist das Mekka der deutschen Konsumforscher, die hier ausprobieren, wie groß der Deutsche seinen Schokoriegel und wie süß er seine Eisportion am liebsten hätte. Der Wikipedia-Eintrag über die Stadt rühmt ein Naturdenkmal: Es ist eine hunderfünfzigjährige Trauerweide.

Angela Merkel repräsentiert dasselbe, den Durchschnittsstil der Politik. Sie gibt sich so, wie die Deutschen gern regiert werden wollen: nicht XXL, lieber medium. Solidität, nicht Kühnheit. Kompromissfähigkeit, nicht Brillanz. Detailwissen statt der Sehnsucht nach dem großen Wurf.

Sie stilisiert sich in den vergangenen sechzehn Jahren zu einer der wenigen gesamtdeutschen Personen der Öffentlichkeit. Außer ihr ist das erstaunlicherweise nur noch einem weiteren ostdeutschen Politiker gelungen, dem früheren Bundespräsidenten Joachim Gauck. Das hat vielleicht damit zu tun, dass ihre westdeutschen Altersgenossen schon in den Jugendorganisationen ihrer Parteien gelernt haben, sich ein regionales Netzwerk zu sichern, auf das man ein politisches Leben lang baut. Das drückt sich im regional gefärbten Zungenschlag aus, aber auch in der Loyalität zur Wirtschafts- und Wissenschaftsförderung der Region, den industrie- und migrationspolitischen Interessen der Städte und Dörfer des Wahlkreises.

Vielleicht berührt es aber auch die unterschiedlichen sozialen Prä-

gungen Ost- und Westdeutscher. Während Ostdeutsche Anpassungsfähigkeit und Unauffälligkeit übten, weil das Kollektiv wichtiger war
als das Individuum, lernten westdeutsche Nachwuchspolitiker in den
achtziger Jahren Persönlichkeitsmarketing, sich zu profilieren und zu
präsentieren.

Merkel und Gauck haben das eine überwunden, ohne sich das andere übertrieben anzueignen. Erst in der nachfolgenden Generation
der Manuela Schwesigs, Kevin Kühnerts (beide SPD), Linda Teute-
bergs (FDP), Annalena Baerbocks (Grüne), Paul Ziemiaks und Daniel Günthers (beide CDU) wird die Herkunft nach und nach eine
Nebensache.

Ihre DDR-Biographie merkt man Merkel nur in seltenen Momen-
ten an. Wenn sie spontan antwortet und zu berlinern beginnt, zum
Beispiel. Wenn sie von «Nachholebedarf» spricht und das unbeton-
te «e» der DDR-Sprechweise ganz kurz wie eine Erinnerung an vergangene Zeiten aufblitzt. Oder wenn sie fürchtet, Deutschland könne
«Bummelletzter» im internationalen Standortwettbewerb werden,
und diese Sorge in die Vokabel kleidet, mit der ostdeutsche Kinder-
gärtnerinnen den Trödler beim Kita-Spaziergang antreiben.

Ansonsten aber: Haßloch. Die Kanzlerin kämpft mit ihrem Ge-
wicht und gelegentlichen gesundheitlichen Einschränkungen wie nahezu alle Frauen ihres Alters. Sie trägt die Durchschnittsfrisur älterer
Damen, verbringt das Wochenende gern beim Unkrautjäten auf der
Datsche in der Uckermark, im Sommer wird in den Bergen Südtirols
gewandert. Bei Merkels zu Hause kocht sie, und zwar gutbürgerlich:
Kartoffelsuppe, Streuselkuchen, Roulade. Sie trägt keine Leinen-Bla-
zer mehr, weil sie bei ihr «Ich weiß nicht, wie manche das machen,
nie eine Falte» sofort knittern.[5] Sie und ihr zweiter Mann, Joachim
Sauer, wohnen, so berichten Zeugen, die dort zu Gast waren, «normal». Nichts Großes, liebevoll Eingerichtetes, ausgedacht Beleuch-
tetes. Stattdessen: eine durchschnittlich große Wohnung im vierten
Stock, eher zufällig möbliert als vom Innenarchitekten geplant und

eingerichtet, allerdings in allerbester Berliner Lage gegenüber dem Pergamonmuseum.

Eine Physikerin als Kanzlerin

Nur selten lässt sie erkennen, dass die echte Angela Merkel alles andere als Haßloch ist. In Krisenzeiten zum Beispiel. Da bleibt sie ruhig. Sie behält die Nerven, wenn alle anderen durchdrehen. Ihre Mitarbeiter bewundern ihre Auffassungsgabe, ihre Intelligenz, ihr Gedächtnis auch für Details, ihre Fähigkeit, Fehler nur einmal zu machen. Pfarrerskinder müssten «besser sein als die anderen», damit sie in der DDR studieren können, haben ihre Eltern ihr und ihren Geschwistern in der Kindheit eingeschärft. Besser zu sein als die anderen, diese Überlegenheit aber sorgfältig zu tarnen ist eine Prägung, die sie nicht loswird und die ihr in ihrer politischen Laufbahn sehr nützt.

Anders als viele ihrer Vorgänger handelt sie nicht nur in politischen Kategorien. Zu Hause wird naturwissenschaftlich gelesen und gedacht. Ihre Ausbildung als Physikerin stellt sie vor allem dann heraus, wenn sie gegen ihre politischen Gegner austeilt: «Ich habe mich in der DDR zum Physikstudium entschieden, (...) weil ich ganz sicher war, dass man vieles außer Kraft setzen kann, aber die Schwerkraft nicht, die Lichtgeschwindigkeit nicht und andere Fakten nicht, und das wird auch weiter gelten», blafft sie im Dezember 2020 im Bundestag Alice Weidel, die Fraktionsführerin der AfD, an, als die ihre Erklärung zur Corona-Politik mit ständigen Zwischenrufen unterbricht.[6]

Das ist nicht nur eine Attitüde, mit der sie ihre ungewöhnliche politische Biographie feiert und sich gegen all die Juristen, Politikwissenschaftler, Lehrer und Verwaltungsbeamten im Parlament abgrenzt. In der Corona-Pandemie wie auch in der Klimapolitik wird überdeutlich, dass die Kanzlerin sich lieber auf die Ansichten von

Wissenschaftlern als auf die von Ministerpräsidenten verlässt. Und dass sie als eine der wenigen Politikerinnen in der Lage ist, sich auf Augenhöhe mit den Experten auszutauschen.

Wenn die CDU zu Merkels runden Geburtstagen einlädt, wird statt launiger Reden und freundlicher Grußadressen harte Kost serviert. Die Kanzlerin wünscht sich einen wissenschaftlichen Vortrag. 2014, zum sechzigsten, referiert der Konstanzer Historiker Jürgen Osterhammel über die «Zeithorizonte in der Geschichte». Zum fünfzigsten Geburtstag hatte der Frankfurter Hirnforscher Wolf Singer über das Gehirn als «Beispiel selbstorganisierter Systeme» gesprochen. Der frühere bayerische Ministerpräsident und CSU-Kanzlerkandidat Edmund Stoiber hätte diese Einladung beinahe weggeworfen, weil er sich nicht zum Geburtstagsfest, sondern zu einem der üblichen Berliner Wissenschaftsabende eingeladen fühlte. Rund tausend Gäste dämmern an diesem Juliabend in der Sommerhitze vor sich hin, bis sie nach einer guten Stunde durch den Sektempfang erlöst werden, für den sie eigentlich gekommen sind.

Angela Merkel aber hört aufmerksam zu. Wissenschaftsabende wie diese sind ihre Leidenschaft. Als sie am 17. Dezember des vergangenen Jahres «mächtig stolz»[7] zu einem virtuellen Besuch beim Mainzer Corona-Impfstoff-Star Biontech aufkreuzt, ist sie von den drei Kabinettsmitgliedern – außer ihr sind Gesundheitsminister Jens Spahn und Wissenschaftsministerin Anja Karliczek zugeschaltet – die Einzige, die zum Schluss unbedingt noch etwas wissen will: wann und wie das Gründerehepaar der Firma auf die Idee gekommen sei, seine Forschung zur Krebstherapie zur Entwicklung eines Covid-19-Impfstoffs zu nutzen.

Bei den traditionellen informellen Nobelpreisträger-Abendessen, zu denen die Leibniz-Gemeinschaft die Kanzlerin einlädt, ist sie oft die Letzte, die geht. Manchmal muss ihr Mann sie zum Aufbruch drängen, so intensiv vertieft sie sich in die Debatte mit den Experten, berichten Teilnehmer.

Mit diesem Profil wird die Kanzlerin über die Jahre zur wandelnden Enttäuschung für die Politikexperten und Leitartikel, die sich nach Charisma sehnen, Blut-Schweiß-und-Tränen-Reden verlangen oder wenigstens eine einzige visionäre Überzeugungsgroßtat in der Ära Merkel feiern wollen. Es ist ein Paradox: Globalisierung und Digitalisierung sorgen in der Politik für eine Machtverschiebung zu Lasten der Parlamente und zugunsten der Regierungen. Selbst in Deutschland hat der Regierungschef inzwischen fast präsidiale Macht. Die Kanzlerin aber nutzt diese Durchgriffsmöglichkeiten nicht für eigene politische Ziele.

Sie ist der Gegenentwurf zu den Visionären und Populisten, eine Karriere wie die ihre ist eigentlich nur in Deutschland möglich. Die Chance, viermal hintereinander gewählt zu werden, hat ein Politikertyp wie Angela Merkel nur in einem politischen System, in dem das Parlament den Regierungschef wählt. Eine Direktwahl würde eine Politikerin ohne rhetorisches Talent und ohne große Politikentwürfe kaum bestehen. «In Frankreich wird Angela Merkel zwar bewundert und verehrt – aber gewählt würde sie hier wohl nicht», analysiert die französische Journalistin Pascale Hugues, die seit Jahrzehnten als politische Korrespondentin in Berlin arbeitet.

In Deutschland aber hält sie sich an der Macht. Politikwissenschaftler wie der Duisburger Politologe Karl-Rudolf Korte haben dafür eine Erklärung. Weil Merkel keine Visionärin ist, keine politische Überzeugungstäterin, weil sie sich im politischen Alltagsgeschäft «erklärungsarm» durchwurstelt und nur in Krisen entscheidungsmutig wird, ist sie eine der modernsten Politikerinnen des 21. Jahrhunderts. Das mag langweilig und zermürbend sein, doch es ist die zeitgemäße Interpretation des britischen Philosophen Karl Popper, der den Sozial- und Politikwissenschaften die Kritik- und Korrekturfähigkeit der Naturwissenschaftler empfahl: Stück für Stück voranzugehen, nach dem Prinzip von Versuch und Irrtum. Entpuppt sich eine Empfehlung als falsch, wird sie korrigiert. In demokratischen Gesellschaften werden diese Korrekturen normalerweise durch Wahlen herbeigeführt. Doch Angela Merkel trickst die Demokratie in diesem Punkt aus: Sie nimmt die Korrektur selbst vor und wird dadurch immer wieder wählbar.

In Deutschland ist die politische Gesamtsituation so kompliziert geworden, dass Befreiungsschläge nach Art der «Agenda 2010» von Gerhard Schröder heute unkalkulierbare Risiken bergen. Zum einen will in einer älter werdenden Bevölkerung kaum jemand eine radikale Reform. Das Risiko, nach einer solchen Aktion die nächste Wahl zu verlieren oder die Polarisierung der Gesellschaft zu vertiefen, ist deshalb gewaltig. Dazu kommen die Verflechtungen und Verpflichtungen, die bei umfassenden Reformen zu berücksichtigen wären: Ist das Vorhaben verfassungsgemäß, berührt es die Rechte der Bundesländer, möglicherweise europäische Verträge und internationale Abkommen?

Für eine Politikerin, die an der Macht bleiben will, ist ein radikaler Weg weder besonders attraktiv, noch verspricht er in der Sache Erfolg. Lieber arbeitet sie sich vorsichtig voran wie ein Bergmann in einem Stollen. Kleine Schritte, Stabilisierungsmaßnahmen, wieder kleine Schritte. Pfadabhängigkeit nennen Fachpolitiker das, und sie meinen: bloß nichts kaputtmachen, was man beim Rückzug möglicherweise zum Überleben braucht. Regierungschefs mit einem eigenen und anspruchsvollen politischen Programm sind für solche Leute gefährlich. Sie drohen das komplizierte Gleichgewicht aus der Balance zu bringen.

Die Naturwissenschaftlerin Angela Merkel erfährt das gleich nach der Regierungsübernahme. Ihr Wirtschaftsreformprogramm vom Leipziger Parteitag 2003 räumt sie schon bei den Koalitionsverhandlungen mit der SPD umstandslos ab, nachdem sie nur mit hauchdünnem Vorsprung Kanzlerin werden konnte. Statt Steuersenkungen und einer grundsätzlichen Gesundheitsreform gibt es jetzt das Gegenteil, eine Mehrwertsteuererhöhung um drei Prozentpunkte und ein mühevolles Reförmchen der Krankenkassen.

Die Ausgangslage ist eigentlich klar: CDU und SPD müssen eine Gesundheitsreform auf den Weg bringen. Im Wahlkampf hat die CDU/CSU sich auf einen Systemwechsel, nämlich einheitliche Krankenkassenbeiträge für alle festgelegt. Die SPD dagegen will eine Bürgerversicherung, in der auch privat Versicherte in das System einbezogen werden. Ein Politik-Experiment, bei dem der Ausgang eigentlich von vornherein feststeht: Durchgesetzt wird nicht das Modell, das einen Systemwechsel erfordert. Sondern eines, das möglichst wenig ändert.

Angela Merkel hat daraus gelernt. Nach 2005 gibt es mit ihr als Kanzlerkandidatin kein Wahlprogramm mehr, das dem Wähler einen strengen Veränderungskurs vorschlägt. Stattdessen ist «Sie kennen mich» der Slogan des Jahres 2013, der die Älteren unter den Wählern an Konrad Adenauers «Keine-Experimente»-Kampagne aus dem Jahr 1957 erinnert. Wie Adenauer hat Angela Merkel zu diesem Zeitpunkt zwei Wahlperioden lang regiert, wie Adenauer ist sie auf der Höhe ihrer Macht. Doch anders als der erste Bundeskanzler sitzt Angela Merkel bereits auf einem gewaltigen Berg an Regelungen, Traditionen, Gewohnheiten. Sie tastet sie nicht mehr an. Auch in der Mutlosigkeit ist sie ein Muster: Löse nur die Probleme, die du unbedingt lösen musst. Das ist die Lehre des politischen Alltagsgeschäfts, die bescheidende und kontrollierte Realisierung der Popper'schen Empfehlung. Merkel fügt ihr für politische Ausnahmesituationen eine moderne Fußnote zu, die der frühere britische Premier Winston Churchill einmal so fasste: «Never let a good crisis go to waste.»

Warum also eine Rentenreform versuchen, wenn die Versicherung dank der Konjunktur noch einigermaßen läuft? Merkel weiß, dass das System vom Jahr 2025 an kippen wird. Doch sie unternimmt nichts dagegen. Jede Generation muss die politischen Probleme ihrer

Zeit selbst angehen, das ist ihre Haltung, von der sie erst zum Ende ihrer Karriere eine Ausnahme macht: beim Klima.

Die Kanzlerin vermasselt die Nachfolge

Als erste Bundeskanzlerin geht sie im Herbst 2021 also freiwillig. Sie will sich nicht mehr um öffentliche Ämter bemühen, sie schlägt eine internationale Karriere aus (behauptet sie jedenfalls). Diese Entscheidung sagt mehr über sie – und das politische System – als alle Kämpfe vorher: die um den Partei- und den Fraktionsvorsitz, den um die Kanzlerkandidatur, die Auseinandersetzungen innerhalb der Europäischen Union, die Konflikte mit internationalen Partnern und Rivalen. Merkel hat sich unabhängig gemacht. Ihre Karriere hängt nicht an den innerparteilichen Netzwerken und den unverbrüchlichen Allianzen, ohne die es im 20. Jahrhundert nicht ging. Sie sorgt sich nicht um ihren Nachruhm, der, wie sie bei Helmut Kohl und Gerhard Schröder beobachtet hat, ohnehin schnell vergänglicher Natur ist. Sie erspart sich das letzte bittere Ritual, dem sich bisher noch jeder Kanzler unterworfen hat: sich von der eigenen Partei aus dem Amt tragen zu lassen wie Konrad Adenauer. Oder sich nach einer letzten, absehbaren Wahlniederlage ins Provinz-Exil zu trollen wie Helmut Kohl.

Sie ist müde. So erschöpft und verbraucht, wie es Adenauer und Kohl nach ihren vierzehn und sechzehn Jahren Kanzlerschaft waren. Auch sieht man ihr den verheerenden Verschleiß an, den überlange Verhandlungsnächte, nahezu ununterbrochene Telefonmarathons, zu eng getaktete Tage hinterlassen. Doch während die beiden Vorgänger sich ein Leben außerhalb des Kanzleramtes nicht vorstellen konnten und niemandem die Nachfolge zutrauten, erklärt Merkel knapp: «Ich würde mal sagen, es hat sich schon immer jemand gefunden, der was werden wollte in Deutschland.»[8] Sie habe nicht vor, sich in die Suche nach einem Nachfolger an der Parteispitze und im Bundeskanzleramt einzumischen, sagt sie – was sie natürlich kein bisschen davon abgehalten hat, es trotzdem zu tun.

Sie heißt die frühere saarländische Ministerpräsidentin Annegret Kramp-Karrenbauer als Generalsekretärin der CDU in Berlin willkommen, um sie als Nachfolgerin in der Partei und als Kanzlerin aufzubauen. AKK ist eine Frau, die Angela Merkel in vielem ähnlich ist: Sie ist überlegt und nach außen zögerlich. Wie Angela Merkel ist sie zum Start im Parteiamt einer breiten Öffentlichkeit kaum bekannt. Doch die Sache geht gründlich schief. Kramp-Karrenbauer, die sich wie einst Merkel zunächst als Generalsekretärin für höhere Ämter profilieren will, versagt kläglich. Sie setzt sich zwar im Dezember 2018 als Parteivorsitzende durch, bekommt aber die Parteizentrale, das Adenauer-Haus, nicht in den Griff. Sie patzt bei öffentlichen Auftritten, gewinnt keine Autorität in den Landesverbänden, lernt nicht schnell genug. Als die Thüringer CDU im Januar 2020 quasi aus Versehen gemeinsam mit der AfD einen neuen Ministerpräsidenten wählt, greift die Kanzlerin – längst wieder oder immer noch heimliche Parteivorsitzende – durch. Sie pfeift die thüringischen Christdemokraten zurück. Im letzten möglichen Moment, wie immer.

Kramp-Karrenbauer, inzwischen Verteidigungsministerin, hat den thüringischen Landesverband nicht zur Räson gebracht, in der Gesamtpartei verfällt ihre Autorität im Stundentakt. Merkel richtet es. Dafür nimmt sie die endgültige Demontage und den Rücktritt ihrer Nachfolgerin so kühl in Kauf, wie sie sich von den meisten Getreuen trennt, wenn sie ihren Erwartungen nicht gerecht werden.

Eine Ostdeutsche macht Karriere in Bonn

Nur zu Beginn ihrer politischen Karriere ist sie von anderen abhängig. «Kohls Mädchen», wie sie in den Anfangsjahren vom Ein-

Ein geradezu väterlicher Gestus: «Mein Mädchen» wurde Angela Merkel von Helmut Kohl genannt.

heitskanzler selbst und dann von ihren Parteifreunden mit einer Mischung aus Nachsicht und Spott genannt wird, ist sie nie gewesen. Sie ist eher eine Entdeckung von drei Männern, die in den Anfangszeiten der ostdeutschen Befreiung entscheidende Positionen innehatten:

Helmut Kohl, natürlich, der sie in einer Rekordzeit von nicht einmal einem Jahr zur Ministerin und zur stellvertretenden Parteivorsitzenden macht. Mindestens ebenso wichtig ist Günther Krause, der als DDR-Staatssekretär die deutsche Einheit verhandelt und dann Verkehrsminister im vereinigten Deutschland wird. Er besorgt ihr, der stellvertretenden Regierungssprecherin der DDR, den Wahlkreis auf Rügen, als sie fürchtet, nach dem 3. Oktober 1990 arbeitslos zu werden. Lothar de Maizière, der einzige frei gewählte Regierungschef der DDR, spätere Vizekanzler und Minister ohne Geschäftsbereich im ersten gesamtdeutschen Kabinett, schiebt sie ebenfalls nach vorne. De Maizière hat sie 1990 durch reinen Zufall in seine Mannschaft berufen. Weil der erste Regierungssprecher nicht gerne reist, soll eine neugierige und gut organisierte Person gefunden werden, die die vielen Auslandsreisen des DDR-Regierungschefs begleiten kann. Durch Empfehlung von Hans-Christian Maaß, der de Maizière damals berät und als CDU-Talentscout nach ostdeutschen Politikpersönlichkeiten mit Potenzial sucht, kommt Merkel zu ihrem Job.

Es sind Zufälle und diese in der Wendezeit entstandenen persönlichen Beziehungen, die Merkel, die Frau aus dem Nichts, in Bonn ministrabel machen. Sie ist – wie Lothar de Maizière selbst – zunächst kaum mehr als ostdeutscher Beifang der Bonner Republik.

De Maizière zieht sich nach wenigen Monaten wegen von ihm bestrittener Stasi-Verstrickungen aus der Politik zurück, Günther Krause stürzt über sich selbst und eine möglicherweise nicht legal beschäftigte Haushaltshilfe. Angela Merkel bleibt. Keine Vorgeschichte, keine Fehltritte aus Selbstherrlichkeit, keine Skandale.

In der personell ausgebluteten CDU der neunziger Jahre, die nach der deutschen Einheit erschöpft und ermattet dem Ende der Ära Kohl entgegentaumelt, ist das sehr viel. Vor allem ist es viel mehr, als die meisten westdeutschen CDU-Politiker dieser Zeit vorweisen können. Sie haben die volle Amtszeit Helmut Kohls auf dem Buckel, sie sind verflochten und verfangen in seiner Kanzlerschaft und in der alten CDU des Westens. In der Parteispendenaffäre wird das einem Spitzenpolitiker wie Wolfgang Schäuble zum Verhängnis. Für Angela Merkel ist es auch hier ein unschlagbarer Vorteil: Wer erst zehn Jahre politisch aktiv ist und vorher in der DDR unauffällig geblieben war, ist in jeder Beziehung unbelastet.

Das gilt übrigens auch für die meisten anderen Parteien, in denen Ostdeutsche seit 1990 Karriere machen. Es ist ja nicht so, dass Angela Merkel die einzige Politikerin der Wende-Generation ist, die in hohe und höchste Staatsämter aufsteigt: Joachim Gauck wird Bundespräsident, Wolfgang Thierse (SPD) Bundestagspräsident, Katrin Göring-Eckardt (Grüne) Spitzenkandidatin, Matthias Platzeck (SPD) Parteivorsitzender. Manuela Schwesig und Franziska Giffey sind heute Hoffnungsträgerinnen der SPD, die Linkspartei ist ohnehin traditionell mit ostdeutschem Spitzenpersonal gesegnet.

Eine ganze Generation engagiert sich ab 1989 politisch, und es sind mehr von ihnen in der Politik zu hohen Ehren gekommen, als man gemeinhin annimmt, wenn man nur Angela Merkels Ausnahmekarriere ausleuchtet. Es ist eher so wie in der westdeutschen 68er-Generation. Zigtausende Studenten wurden dort durch den Aufstand gegen den später «Radikalenerlass» genannten Versuch, linksextreme Strömungen aus Politik und Verwaltung zu verbannen, politisiert. Nach dreißig Jahren Marsch durch die Institutionen sind Joschka Fischer, Gerhard Schröder und Jürgen Trittin reif, die politische Führung im Land zu übernehmen. Genauso, wie Angela Merkel, Joachim Gauck und Wolfgang Thierse aus der friedlichen Revolution in Ostdeutschland stammen, sind sie die Übriggebliebenen der 68er. Nur dass es bei Merkel keine dreißig Jahre dauert, bis sie ganz oben ankommt.

Schon seit ihrer Jugend vergleicht sie sich mit ihren westdeutschen Altersgenossen. Es gibt häufig Westbesuch im Pfarrershaus im uckermärkischen Templin, in dem Angela Kasner aufwächst. Ihre Eltern leben zum Zeitpunkt ihrer Geburt in Hamburg, siedeln aber wenige Wochen später nach Ostdeutschland über. Ihr Vater, der evangelische

Pfarrer Horst Kasner, übernimmt eine Pfarrstelle in Brandenburg. Bis zum Mauerbau 1961 kommt die Westverwandtschaft regelmäßig zu Besuch, umgekehrt verbringen Kasners ihre Ferien gern in Hamburg oder am Bodensee. Nach dem Mauerbau wird es schwieriger, die Verwandten zu sehen. Dafür aber nimmt der Austausch innerhalb der evangelischen Kirche Ost- und Westdeutschlands zu. Kasner leitet inzwischen das Pastoralkolleg im brandenburgischen Templin, in dem evangelische Geistliche weitergebildet werden.

Angela Merkel hat viel Gelegenheit, die Besucher zu beobachten und dabei festzustellen, dass sie im Gespräch durchaus «mithalten» kann. Dieses Gefühl, der hohe Leistungsanspruch der Eltern, die Arbeit als Physikerin und der eigene Ehrgeiz geben ihr in den ersten Bonner Regierungsjahren die Sicherheit, sich nicht verstecken zu müssen. «Du kannst Integrale lösen, dann wirst du dich auch mit Norbert Blüm unterhalten können»,[9] sagt sie sich, wenn sie mit dem mächtigen Arbeitsminister über die Beteiligung ostdeutscher Frauen an den Arbeitsbeschaffungsmaßnahmen verhandeln muss.

Gleichzeitig beobachtet sie kühl-analytisch den Niedergang der Regierung Helmut Kohls. Sie sieht den alten Kanzler wanken. Doch Helmut Kohl findet den Abschied nicht. Das Kanzleramt ist längst zu einem eigenen hermetisch geschlossenen Kosmos geworden, Kohls legendäres Misstrauen gegen alle potenziellen Konkurrenten richtet sich gegen den CDU/CSU-Fraktionsvorsitzenden Wolfgang Schäuble, den er selbst einmal als Wunschnachfolger ausgesucht hatte. Entgegen der Zusage, dem nach einem Attentat querschnittsgelähmten Schäuble die Kandidatur zu überlassen, tritt er 1998 noch einmal an – und verliert.

Angela Merkel hat den Verfall, den Verschleiß und die Unfähigkeit, sich aus dem Amt zu lösen, aus nächster Nähe beobachtet. Sie beginnt, die eigenen Chancen auszuloten. Eigentlich hat sie sich vorgenommen, nach der Wahlniederlage ihrer Partei erst einmal zur Ruhe zu kommen. Zum Beispiel, um ihren Wahlkreis auf Rügen richtig kennenzulernen und zu betreuen. Der hat sie bei der vergangenen Wahl 1998 mit mageren 37,3 Prozent nach Hause geschickt, eine Quittung nicht nur für die tiefe Wirtschaftskrise, die in den ostdeutschen Bundesländern auch acht Jahre nach der Einheit noch herrscht. Es ist auch die Aufforderung, ihre Arbeit als CDU-Vorsitzende in Mecklenburg-Vorpommern ernst zu nehmen.

In diesen Wochen denkt sie sogar über einen Abschied aus der Politik nach. Wenn sie nicht Politikerin geworden wäre, hätte sie etwas gern anderes gemacht – vielleicht ein Arbeitsamt geleitet, erzählt sie der Journalistin Evelyn Roll. Ein Zurück in die Wissenschaft kommt nicht in Frage, die Zeiten haben sich geändert. «Ich war mir immer bewusst», resümiert sie leidenschaftslos im Gespräch mit Günter Gaus, «dass ich … unter westlichen Verhältnissen wahrscheinlich nicht in der Grundlagenforschung würde arbeiten können.»[10]

In ihrer uneitlen Eitelkeit hat sie viele Gelegenheiten genutzt zu versichern, sie könne auch ohne die Politik leben. Den Beweis muss sie, im Gegensatz zu ihren frühen Förderern, nie antreten. Denn der neue Parteivorsitzende Wolfgang Schäuble braucht eine fähige und loyale Generalsekretärin, er braucht eine Frau – er bekommt Angela Merkel. Eine Politikerin, die «irgendwann den richtigen Zeitpunkt für den Ausstieg aus der Politik finden (…) und dann kein halbtotes Wrack sein (will)».[11] Und die von nun an doch alles tut, um in der Politik zu bleiben, und sich keinesfalls von anderen daraus entfernen zu lassen.

Sie dreht den Spieß um. Sie befreit sich und die CDU von Helmut Kohl und dem rheinischen Klüngel. Kohl hatte Geld von Spendern angenommen, deren Namen er bis zu seinem Tod verheimlichte. Sein Nachfolger wagt den endgültigen Bruch nicht und muss wenige Monate später seinen Posten selbst räumen, weil auch er Bar-Spenden entgegengenommen hat. Die CDU ist im freien Fall. Merkel ist die Einzige, bei der man sicher sein kann, dass sie von der Spendenaffäre unberührt bleibt. Mit Friedrich Merz vereinbart sie eine Erbteilung:

Aus dem politischen Nachlass Kohls und Schäubles übernimmt sie die Partei, Merz die Bundestagsfraktion. Das Bündnis hält nicht lange. Merkel steigt auf, Merz steigt aus.

In diesen Jahren wird auch dem Letzten klar, dass man Merkel unterschätzt hat, als man annahm, «die Dame aus Ostdeutschland» werde ein vorübergehendes Phänomen in der Spitzenpolitik bleiben.

Nach sechzehn Jahren kann man nicht von einem frühzeitigen und selbstbewussten Abgang sprechen. Angela Merkel wird das Kanzleramt verlassen, ohne unter dem Verlust von Macht und Einfluss zu leiden. In einer Phase höchster Personalisierung von Politik verweigert sie den tragischen Abgang ebenso, wie sie während ihrer Amtszeit das Pathetische gemieden hat. Deutschland ist ein Land, das gegenüber neuen Führern und überwältigenden politischen Bewegungen vergleichsweise immun geblieben ist. Das hat nichts mehr mit der deutschen Vergangenheit zu tun. Aber viel mit der Gegenwart einer völlig uncharismatischen, sachlichen, nichtvisionären Regierungschefin. In dieser Art ist sie weniger die Nachfolgerin von Helmut Kohl und Gerhard Schröder als die von Helmut Schmidt. Vom früheren SPD-Kanzler Schmidt stammt der Satz, wer in der Politik Visionen habe, «soll zum Arzt gehen». Schmidt wurde während seiner Amtszeit angelastet, ein kalter Technokrat zu sein. Merkel wird vorgeworfen, die Herzen der Deutschen nie berührt zu haben.

Die Kanzlerin hat sich schon in auswegloseren Situationen befunden als im Herbst 2018, als die Merkel-Müdigkeit über das Land kriecht wie der Novembernebel über die flachen Landschaften der Uckermark. Die desaströse Wahlschlappe in Hessen versetzt die Partei zwar in Schockstarre, die Quittung für den zermürbenden Streit mit der Schwesterpartei CSU um die «Obergrenze» für die Aufnahme von Migranten bekommt ausgerechnet der konservative hessische Ministerpräsident Volker Bouffier. Seine CDU verliert 11,3 Prozent der Stimmen, und Bouffier kann sich nur durch eine Koalition mit den Grünen im Amt halten.

Das ist schlimm. Aber ist es schlimmer als der Krach mit der eigenen Bundestagsfraktion um die Griechenland-Hilfen? Verheerender als die Mmw-(Merkel-muss-weg-)Gesten der eigenen Leute auf den Bundestagsfluren, die den inneren Autoritätsverlust der Kanzlerin verdeutlichen? Demütigender als die Übernachtreise vom 11. Januar 2002 nach Wolfratshausen, als sie dem bayerischen Ministerpräsidenten Edmund Stoiber die Kanzlerkandidatur zum Frühstück serviert – weil sie sonst bei der gleichzeitig stattfindenden CDU-Klausurtagung in Magdeburg von ihren männlichen Rivalen weggeputscht worden wäre? Entwürdigender als die dreizehn Minuten beim CDU-Parteitag im November 2015, als Seehofer die Kanzlerin auf offener Bühne wie ein Schulmädchen abwatscht?

All diese Attacken und Revolutiönchen hat sie weggesteckt, ausgekontert. Wer davon überzeugt ist, dass die Energieerhaltungssätze – die Gesamtenergie eines abgeschlossenen Systems ändert sich nicht – auch in der Politik gelten, weiß auch, dass auf jedes Tief ein Hoch folgt, und umgekehrt: «Im übertragenen Sinne heißt das, auf positive Ausschläge folgen negative und umgekehrt. Wenn man viele Wahlerfolge hat, hat man später auch wieder Niederlagen. Und nach Niederlagen geht es auch wieder aufwärts.»[12] So erzählt es Merkel dem «Zeit»-Journalisten Giovanni di Lorenzo. Das hält sie aus. Sie nimmt sich auch das, was persönlich gemeint ist, einfach nicht zu Herzen.

Doch 2018 ist das anders. Das System Merkel ist nicht mehr geschlossen, die Energie entweicht. Ihr engstes Umfeld, Ehemann Joachim Sauer vor allen anderen, haben ihr abgeraten, noch einmal anzutreten. Der Kanzlerin sind ihre Müdigkeit, ihre Ungeduld, ihre Frustration nach der Migrationskrise anzusehen. Ihre Augenblicksbilanz ist ein Scherbenhaufen: US-Präsident Donald Trump hat sie aus ihrer Rolle der großen alte Dame Europas hinauskatapultiert, indem er sie zur europäischen Hauptgegnerin der USA stilisiert hat. Die Briten wollen die Europäische Union definitiv verlassen und machen jedenfalls teilweise Merkels Flüchtlingspolitik dafür verantwortlich. Rechts von der CDU/CSU darf es keine politische Kraft in Deutschland geben? Nicht einmal das hat Angela Merkel als Parteivorsitzende sicherstellen können. Die AfD nimmt mit dem festen Vorsatz im Bundestag Platz, dort zu bleiben.

Merkel zieht die Reißleine. Eine geordnete Machtübergabe gelingt ihr nicht. Gleich drei Männer bewerben sich um ihre Nachfolge in der CDU und im Kanzleramt, der von ihr selbst ausgesuchte Weg dagegen ist gescheitert.

Da passiert etwas. Das Corona-Virus bedroht seit dem Beginn des Jahres 2020 die Welt. Und die Kanzlerin? Bringt wieder alles auf die Straße, was Volk, Partei und internationale Partner an ihr schätzen: Sie handelt klug und besonnen. Sie verabschiedet sich ohne Zögern von alten Gewissheiten. Sie führt das Land und Europa durch die Krise. In Krisen liefert sie.

Diesmal zögert sie nicht. Sie hat nichts mehr zu verlieren. In den ersten Monaten hat sie damit Erfolg.

LEBEN

für die Biographie Angela Merkels gibt es kein Vorbild. Es gibt keinen Maßstab für Vergleiche und keinen Kontext für eine Bewertung, trotz der Lebensläufe von Wolfgang Thierse, Joachim Gauck oder anderen. Das liegt auch daran, dass kaum eine Politikerin sich so sehr hinter ihrem Amt verborgen hat wie Angela Merkel. Privates und Beruf schottet sie perfekt voneinander ab. Wer auch immer sich mit dem Leben der prominentesten Bürgerin der ehemaligen DDR beschäftigt, schreibt am Ende über ein «Rätsel». Ihr Umfeld ist sehr zurückhaltend mit Auskünften über die private Angela Merkel, ganz im Sinne der Kanzlerin. Das erleichtert zwar die Darstellung ihrer Arbeit als Politikerin, erschwert aber eine Antwort auf die Frage, wie Angela Merkel wurde, was sie ist.

Schwierige Annäherung

Wie ihr Lebenslauf geschildert wird, hängt wesentlich von der Perspektive ab: Arbeitet ein Fan oder eine Feindin am Porträt? Urteilt eine Politologin, eine Feuilletonistin, ein Journalist oder ein Historiker? Aber auch: Welche Quellen stehen zur Verfügung, wie zuverlässig sind die Auskünfte der Kanzlerin selbst, von Freunden, Wegbegleiterinnen, Wettbewerbern, die zum Teil Jahre später abgegeben werden? Ist die Darstellung vor 2005, in den ersten Jahren ihrer Zeit als Kanzlerin, auf der Höhe ihrer Macht oder nach der Krise der Migrationspolitik im Herbst 2015 entstanden? Oder wird es – wie dieses Buch – in der Abenddämmerung einer politischen Ausnahmekarriere verfasst?

Und, vielleicht am wichtigsten: Wird Merkels Leben aus ost- oder aus westdeutscher Perspektive beleuchtet? Wer darf über sie schreiben? Der (ostdeutsche) Grünen-Politiker Werner Schulz urteilt 2013, als zwei westdeutsche Journalisten ein Buch über «Das erste Leben der Angela M.» veröffentlichen: «Sie (die Westdeutschen) kommen ihrer Persönlichkeit nicht wirklich nahe, weil sie die politischen Verhältnisse in der DDR nicht richtig einschätzen können, die einen solchen Charaktertypus geformt haben. Nur wenn man die Realität dieser unfreien Gesellschaft der DDR kennt, kann man auch das angepasste Leben verstehen.»[1]

Das würde bedeuten, dass man Angela Merkel nur lesen kann, wenn man auch ihre Erfahrung eines Lebens in der DDR geteilt hat. Oder ist es andersherum – kann man die Arbeit der Kanzlerin besser verstehen, wenn man die westdeutsche Art, Politik zu machen und politisch zu entscheiden, gründlich kennt? Immerhin hat sie fast die Hälfte ihres bisherigen Lebens in diesen Bezügen gelebt und gedacht. Überhaupt: Muss man in die Lebens- und Berufswelt einer Persönlichkeit eintauchen, sie womöglich teilen, um gültig darüber schreiben zu können? Die bisherigen Biographien wurden von Westdeutschen verfasst. Warum ist das so? «Am besten würden sie natürlich ostdeutsche Reporterinnen verstehen», meint der (ostdeutsche) Journalist Alexander Osang, der Angela Merkel seit Jahren immer wieder porträtiert. Weil aber die West-Chefredakteure glaubten, ostdeutsche Journalistinnen hätten keine Ahnung von Politik, habe Merkel Glück, «weil sie so immer ein Stück Welt für sich behält. (…) Sie kann in eins ihrer Verstecke springen, warten, überleben.»[2]

Die Perspektive entscheidet immer, doch bei Merkel ist das wichtiger als in anderen Fällen. Denn die wenigen Dinge, die man von ihr erfährt, ordnen sich nur dann zu einem Leben, wenn man sie deutet. Das ist die Anmaßung der Autoren und das Risiko der Verschlossenen: Jeder darf in ihre Karriere das hineinlesen, was zur jeweiligen Botschaft des Autors passt.

In den ersten Jahren ihrer politischen Karriere versteckt sich Merkel hinter ein paar Geschichten aus ihrer Kindheit, Jugend und Berufslaufbahn in der DDR, von denen viele bestreitbar sind und von früheren Freunden, Kollegen oder politischen Weggefährten bestritten werden. Erst nach und nach gewährt sie Einblicke, die über ihre Qualitäten als Schülerin und Studentin, Bäckerin von Pflaumenkuchen und Köchin von Kartoffelsuppe hinausgehen. Auch diese Erzählungen sind sorgfältig kuratiert.

Dem Interesse an ihrer Biographie begegnet Merkel mit dem Schaffen von Emblemen, die vordergründig über ihren Werdegang informieren, ihr Publikum aber zuverlässig zur Auslegung des Gehörten im Sinne der Erzählerin ermuntern. Ist das Zaudern der Schülerin auf dem Dreimeterbrett nicht ein Grundmotiv des ganzen Lebens? Sind die Blaubeerpreise, die der örtliche Konsum den Sammlern zahlt, nicht ein schon für die junge Angela offensichtliches Menetekel für den Irrweg der sozialistischen Wirtschaft? Ist das in der DDR zum Wesenszug gewordene Misstrauen der vielleicht effektivste Schutzmantel für ein politisches Leben im demokratischen Westen? Die Kanzlerin ermuntert zu dieser Auslegung. Aber könnte es auch anders gewesen sein? Weniger zwangsläufig, zufälliger, widersprüchlicher?

Natürlich, es gibt Gesetzmäßigkeiten in nahezu allen Biographien ostdeutscher Politiker ihrer Generation. Für alle zerfällt das Leben in ein «Davor» und ein «Danach». Die Zäsur ist der 9. November 1989, der Tag, an dem der damalige Quasi-Regierungssprecher der DDR, Günter Schabowski, aus Versehen die Reisefreiheit für alle Ostdeutschen verkündet und damit die Mauer zum Einsturz bringt. Dieses Ereignis wirft alle Lebensentwürfe aus der Bahn und politisiert viele Ostdeutsche. Mit einigen von ihnen teilt die Kanzlerin die Erfahrung einer erfolgreichen Partei-Karriere im «Danach». Matthias Platzeck und der ältere Katholik Wolfgang Thierse bringen es in der SPD in höchste Ämter, Werner Schulz und Katrin Göring-

Eckardt spielen bei Bündnis 90 / Die Grünen eine tragende Rolle, der evangelische Pfarrer und Stasi-Unterlagen-Beauftragte Joachim Gauck wird Bundespräsident. Gregor Gysi und Sahra Wagenknecht sind für Jahrzehnte prägende Figuren der Linken.

Doch nur Merkel und Gauck werden nicht mehr als Ostdeutsche wahrgenommen. Gauck ist den ehemaligen DDR-Bürgern entrückt, weil er ihnen mit seinem widerständigen Leben in der DDR den Spiegel vorhält: «Gauck hat uns gezeigt, was möglich war», sagt Wolfgang Thierse über ihn. Und Angela Merkel? «Ich habe schnell eine neue Arbeit gefunden, hatte viele Möglichkeiten, konnte meinen Horizont erweitern. Aber es gab auch viele Menschen, damals oft älter als ich, denen das nicht vergönnt war, obwohl sie sich ebenso gern wie ich in die freiheitliche Gesellschaft eingebracht hätten.»[3] So sagt es Angela Merkel in einem Interview über Angela Merkel.

Dass sie sich mit ihrem steilen Aufstieg nicht gerade bei denen empfiehlt, die sich im vereinten Deutschland als Verlierer fühlen, liegt auf der Hand. «Sie ist für sie eine Verräterin»,[4] meint der Theater-Mann Michael Schindhelm, der mit ihr in den achtziger Jahren des 20. Jahrhunderts in der Berliner Akademie der Wissenschaften Tür an Tür gesessen hat. Die Hass-Ausbrüche bei ihren Besuchen in Flüchtlingsunterkünften, bei ihren Wahlkampfauftritten der Jahre nach 2015 sprechen für diese These. Dann wäre es auch der persönliche Erfolg, das offensichtliche Angekommen-Sein in einer gesamtdeutschen Realität, das an den Zurückgelassenen nagt. Sie sehen die verwehrten oder verpassten Chancen des eigenen Lebens, wenn sie Angela Merkel zuhören, und werfen ihr vor, ihren eigenen Werdegang und die Belange der Ostdeutschen vergessen zu haben. Auf der anderen, der hellen Seite der Wiedervereinigung sind dagegen viele milde angetan von der Kanzlerin: «Für erfolgreiche Ossis konnte sie eine Spiegelfigur sein»,[5] urteilt die (erfolgreiche ostdeutsche) Autorin Jana Hensel, deren Sujet die ostdeutsche Identität nach 1989 ist.

Angela Dorothea Kasner wird am 17. Juli 1954 in Hamburg geboren, ihre Eltern studieren dort. Die Mutter Herlind ist in Danzig geboren, wird Latein- und Englisch-Lehrerin, der Vater ist evangelischer Theologe. Schon wenige Wochen nach der Geburt der Tochter siedeln die Eltern in die DDR über. Den Vater Horst Kasner, gebürtiger Berliner, hat es zum Studium in den Westen verschlagen. Er ist bereit, wegen des Pfarrermangels in der berlin-brandenburgischen Landeskirche nach Ostdeutschland zu gehen. Er übernimmt die Pfarrei von Quitzow, einem Dorf im westlichen Brandenburg.

Über den Stand der deutschen Teilung kann er sich zu diesem Zeitpunkt keine Illusionen machen: Die Westbindung der Bundesrepublik ist unumkehrbar, die DDR ist ein Jahr nach dem Tod Stalins und nach dem niedergeschlagenen Aufstand des 17. Juni 1953 fest im Ostblock verankert. Eine Wiedervereinigung rückt in der Mitte der fünfziger Jahre ins Irreale. Die Kirchen stehen in der DDR unter Druck, vor allem die kirchlichen Jugendorganisationen sind staatlichen Repressionen ausgesetzt. Bekennende Christen werden von höheren Schulen verwiesen, Schüler aus bürgerlichen und christlich orientierten Familien haben keine Aussicht, jemals studieren zu dürfen. Aber gerade deshalb gehen Kasner und einige weitere Vikare aus dem Westen in den Osten. Nicht an den «Fleischtöpfen Ägyptens» wolle man sich laben, sondern sich an den Platz stellen, an den die Kirche einen sendet: «Man wollte dahin gehen, wo man gebraucht wurde», erzählt Kasner dem «Spiegel»-Journalisten Alexander Osang.[6] Es ist eine Entscheidung, die die ganze Familie prägt.

Schon in den ersten Lebensjahren erlebt die Tochter etwas, das ihre Familie und ihr Aufwachsen bestimmen wird: einerseits die Disziplin, sich gegen den Strom – vor dem Bau der Berliner Mauer im Jahr 1961 wählen fast drei Millionen Ostdeutsche den umgekehrten Weg, den in den Westen – zu entscheiden. Er wäre auch nach Afrika gegangen, wenn die Kirche es gewünscht hätte, sagt Horst Kasner, als er viel später danach gefragt wird. Andererseits aber lernen die Kinder des Pfarrers von Anfang an auch, sich existierenden Strukturen anzupassen, möglichst nicht aufzufallen, pragmatisch nach einem guten Leben im feindseligen Umfeld zu streben. «Nicht einverstanden zu sein ist die grundlegende Prägung ostdeutscher Christen», sagt der Katholik und SPD-Politiker Wolfgang Thierse. Diese Differenzerfahrung teilen alle. Sie habe allerdings nur bei den wenigsten in den offenen Protest geführt. Die anderen lernen, «leise zu leben», sagt Thierse. So auch die Familie Kasner.

Im landwirtschaftlich geprägten Quitzow, in der Nähe der Elbe an der Grenze Brandenburgs zu Niedersachsen, spielt die Kirche in der Mitte der fünfziger Jahre jedenfalls für die Älteren noch eine bedeutende Rolle. Während in den Städten die Säkularisierung weit vorangekommen ist, hängt man in der brandenburgischen Provinz länger am Glauben – zumal viele Bauern unter der Kollektivierung der Landwirtschaft leiden und ohnehin innere Distanz zum Regime in Berlin pflegen.

Das Leben der Pfarrersfamilie ist dürftig. Die Mutter darf in der DDR ihrem Beruf als Lehrerin nicht nachgehen. Man wohnt in einem einfachen Pfarrhaus aus Fachwerk und roten Ziegelsteinen. Das Erdgeschoss wird mit der Gemeindeschwester geteilt, ein paar kleine Zimmer unter dem Dach werden später ebenfalls genutzt. Ihre Mutter habe aus Brennnesseln Spinat gekocht, der Vater lernen müssen, die beiden Ziegen des Pfarrhaushalts zu melken. So wird es Angela Merkel der Fotografin Herlinde Koelbl erzählen.

Die Familie bleibt nur drei Jahre in dem beschaulichen Dorf in der Prignitz, dann zieht sie in den «Waldhof» nach Templin. Horst Kasner ist dem damaligen Generalsuperintendenten und späteren Landesbischof Albrecht Schönherr aufgefallen. Er soll auf dem weitläufigen Gelände vor den Toren der «Perle der Uckermark» das Pastoralkolleg, ein Seminar zur Weiterbildung von Pfarrern, aufbauen. Der Waldhof ist eine karitative Einrichtung der Kirche, in der seit der Ende des 19. Jahrhunderts «sittlich verwahrloste Knaben» erzogen und unterrichtet werden. Als die Familie Kasner dort ankommt, sind auf der Anlage geistig Behinderte untergebracht, die hier wohnen, Garten- und Reparaturarbeiten verrichten, in der Landwirtschaft arbeiten und im Haushalt helfen. Angela und ihre später geborenen beiden Geschwister Marcus und Irene machen die nächste Differenzerfahrung. Sie leben an einem Ort, der anders ist: Manche Schulkameraden trauen sich anfangs nicht, sie zu besuchen. Ihnen und ihren Eltern sind die geistig Behinderten auf dem Waldhof unheimlich.

Die Familie richtet sich ein. Das Pfarrhaus ist geräumig, es hat Platz für (West-)Besucher, in einem Dachzimmer wird in den kommenden dreißig Jahren die Literatur eingeräumt, die in der DDR nicht zu bekommen, beschränkt oder verboten ist. Es gibt einen Garten, in dem die Kinder ein eigenes Stück bepflanzen, rundherum Wald, Wiesen, Felder und Seen. Nur wenige hundert Meter entfernt liegt, eingefasst von einer mittelalterlichen Stadtmauer, der historische Ortskern von Templin. Die Uckermark zeigt sich hier von ihrer hübschesten Seite.

Angela läuft nicht. Die älteste Tochter der Kasners ist ein aufgewecktes Kind, spricht früh und bald zusammenhängend. Aber sie läuft nur ungern. Noch Jahre später schickt sie lieber ihren Bruder, anstatt selbst eine Treppe herunterzugehen. Einen Hügel hinunterzurennen, habe sie erst lernen müssen. Jeden Gang, sagt sie später, habe sie im Voraus überlegt, damit keine unnötigen Schritte gemacht werden mussten. Als Teenager leidet sie darunter, «dass ich mich nicht in die Musik reinsteigern konnte. Ich war immer das Mädchen, das Erdnüsse isst und nicht tanzt»,[7] gesteht sie als Jugendministerin dem Düsseldorfer Punkmusiker Campino. Erstaunlich, dass sie heute während der Ferien gern in den Dolomiten wandert, sodass ihr der frühere Extrembergsteiger und Freund Reinhold Messner beschei-

Die Unauffällige: Angela Merkel (Mitte) als Schülerin.

nigt, ziemlich fit zu sein. Noch erstaunlicher, dass der Kindheitstraum der «Bewegungsidiotin» (Merkel über Merkel) ist, Eiskunstläuferin zu werden.

«Über meiner Kindheit lag kein Schatten»,[8] wird Merkel später sagen. Ein Satz, der keineswegs bedeutet, dass die Familie unbehelligt bleibt. Sie arrangiert sich nur erfolgreich in ihrem doppelten Leben: zu Hause ein bisschen Westen, nach außen Osten, in der Gemeinde Christenlehre und Konfirmation, in der Schule Junge Pioniere und Russisch-Olympiade. Die Hamburger Verwandten schicken Bücher, später auch Jeans und Westklamotten.

Bis zum Mauerbau am 13. August 1961 reist die Familie, vor allem die Mutter, gelegentlich nach Westdeutschland oder bekommt Besuch aus der alten Heimat. Man verbringt die Ferien gemeinsam mit der Hamburger Großmutter. Kurz vor dem Mauerbau kommt die Familie Kasner aus den Sommerferien in Bayern zurück. Der Vater sieht in den Wäldern überall Stacheldraht und ahnt, dass etwas passieren wird. Fassungslos erleben die Eltern und die Mitglieder der Kirchengemeinde die Abriegelung Berlins. An diesem Sonntag, erinnert sich Angela Merkel, sei in der Kirche geweint worden. Die Mutter habe danach viel geweint. Man habe ja nicht gewusst, wie es weitergehen soll. Es ist für die Siebenjährige die erste Erinnerung an ein politisches Ereignis.

Im August 1968 macht die Familie Ferien im Riesengebirge in der Tschechoslowakei. Die Eltern fahren für ein paar Tage nach Prag, um die Demonstrationen für den «Sozialismus mit menschlichem Antlitz» mitzuerleben. Horst Kasner begleitet den Versuch des dritten Weges, den die kommunistische Partei des Bruderlandes einschlagen will, mit großer Sympathie. Doch noch in den Ferien wird der Prager Frühling durch sowjetische, polnische, ungarische und bulgarische Truppen gewaltsam niedergeschlagen. Die Nationale Volksarmee der DDR steht ebenfalls bereit, wird aber nicht eingesetzt.

Danach geht Horst Kasner innerlich auf Abstand. «Mein Vater

war bitter enttäuscht»,[9] sagt Merkel später über die zerstörte Hoffnung auf Wandel und Reform. In den sechziger und siebziger Jahren kooperiert Kasner dennoch mit dem System, gehört dem «Weissenseer Arbeitskreis» der systemfreundlicheren Theologen an. Seine Kinder werden junge Pioniere, Bruder Marcus nimmt später zum Entsetzen der evangelischen Kirche sogar an der Jugendweihe teil. Diese Anpassung an die DDR geht vielen Pfarrerskollegen zu weit, sie beschweren sich beim Bischof.

Das Jahr 1968 markiert das erste historische Ereignis, das in West- und Ostdeutschland isoliert voneinander wahrgenommen wird. In Ostdeutschland bedeutet 1968 für viele das Ende der Hoffnungen auf Meinungs- und Versammlungsfreiheit, politische Reformen, Fortschritt. Mit der Niederschlagung des Prager Frühlings ist in den Staaten des Ostblocks für Jahrzehnte ein eigener Weg im Sozialismus verbaut, politisches Engagement außerhalb der Einheitsparteien wird streng sanktioniert.

Für Westdeutsche dagegen ist dieses Ereignis nur ein besonders markanter Punkt in der langen Geschichte des Kalten Kriegs. In Köln, Hamburg, West-Berlin und Frankfurt ist 1968 das Jahr der Studentenrevolte, der Rebellion gegen den Mief der fünfziger Jahre, der lauten Forderung an die Eltern- und Großelterngeneration, sich zur individuellen Verantwortung und Schuld im Nationalsozialismus zu bekennen. Es steht für die Initialzündung des Kampfs um die Gleichberechtigung von Frauen und Männern, für Bildungsexpansion und die sexuelle Befreiung – und für den großen gesellschaftlichen Konflikt zwischen rechts und links, der in seiner extremen Form zum RAF-Terrorismus der siebziger, achtziger und neunziger Jahre des Jahrhunderts führt. Während die Ostdeutschen nach 1968 politisch verstummen, fängt im Westen die große gesellschaftliche Kontroverse erst richtig an.

In dieser Zeit wird das Pfarrhaus in Templin mehr und mehr ein Ort, an dem man das unabhängige Denken privatisiert, sich im kleinen Kreis in Distanz zur DDR-Realität über den richtigen Weg im Sozialismus austauscht. In der Dachkammer können Vertrauenswürdige Westliteratur lesen und leihen. Es gibt sogar einen Kopierer. «Er (der Vater) hat sich große Freiräume herausgenommen, (…) und das hat dann auch mein Leben geprägt»,[10] sagt Merkel als Familienministerin dem Journalisten Gaus über den Mann, den sie als Kind und Jugendliche bewundert. Der Staatssicherheitsdienst beobachtet das Pfarrhaus und den Hausherrn, erpresst ihn wegen einer illegalen Sacharow-Schrift zur Mitarbeit, muss die IM-Akte aber sofort wieder schließen, nachdem Kasner offenbar umgehend die Kirchenleitung über den Anwerbeversuch informiert. So berichtet die Journalistin Evelyn Roll.

Dennoch dürfen der Pfarrer und seine Frau später an Reisen ins nichtsozialistische Ausland teilnehmen, die Kinder Angela und Marcus werden zum Physik-Studium zugelassen.

Misstrauen gegen andere ist die Voraussetzung für ein solches Leben. Die Kinder werden zur Vorsicht erzogen, Angela Merkel wird Misstrauen später einmal als einen Grundzug ihres Wesens bezeichnen. Politische Weggefährten bestätigen das: Alle Kanzler seien ausgesprochen zurückhaltend gewesen, wenn es um ihren engsten Beraterkreis ging. Doch bei Merkel habe diese Zurückhaltung immer eine besondere Dimension gehabt. Ihre politischen Gegner sprechen von einem «Spitzelsystem», das sie in der CDU aufgebaut habe, um mögliche Rebellionen – zum Beispiel gegen ihren Euro-Rettungskurs und ihre Migrationspolitik – frühzeitig aufdecken und unterdrücken zu können. Sie verschweigen dabei, dass auch Helmut Kohl und Gerhard Schröder sich ihrer Zuträger aus der Partei bedient haben. Bei Merkel aber riecht dieses Geraune zu schön nach alten Stasi-Methoden, um da keine Verbindung herzustellen. «Ostler, die es zu etwas bringen, müssen Dreck am Stecken haben»,[11] beschreibt Alexander Osang den westdeutschen «Reflex» in einem Porträt über den umstrittenen Berliner Unternehmer und Verleger Holger Friedrich.

Und doch erklären ihre Kindheit und Jugend Merkels Art zu kommunizieren. «Verschwiegenheit» spielt dabei eine besondere Rolle. Natürlich redet man mit Fremden nicht über die Fernsehsendungen, die zu Hause geschaut werden. Merkel wappnet sich schon als Kind gegen die Tricks, mit denen beispielsweise Lehrer die wahre Gesinnung der Eltern ihrer Schüler zu ergründen versuchen. In der Schule soll Merkel die Uhr der Nachrichtensendung zeichnen. Mitschüler, die zu Hause die offizielle DDR-Sendung «Aktuelle Kamera» schauen, zeichnen eine Uhr, die die Stunden mit Strichen unterteilt. Im Westfernsehen habe die Uhr eben Punkte gehabt, erzählt sie später vor Schülern. «Wir haben immer gewusst, was wir sagen dürfen.»[12]

Gefragt, welches Elternteil sie am meisten geprägt habe, antwortet Merkel, die Mutter sei immer dagewesen, auf den Vater habe sie oft gewartet. Horst Kasner ist dennoch der Maßstab, an dem sie sich misst. Wird in der Schule eine Erzählung verlangt, fragt sie die Mutter. Soll eine sachliche Erörterung angefertigt werden, ist der Vater der Ansprechpartner. Als er sie nach dem Studium einmal in Berlin besucht, wo sie an der Akademie der Wissenschaften als Physikerin an ihrer Doktorarbeit arbeitet und in einer notdürftig renovierten Wohnung zu Hause ist, soll er sie getadelt haben: «Weit hast du es ja nicht gebracht.»[13] Es ist nicht überliefert, aber anzunehmen, dass die Tochter gekränkt war. Kurze Zeit später liefert sie ihre Dissertation ab und wird promoviert.

Horst Kasner ist in der evangelisch-lutherischen Kirche Brandenburgs sowohl bei der Kirchenführung als auch an der Basis bestens bekannt. Kaum einer der jungen Pfarrer, der nicht mehrmals das Pastoralkolleg auf dem Waldhof besucht hätte. Sie alle haben Respekt vor dem großgewachsenen Mann, der vielen unnahbar und autoritär erscheint. Herlind Kasner mögen sie lieber. Sie ist gastfreundlich und zugewandt, setzt sich auch einmal zu den Seminarteilnehmern, unterhält sich. Sie bewirbt sich über die Jahre immer wieder um eine

Aufnahme in den staatlichen Schuldienst und kassiert eine Absage nach der anderen.

So engagiert sie sich in der Kirche, unterrichtet Englisch und Latein am Pastoralkolleg und kümmert sich um die drei Kinder. Als Pfarrerskinder würden sie es später schwer haben, einen Studienplatz zu bekommen, deshalb müssten sie in der Schule Bestleistungen bringen, schärft sie ihnen jeden Morgen ein. Doch sie vermittelt ihnen auch die Freude am Lernen und Lesen.

Angela Merkel wird eine Einserschülerin – außer im Sport. Mit diesem Fach, dem die DDR-Schulen hohe Bedeutung beimessen, steht sie bis zum Ende ihres Studiums auf Kriegsfuß. Als sie ihr Physik-Examen an der Universität Leipzig ablegt, schneidet sie in allen Fächern ausgezeichnet ab. Nur bei der obligatorischen Sportprüfung nicht. Da schafft sie im zweiten Anlauf gerade so die Norm, obwohl sie selbst dafür «viel üben musste», wie sie erzählt. Später vermutet sie dankbar, ein wohlmeinender Geist habe die Stoppuhr vorzeitig angehalten.[14]

Auf der anderen Seite steht ihre Sprachbegabung. Englisch und Russisch machen ihr im Gegensatz zu den meisten Mitschülern Freude. Während die allermeisten DDR-Schüler nach dem Unterricht mit niemandem freiwillig ein Wort russisch wechseln würden, unterhält Angela Merkel sich nach der Schule gern mit den sowjetischen Soldaten, die in der Gegend stationiert sind, nach ihrer Beobachtung oft herumstehen und irgendwie immer auf etwas zu warten scheinen. Dass sie mit Wladimir Putin russisch – und er als ehemaliger Chef des sowjetischen Geheimdienstes in Dresden mit ihr deutsch – reden kann, nötigt den Begleitern von Merkels Auslandsreisen Hochachtung ab. In den neunziger Jahren sind viele Beobachter bass erstaunt, dass sie bei der Vorbereitung der Kyoto-Klimakonferenz selbstverständlich und ziemlich flüssig englisch spricht. So hatte man sich Bildung in der ostdeutschen Provinz nicht vorgestellt.

Trotz ihrer Leistungen unauffällig zu bleiben ist Merkels wichtigs-

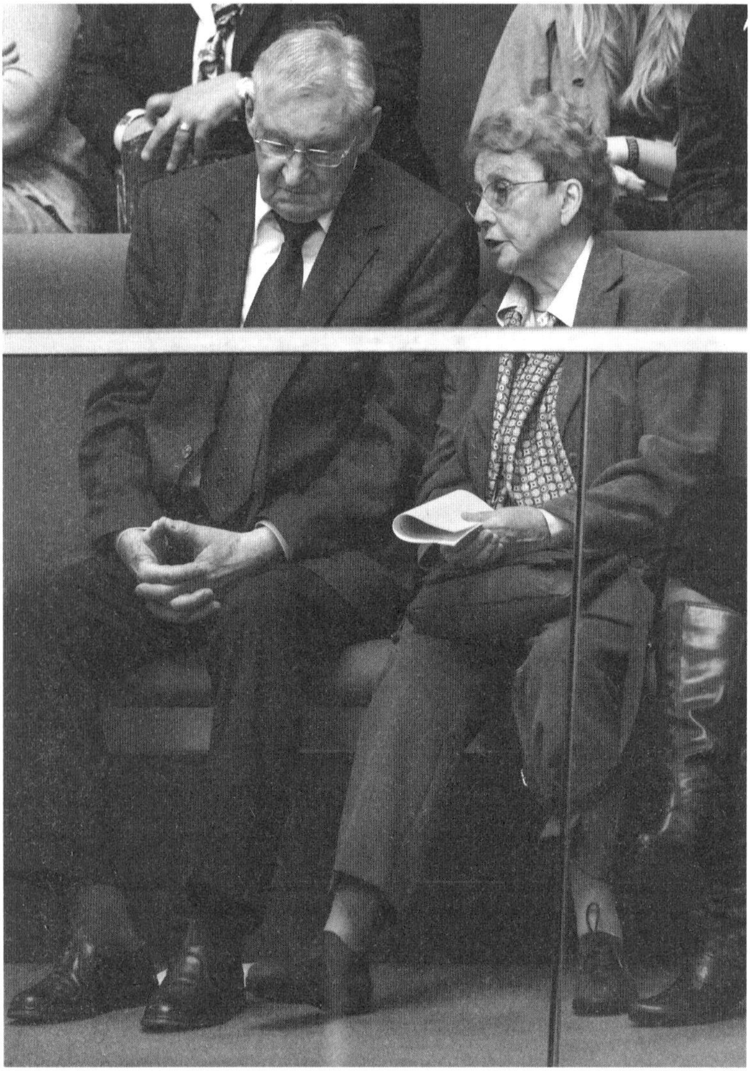

Sie hat es doch noch weit gebracht. Herlind und Horst Kasner bei der zweiten Vereidigung ihrer Tochter, 2009.

tes Bestreben. «Ich habe bestimmte Formen der Anpassung genutzt, um einen bestimmten Bildungsweg zu gehen»,[15] begründet Merkel im Fernseh-Gespräch mit Günter Gaus die Mitgliedschaft in der FDJ, ihr Funktionieren in der Schule. Als sie die Russisch-Olympiade der DDR gewinnt und nach Moskau reisen darf, macht sich ihre Russisch-Lehrerin Erika Benn keine Sorgen wegen des sprachlichen Niveaus. Aber die Schülerin dazu zu bringen, ihr Gegenüber offen anzuschauen und zu lächeln, sei mehr als mühsam gewesen. Ihre ehemaligen Lehrer loben ihre überragende Intelligenz und ihr Organisationstalent, die Klassenkameraden ihre Hilfsbereitschaft und Kameradschaftlichkeit. Doch eine herausragende Rolle hat sie in der Klasse nicht gespielt, sie gehört nach Auskunft eines Klassenkameraden, mit dem Evelyn Roll gesprochen hat, zu den Unauffälligen und «Ungeküssten». Haben Mitschüler oder Lehrer erkannt, dass die Pfarrerstochter einmal eine herausragende Rolle spielen, die Prominenteste von allen sein wird? Ganz sicher nicht.

In ihrem letzten Schuljahr kommt es allerdings zu einem Vorfall, der kurz vor Schluss alles hätte zunichtemachen können. Eine Petitesse eigentlich, die aber eine große Sache wird. Die Klasse 12b weigert sich im April 1973, eine von der Schulleitung anberaumte Solidaritätsstunde für die vietnamesischen «Kämpfer gegen den US-Imperialismus» zu gestalten. Angela Kasner gilt als Rädelsführerin. Die Schüler haben die Zusagen für ihre Studienplätze schon in der Tasche, man hat einfach keine Lust mehr auf schulische Propaganda. Die Klasse wird ermahnt, die Eltern werden alarmiert. Am Ende lenken die Schüler ein und präsentieren trotzig Christian Morgensterns Gedicht vom Mopsenleben, dessen magere sechs Zeilen einen Mopshund zum Thema haben, der auf einer Mauer sitzt. Ausgeheckt wurde die Sache wohl auf dem Waldhof. Der bürgerlich-ironische Morgenstern, die Erwähnung der Mauer und dann auch noch das Absingen der «Internationale» auf Englisch hätten für einen Schulverweis gereicht, die Schüler hätten ihre Studienplätze vergessen können. Es kommt zu einer Untersuchung, einer Rüge, doch niemand wird der Schule verwiesen. Dafür aber muss Vater Kasner nicht nur den Kirchenjuristen und damaligen Konsistorialrat Manfred Stolpe, sondern auch den Landesbischof einschalten.

Dass Pfarrerskinder überhaupt studieren dürfen, hat viel mit der Entspannungspolitik des Vorsitzenden des Zentralkomitees der SED, Walter Ulbricht, gegenüber der evangelischen Kirche zu tun. Waren die fünfziger Jahre noch vom Kampf gegen die Kirchen geprägt, versucht die SED in den sechziger Jahren eine Art Waffenstillstand zu schließen, solange Pfarrer den sozialistischen Weg freundlich begleiten und vielleicht sogar aus dem Evangelium heraus legitimieren. Höhepunkt dieser Politik ist im August 1964 das symbolträchtige Treffen Ulbrichts mit dem thüringischen Bischof Moritz Mitzenheim auf der Wartburg in Eisenach – dem Ort, an dem der Reformator Martin Luther die Bibel ins Deutsche übersetzt hatte. Danach haben es die «fortschrittlichen» Pfarrer und ihre Familien in der DDR leichter. Das Tauwetter endet allerdings mit dem Sturz Ulbrichts im Frühjahr 1971 schon bald – doch Kasners profitieren von diesem Zeitfenster der Entspannung.

Angela Kasner würde gern wie ihre Mutter Lehrerin werden. Doch für ein Lehrer-Studium hätte sie in der DDR keine Zulassung bekommen. Später sagt sie über ihre Studienwahl, sie habe ein Fach büffeln wollen, das ihr nicht auf Anhieb leicht fallen würde. Sie habe Einsteins Relativitätstheorie verstehen wollen. Theologin will sie nicht werden. Das christliche Leben im Elternhaus hat sie zwar geprägt, für ein Leben als Pfarrerin reicht die Begeisterung aber nicht. Sie habe zu oft gesehen, wie die Kinder von Pfarrern selbst Pfarrer werden mussten, weil ihnen in der DDR kein anderer akademischer Lebensweg offenstand. Das habe sie für sich selbst nicht gewollt.

Sie denkt sich unabhängig von ihren Eltern, auch was deren Lebensentscheidung betrifft, in die DDR zu ziehen. Ihr sei jederzeit klar

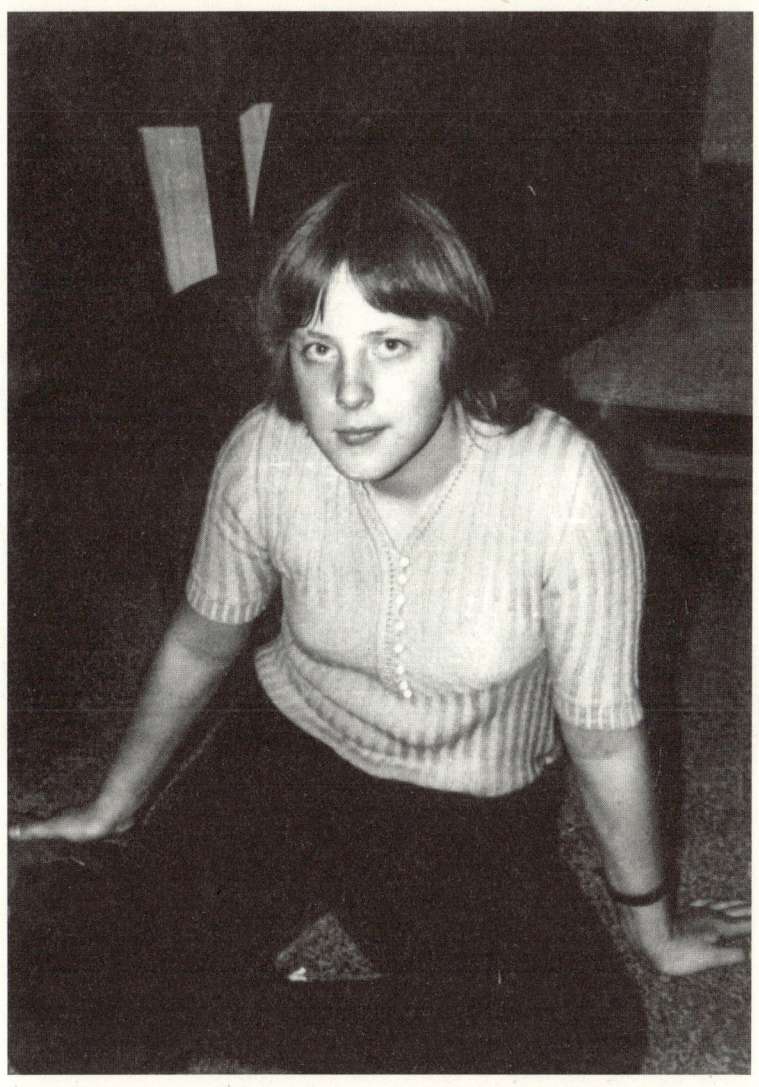

Was die Zukunft bringen mag? Die achtzehnjährige Angela Merkel auf einer Silvesterparty.

gewesen, dass sie im Notfall die Ausreise beantragen würde – schließlich hätte ihre Mutter die Großmutter vor dem Umzug in die DDR ja auch nicht gefragt. Herzlich und distanziert – so hat sie, längst Spitzenpolitikerin im vereinigten Deutschland, ihr Verhältnis zu den Eltern charakterisiert.

Eine Erfahrung aus Templin hat ihr weiteres Leben stark beeinflusst. Sie erlebt zwar täglich, dass sie nicht frei ist, dass die DDR-Gesellschaft beschränkt ist und dass die DDR-Wirtschaft nicht funktioniert. Aber sie weiß auch, dass sich Ostdeutsche nicht verstecken müssen, wenn es um ihre Kompetenzen, ihr Wissen und ihre Auffassungsgabe geht. «Ich habe mich bei Kontakten mit Leuten aus dem Westen immer getestet, ob ich mit denen geistig mithalten kann.» Sie habe festgestellt, dass «ich das konnte».[16]

Dieses Selbstbewusstsein unterscheidet sie von vielen ihrer Landsleute, die keinen Kontakt zu Besuchern aus Westdeutschland oder dem nichtsozialistischen Wirtschaftsgebiet haben. Es hilft ihr in den ersten politischen Jahren in Bonn, die nachsichtige Herablassung ihrer Beamten im Ministerium zu ertragen. Es macht sie frei, ihren innerparteilichen Gegnern zu begegnen und an ihnen vorbeizuziehen. In dem verborgenen Leben in Templin liegt vieles, was sich später als Vorteil entpuppt: die Kombination aus Misstrauen, Verschwiegenheit und Geduld. Der Ehrgeiz und die Bereitschaft, schnell zu lernen. Die Kameradschaft und die Fähigkeit, sich unsichtbar zu machen. Das Wissen um die eigene Intelligenz und Anpassungsfähigkeit. Und vor allem die Einsicht, dass man nicht dazugehören muss, um voranzukommen.

Ein angepasstes Leben

So ausgestattet beginnt sie ihr Studium in Leipzig. Fünf Jahre Studienzeit, zweimal in der Woche Party. Mit der experimentellen Physik hat sie ihre Schwierigkeiten, mit dem obligatorischen Sportprogramm noch mehr, jedenfalls kokettiert sie später damit. Dennoch reicht es am Ende für ein Einserexamen und die Möglichkeit, an der Berliner Akademie der Wissenschaften zu promovieren.

Sie lernt ihren ersten Mann, der ebenfalls Physiker ist, kennen und heiratet ihn kurz vor Ende des Studiums, auch kirchlich. Aus Angela Kasner wird Angela Merkel. Ulrich Merkel ist introvertiert, ihre Lieblingsbeschäftigung dagegen ist «Plaudern».[17] Er ist gern zu Hause, sie will raus. Die Feten im Institut verpasst er lieber, sie organisiert sie mit Leidenschaft. Die beiden wandern gemeinsam, besuchen ihre Familien, verreisen. Ein paar Jahre lang geht das gut. Dann, die beiden leben längst in Berlin, zieht sie aus, lässt sich scheiden. Sie nimmt die Waschmaschine mit.

Die Leipziger Jahre sind die der Mimikry. Sie ist eine erwachsene Frau, die ihre eigenen Entscheidungen trifft. Die Pfarrerstochter lässt sie endgültig hinter sich. Gelegentlich schaut sie bei der evangelischen Studentengemeinde vorbei, doch das angebotene Ehrenamt dort schlägt sie aus. Unter den Nichtangepassten gilt sie als freundliche Erscheinung, man unterhält sich in ihrer Gegenwart offen und lädt sie auch zu privaten Gesprächszirkeln ein, in denen Kritik am Sozialismus geübt wird. Man vertraut ihr, obwohl sie selber sich zurückhält und politisch keine Position bezieht. Hier, wie später an der Berliner Akademie der Wissenschaften, wird sie von der Staatssicherheit beobachtet.

Doch auch von den Angepassten und sehr Angepassten – einige von ihnen werden schon im Studium Mitglieder der SED – wird sie geschätzt. Weit weg von Templin, ist sie für die meisten die kluge und trinkfeste Kommilitonin, die gerne reist und feiert, aber auch extrem hart arbeitet. In einem Saftladen ihrer Nachbarschaft kauft sie Kirschmost auf – und mischt ihn abends im Studentenclub mit harten Alkoholika zu Kirschwhisky. Dort ist sie die Bardame. Angela Kasner wird nicht Parteimitglied – aber sie bleibt in der FDJ. Die «Freie Deutsche

Jugend» ist der zentrale Jugendverband der DDR, die Vorfeldorganisation der Sozialistischen Einheitspartei.

An diesem Punkt beginnt normalerweise die Diskussion, ob sie in ihrer Anpassung zu weit geht, so wie zuvor schon ihr Vater sich dem Sozialismus möglicherweise zu eilfertig angedient habe. Sie habe verschwiegen, dass sie FDJ-Funktionsträgerin war, habe nach der Promotion ihren Abschlussaufsatz im Fach Marxismus-Leninismus verschwinden lassen, konstruiere eine Begeisterung für den Schriftsteller Reiner Kunze, der die DDR verlassen musste. Sie sei dem Regime viel näher gewesen, so lautet die Kritik, als sie nach der deutschen Einheit behauptet habe. Diese Argumentation soll den Schluss nahelegen, sie sei kein Opfer der DDR, sondern fast eine Täterin gewesen.

Anfangs spricht sie noch offen über ihre Junge-Pionier- und FDJ-Zeit. «Ich war gern in der FDJ», sagt sie im Interview mit Günter Gaus. Bei einer Veranstaltung mit CDU-Jugendlichen in Schwerin am 3. Oktober 1991 erzählt sie offen auch von den schönen Seiten im von der Partei organisierten Schüler- und Studentenleben in der DDR – und blickt in verständnislose, ja entsetzte Gesichter. Danach tut sie es nicht mehr öffentlich. Sie merkt, «wie wenig Verständnis wir auch ein Jahr nach der deutschen Einheit füreinander haben». Im Westen verstehe man nicht, «dass es bei uns richtiges Leben gab». Dem Journalisten Gaus erläutert sie: «Oft wird übersehen, dass sich das Leben in der DDR in ein Leben in dem politischen System und in ein privates aufgeteilt hat. Die Politik hat dem Einzelnen enge Grenzen gesetzt, aber omnipräsent war sie auch nicht. Es gab Freundschaften. Es gab Räume, in denen man viel diskutiert hat, gelesen hat, sich Gedanken gemacht hat, wissbegierig war, Feten gefeiert hat. Von diesem Aspekt des Lebens kommt in der öffentlichen Erzählung nichts durch.»[18]

Im Westen verstehe man auch nicht, dass Anpassung in der DDR nicht nur für das eigene Leben, sondern für den Schutz der ganzen Familie notwendig war. «Die Sippenhaft, das war das Schlimmste», sagt Merkel später.[19] Sie war die wirksamste Waffe der Staatssicherheit.

Wer sich auflehnte, brachte auch das eigene Umfeld, die Familie, die Freunde in Gefahr. Ihr zweiter Mann, der Quantenchemiker Joachim Sauer, beschreibt den erzwungenen Anpassungsprozess in einem Interview im Jahr 2010 so: «Es wurde nicht nur Enthaltung erwartet! Sondern Unterwerfung, aktives Bekenntnis und ‹gesellschaftliches Engagement›, womit für Nicht-SED-Mitglieder die Mitgliedschaft in sozialistischen Massenorganisationen gemeint war. In meiner Zeit als Assistent an der Humboldt-Universität kam der Professor (…) zu mir und sagte: ‹Wir sind hier alle in der Gesellschaft für Deutsch-Sowjetische Freundschaft. Wenn Sie nicht Mitglied werden wollen, suchen Sie sich eine andere Arbeitsgruppe›, was natürlich hieß, die Universität zu verlassen. Ich bin dann eingetreten.»[20]

Angela Merkel hat sich mit der geteilten Wahrnehmung abgefunden. Wenn sie später dafür wirbt, Ost- und Westdeutsche sollten mehr miteinander reden, ihre Erfahrungen teilen, gilt das ausgerechnet für sie nicht. Sie zieht für sich die umgekehrte Konsequenz. Sie schweigt, so wie sie das in ihrer Kindheit und Jugend gelernt hat. Jetzt ist es nur ein anderes Schweigen. Es ist eines auf eigene Rechnung. Es kappt die Verbindung zu ihrem Vorleben.

Das macht sie nicht nur vielen ihrer alten Freunde verdächtig, sondern auch denen im Westen, die ihren Werdegang mit wachsendem Argwohn verfolgen. Denn es ist ein Schweigen, das weit über ihre persönlichen Anpassungen und Verstrickungen hinausgeht. Es ist, als habe sie in den ersten Jahren ihrer politischen Karriere gelernt, dass man im demokratischen Westen sowieso niemanden überzeugen kann, dass Erklären nichts bringt, der Kampf für Überzeugungen vergeblich ist. Es ist ein öffentliches Verstummen – das nur selten, in emotionalen Ausnahmesituationen oder nationalen Katastrophen, durchbrochen wird.

Wer aber so tut, als habe Merkel die Spuren ihrer DDR-Biographie bewusst verwischt, um nach der Wiedervereinigung als vermeintliche Dissidentin in der CDU Karriere machen zu können, verzerrt die Realität. Sie hat die Spuren nicht verwischt. Sie hat – ähnlich wie Friedrich Merz über seine Jugend im Sauerland oder Joschka Fischer über seine äußerst robuste 68er-Periode – ihre Erinnerungen den Erwartungen der Gegenwart angepasst. Sie hat sich die passenden Geschichten ausgesucht und sie zu einem Narrativ innerer Distanz zum DDR-Regime verdichtet.

Die eigene Geschichte als die einer früh politisierten Jugendlichen, die im Westfernsehen das extrem konservative ZDF-Magazin von Gerhard Löwenthal mag, das Leben im falschen Staat dank der Westbücher, der Westkontakte und der Westpakete aushält und den Zusammenbruch der DDR herbeisehnt? Viele Freunde, Kommilitonen, Lehrer und Professoren, die in den vergangenen dreißig Jahren zu Angela Merkel befragt wurden, erinnern sich anders. Im Jahr 2019 trägt der frühere Direktor der Stasi-Gedenkstätte Hohenschönhausen, der ebenso streitbare wie umstrittene Historiker Hubertus Knabe, zusammen, was über Angela Merkels Nähe zum sozialistischen Staat bekannt ist. Sein Fazit: Sie sei mehr als nur mitgelaufen. Für eine angebliche Stasi-Tätigkeit als IM Erika gebe es dagegen keinerlei Anhaltspunkte.

Es ist vielleicht ganz einfach: Zu vertuschen gibt es in dieser Phase ihres Lebens nichts. Sie könnte also erzählen. Aber lieber, als große Erklärungen zu geben, von denen sie annimmt, dass sie niemand versteht, erfüllt sie einfach die Erwartungen der Westdeutschen: dasselbe Verhaltensmuster wie damals, nur ein anderer Adressat.

Wartezeit

Nach dem Studium wären Merkel und ihr erster Mann gern an die Technische Hochschule im thüringischen Ilmenau gewechselt. Sie stellt sich dort vor, erinnert sich an ein «unangenehmes Vorstellungsgespräch bei einem noch unangenehmeren Kaderleiter».[21] Der

Mann weiß alles über sie, spätestens jetzt wird ihr klar, was sie immer schon geahnt hat: dass sie in ihrer Leipziger Zeit aus ihrem nächsten Umfeld heraus beobachtet und dass über sie berichtet wurde. Auf dem Weg zur Reisekostenstelle der Hochschule wird sie selbst von der Stasi angesprochen. Sie erklärt den Stasi-Leuten, die Falsche für den Job zu sein. Sie könne einfach den Mund nicht halten. Das ist natürlich ein Witz. Wenn Merkel eines kann, ist es Verschwiegenheit. Nachdem aber schon seinerzeit der eigene Vater sofort dekonspiriert hat, also sich den Kirchenoberen offenbart, als er angesprochen wird, verläuft die Angelegenheit im Sande. Die Stelle bekommt Merkel allerdings auch nicht.

Stattdessen fängt sie in Berlin bei der «Akademie der Wissenschaften der DDR» an, am Zentralinstitut für Physikalische Chemie. Einer ihrer Leipziger Professoren hat sie empfohlen, sein Bruder leitet das Zentralinstitut. Hier seien eher die Renitenten unter den Wissenschaftlern untergekommen, berichtet sie in einem Interview-Band des Journalisten Hugo Müller-Vogg. Weil an der Akademie nur geforscht und nicht gelehrt wurde, habe sich Aufmüpfigkeit nicht in die Studentenschaft fortpflanzen können.

Doch das ist nur die halbe Wahrheit. Die Akademie hatte den Auftrag, Spitzenforschung zu betreiben, um die DDR-Wissenschaft und -Wirtschaft alsbald auf das Niveau des kapitalistischen Auslands und darüber hinaus zu bringen. 25 000 Mitarbeiter, davon 10 000 Wissenschaftler, arbeiteten auf dem riesigen Areal im Stadtteil Adlershof, direkt an der Grenze zu West-Berlin in einer eigenen kleinen Stadt. Wer hier forschen durfte, gehörte zur Wissenschaftselite der DDR.

Merkel arbeitet an ihrer Dissertation mit dem Thema «Untersuchung des Mechanismus von Zerfallsreaktionen mit einfachem Bindungsbruch und Berechnung ihrer Geschwindigkeitskonstanten auf der Grundlage quantenchemischer und statistischer Methoden». Ungleich einfacher ist der Titel der Abschlussarbeit im Pflichtfach Marxismus-Leninismus: «Was ist sozialistische Lebensweise?»[22]

Der Arbeitsplatz der Physikerin: Berlin-Adlershof, Akademie der Wissenschaften.

Es spricht für Merkel, dass sie für die erste Arbeit ein «summa cum laude» (eine Eins mit Auszeichnung) bekommt, für das zweite Werk nur ein «ausreichend». Sie hatte «zu viel über die Bauern und zu wenig über die Arbeiterklasse geschrieben».[23]

Für mehr als zehn Jahre verschwindet die junge Physikerin täglich in einer unscheinbaren Baracke. Was in ihrer Abteilung gearbeitet wird und wofür, weiß längst keiner mehr präzise. «Das sozialistische Plansoll verlor sich im imaginären Reich unabsehbarer Visionen und Perspektiven. Wer wie wir mit Lochkarten und ohne Telefonanschluss für die Welt von übermorgen wirkte, bekam den Druck der materiell-technischen Basis nicht zu spüren», schreibt Michael Schindhelm in seinem Schlüsselroman «Roberts Reise» über die Zeit, in der er mit Merkel (im Roman Renate) zusammenarbeitete. «Die sieben Herren unserer Abteilung und Renate (unterhielten) sich leis vertraulich und unmittelbar mit dem Weltgeist.» Renate (Angela Merkel) «promovierte seit etlichen Jahren vor sich hin», heißt es im Roman.[24]

Ihr späterer Ehemann Joachim Sauer sagt dreißig Jahre nach der deutschen Einheit in einem Videointerview der Humboldt-Universität über die Arbeit als Wissenschaftler in der DDR: «Leistung störte nicht, aber sie war nicht Voraussetzung.»[25] An Merkels Institut herrscht gähnende Langeweile. Man füttert gewaltige Rechner mit selbstgestanzten Lochkarten und wartet manchmal einen ganzen Tag auf Ergebnisse, die jedes Smartphone heute in weniger als einer Sekunde liefern könnte. Um ihre Arbeit abzuschließen, kann Merkel ein paar Wochen nach Prag reisen. Dort steht ein IBM-Rechner, den sie nutzen darf.

Das gesellige und intellektuelle Leben ist umso erfreulicher. Nach den ersten Monaten, in denen die Neue und einzige Frau der Abteilung sich ziemlich einsam fühlt, startet sie bei der FDJ durch und gewinnt schnell Freunde. Die Naturwissenschaftler lesen viel, auch Romane. Einige von ihnen beschaffen die in der DDR verbotenen Schriften des sowjetischen Dissidenten Andrej Sacharow oder diskutieren über die Reden des westdeutschen Bundespräsidenten Richard von Weizsäcker.

Offiziell organisiert Merkel die Theaterkarten, das Diskussions- und Debattenprogramm im Rahmen des Studienjahres und hilft, den Keller der Baracke zum Partyraum umzurüsten. Fehlen Teller, Gläser oder Besteck, hat Merkel ausreichend Ersatz im Büro. Einige ehemalige Freunde, Förderer und politische Weggefährten sagen, sie habe in der FDJ den Titel einer Verantwortlichen für Agitation und Propaganda gehabt, daran erinnert Merkel sich allerdings nicht.

Sie kocht türkischen Kaffee, den ihre Bürokollegen gern bei ausgiebigen Gesprächen über die Weltlage schlürfen. Ein Herr Joachim Sauer taucht irgendwann in ihrem Leben auf, vorzugsweise zum Mittagessen in der Kantine. Er wird wissenschaftlicher Mentor, Freund, Lebensgefährte und 1998 der zweite Ehemann.

1981 trennt sich Merkel von ihrem ersten Mann. Völlig überraschend erscheint sie spätabends bei einem Institutskollegen, erklärt, es gehe nicht mehr, und bittet um Asyl. So erzählt es der Freund später der Journalistin Evelyn Roll. Ulrich Merkel habe unter dem Umzug und dem Leben in Berlin gelitten. Zuerst an der Humboldt-Universität, dann ebenfalls an der Akademie der Wissenschaften habe er sich in der Großstadt nicht wohlgefühlt, mit dem geselligen Leben der Wissenschaftskollegen habe er nichts anfangen können. Er sei «eher häuslich veranlagt» gewesen, sie dagegen habe abends ausgehen, reden, ins Theater gehen wollen, um ihre stummen Arbeitsalltage zu kompensieren.[26]

Das Projekt «Eine Wohnung für Angela» wird zum gemeinsamen Abenteuer für sie und die Kollegen. Eine leerstehende Wohnung in einem Hinterhaus, in der Templiner Straße im damals ziemlich verfallenen Berliner Bezirk Prenzlauer Berg, wird ausfindig gemacht, das Schloss geknackt. Diese Art der Wohnungsaneignung ist auch in der DDR alles andere als legal, aber üblich. Die Freunde setzen die Wohnung instand, steuern Möbel aus eigenen Beständen bei, Merkel zieht ein. Nach und nach legalisiert sie ihre Wohnsituation, hat am Ende Glück: Ihre Behausung muss «rekonstruiert» (saniert) werden, ihr wird eine andere, bereits instandgesetzte Wohnung zugewiesen.[27]

Merkel nutzt die Möglichkeiten der Akademie. Sie reist mehrfach nach Polen, in die Tschechoslowakei, nach Russland und in die Ukraine. Sie sympathisiert mit der polnischen «Solidarnosc» und diskutiert mit ihren Kollegen über neue und andere Wege im Sozialismus.

Zu diesem Zeitpunkt ist ihr klar, dass die DDR nicht überleben wird, sagt sie später. Im Gegensatz zu den meisten ihrer Freunde, auch

Da waren sie noch nicht verheiratet: Angela Merkel und Joachim Sauer.

zu ihrem Vater, glaubt sie wohl schon damals nicht an einen eigenen und neuen Weg einer sozialistischen Gesellschaft. Sie hält die soziale Marktwirtschaft des westlichen Modells für den richtigen Weg. Im Institut hält sie sich mit dieser Ansicht zurück. Kollegen, die als inoffizielle Mitarbeiter die Stasi informieren, berichten bis zum Schluss, dass Merkel der DDR kritisch, aber konstruktiv gegenüberstehe.

Nach der deutschen Einheit muss sie feststellen, dass einige ihrer engsten Gefährten für die Staatssicherheit gearbeitet haben. Ihr Misstrauen hat sie davor bewahrt, zu viel von sich preiszugeben und sich angreifbar zu machen. Ein früherer Bürokollege und Reisegefährte gibt der Stasi beispielsweise zu Protokoll, er wisse nicht einmal, ob und wie intensiv Angela Merkel kirchlich engagiert ist. Auch der Theatermann Michael Schindhelm hat für die Staatssicherheit gearbeitet, wie er Jahre später einräumt. Ihm gegenüber ist Merkel sehr offen gewesen, doch sie hat Glück: Schindhelm ist offenbar ein schlechter IM, seine Berichte seien belanglos gewesen, über seine Kollegin habe er nicht berichtet. So fasst es der «Welt»-Journalist Axel Brüggemann zusammen, der Schindhelms Täter- und Opfer-Akte gesehen hat.

Die Reformbewegung in Polen, die Perestroika von Michail Gorbatschow in Russland sorgen in der zweiten Hälfte der achtziger Jahre auch in der DDR für Hoffnung auf Veränderung. Die innerdeutsche Grenze wird als Gegenleistung für einen Milliardenkredit der Bundesrepublik zur Stabilisierung der DDR-Wirtschaft durchlässiger.

1986 darf auch Angela Merkel in den Westen, eine ihrer Cousinen heiratet in Hamburg. Sie nutzt den Aufenthalt, um danach in Karlsruhe einen alten Kollegen zu besuchen, der in den Westen übergesiedelt ist, anschließend reist sie an den Bodensee. Die selbstbewusste Ostwissenschaftlerin begeistert sich für die westdeutschen Intercity-Züge, «diese Schienentechnik!», und wundert sich über die Nachlässigkeit westdeutscher Studenten, die auch mal die Füße auf die Sitze des Zugs legen.[28]

Wie selektiv das Leben im Westen in der DDR wahrgenommen wird, zeigt die Weiterreise. In Konstanz denkt Merkel lange darüber nach, ob sie als allein reisende Frau ein Hotelzimmer mieten kann – oder ob das zu gefährlich ist. Schließlich werden in den West-Fernseh-Krimis ständig Frauen im Hotel ermordet.

Worüber sie merkwürdigerweise nicht ernsthaft nachdenkt, ist dazubleiben. Obwohl sie die Lähmung der DDR in all ihrer Trostlosigkeit wahrnimmt und nach eigenem Bekunden nur die Option einer Ausreise das Bleiben erträglich werden lässt, kehrt sie zurück. Damit bestätigt sie wieder einmal, ein letztes Mal, ihren unbedingten Anpassungswillen an die Gesetzmäßigkeiten eines Lebens im Sozialismus: Wer sich aus dem Staub macht, bringt Angehörige und Freunde in Gefahr. Ihr Lebensgefährte sitzt in Berlin und im Ostblock fest, er wird erst 1988 Reisekader. Die Eltern und Geschwister sind in der DDR, sie entfernen sich politisch wie intellektuell immer weiter vom Regime, räumlich aber nicht. Im Templiner Waldhof finden längst sehr offene Gespräche zu Reformen im Sozialismus statt, an denen regelmäßig Westbesucher teilnehmen und in denen Merkels Bruder Marcus deutlich kritische Positionen vertritt. Merkel kehrt zurück.

Sie entwächst der FDJ-Arbeit, zieht sich ins Private zurück. Der Akademie fehlen Devisen für die Beschaffung notwendiger Ersatzteile – ganze Forschungsbereiche liegen jetzt lahm oder beschäftigen sich mit dem Eigenbau fehlender Ausrüstungen. Kollegen gehen in den Westen, die Staats- und Parteiführung verweigert jedoch immer noch den Aufbruch, den die sozialistischen Bruderländer längst angestoßen haben.

Die zehn Jahre in der Akademie der Wissenschaften werden von Merkel als Wartezeit empfunden, ihre Biographin Evelyn Roll schreibt, sie habe sich «verpuppt».[29] Das ist ein schönes Bild, das aber nur durch den weiteren Verlauf der Geschichte schlüssig wird. Nur weil die DDR 1989 unterging, ohne das Zutun der Physikerin aus Templin, wird die Metamorphose Merkels zur Politikerin möglich. Nur in der Rückschau kann man von einer Verpuppungsphase sprechen.

«Geh ins Offene»

Michael Schindhelm ist einer der wenigen aus ihrem engeren Umfeld, von denen man weiß, dass sie das Biotop vor der Wendezeit verlassen und etwas ganz anderes tun: Er kündigt, widmet sich zuerst der Literatur, dann dem Theater, dann dem Westen. Zum Abschied schenkt er Merkel ein Buch, Gogols Roman «Die toten Seelen». Als

Widmung schreibt er einen abgewandelten Hölderlin-Vers hinein: «Geh ins Offene».

Diese Geschichte verdichtet Merkel zum Momentum ihres Aufbruchs, sie macht ein Stellvertreterereignis für den Wendepunkt ihres Lebens daraus: «Geh ins Offene». Den Appell wird sie immer wieder zitieren. Er habe sie ermutigt, etwas Neues anzufangen. Sie legt ihn, als sie längst international geachtet und geehrt wird, den nachfolgenden Generationen ans Herz. «Gehen wir ins Offene», ruft sie ihren Mitbürgern zum Jubiläum der deutschen Einheit im Jahr 2006 zu;[30] «Geht ins Offene», ermuntert sie die Elite-Studenten der Harvard-Universität im Jahr 2019.[31]

Die Episode zeigt exemplarisch, wie trügerisch das Gedächtnis sein kann, wenn prägende Lebensmomente von großen Persönlichkeiten ikonisiert werden. In den ersten Jahren klingt die Geschichte nämlich anders. Im Roman «Roberts Reise» ist Robert der Beschenkte. Er bekommt Buch und Widmung zum Abschied von «Renate».[32] Merkel selbst erinnert sich im Jahr 2000 ähnlich, als sie Parteivorsitzende der CDU werden will.[33]

Bezeichnend ist auch, dass sich das Erlebnis in ihrer Erinnerung nach und nach in das Jahr 1989 «oder etwas später» schiebt.[34] Es muss aber 1986 stattgefunden haben, in dem Jahr, in dem Schindhelm die Akademie verlässt – und Merkel brav von ihrer Westreise zurückkehrt.

Das ist deshalb bemerkenswert, weil die frühe Version eine andere Botschaft transportiert als die spätere: Wäre Merkel die Gebende und 1986 das richtige Jahr gewesen, würde die Botschaft die Sehnsucht der jungen Physikerin enthalten, die es kurz ins Offene schafft, dann aber ins Geschlossene zurückkehrt – und dem Freund den besseren Weg wünscht. Wäre Merkel dagegen im Jahr 1989 die Beschenkte gewesen, weist die Widmung den Weg zu ihrer großartigen Karriere. Wer ins Offene geht, geht ins Risiko und kann sich und die Welt verändern. So sagt sie es den Harvard-Studenten. Es ist nicht verwunderlich, dass Merkel in der Rückschau das Jahr 1989 besser passt und sie sich als Beschenkte sieht. Es ist auch eine Mahnung, Merkels Erinnerungen nicht allzu buchstabengemäß zu trauen.

Beide, Robert und Renate im Roman, Schindhelm und Merkel in der Realität, gehen ins Offene. Es gelingt ihnen, das Beste daraus zu machen. Das unterscheidet sie von vielen ihrer Mitbürger. An diesem Punkt fallen die individuelle und die kollektive Erinnerung an den Einheitsprozess auseinander. Angela Merkel und Schindhelm steigen aus dem aus, was die Schriftstellerin Ines Geipel als ostdeutsche «Erinnerungsgemeinschaft» bezeichnet. Nur Schindhelm kann Jahre später noch sagen: «Angela Merkel ist im Kern der Mensch geblieben, den ich damals kennengelernt habe.»[35]

Die anderen kennen entweder jene Angela Merkel, die sie bis 1989 war. Oder die, die sie danach wird. Die meisten Ostdeutschen haben im Gegensatz zur Kanzlerin in der Nachwendezeit auch die Niederlagen und Demütigungen erfahren, die der Umbruch bereithielt. Mit ihnen teilt die Kanzlerin vielleicht noch die Liebe zur Kartoffelsuppe und eine Zweitwohnungsadresse in der Uckermark, sonst aber kaum etwas. Die Westdeutschen sind auf andere Weise irritiert: Sie lernen eine Politikerin kennen, die aus dem Nichts erscheint, deren erstaunliche Entwicklung sie nur aus der gemeinsam erlebten Gegenwart bewerten können.

«Ich war nie müde, es war alles so ungeheuer spannend»

Wer einmal den Zusammenbruch eines Systems erlebt hat, das sie bis dahin für unangreifbar gehalten hat, hält danach alles für möglich und nichts mehr für selbstverständlich. In der Sowjetunion und den meisten der sozialistischen Bruderstaaten bricht Mitte der achtziger Jahre der politische Frühling an. Nur in der DDR hält die Regierung unter Erich Honecker Veränderungen für unnötig. «Würden Sie, (...)

wenn der Nachbar seine Wohnung neu tapeziert, sich verpflichtet fühlen, Ihre Wohnung ebenfalls neu zu tapezieren?»,[36] entgegnet der SED-Chefideologe Kurt Hager 1987 einem Interviewer des «Stern» auf die Frage, wie lange sich die DDR dem russischen Vorbild von Glasnost und Perestroika, von Transparenz und Umbau der Gesellschaft, noch verschließen könne.

Hager galt bis dahin eigentlich als Hoffnungsträger im Politbüro. Nun macht ausgerechnet er alle Hoffnungen auf Reformen zunichte. Für Zigtausende ist dieser Satz, der sich auch in der DDR rasend schnell verbreitet, das letzte Signal. Nun sind es nicht nur politische Dissidenten und Intellektuelle, die der DDR den Rücken kehren. Auch ganz normale Menschen wenden sich ab.

Im Spätsommer 1989 wandelt sich die Lage rapide. Seit ein paar Wochen ist die Grenze von Ungarn nach Österreich offen, Tausende DDR-Bürger lassen ihren Staat (ihre Habe, ihre Verwandten und Freunde) auf diesem Weg hinter sich. Andere besetzen die westdeutschen Botschaften in den Hauptstädten der sozialistischen Bruderländer, um ihre Ausreise zu erzwingen. Viele derjenigen, die bleiben, gehen auf die Straße: In Leipzig werden seit Anfang September die montäglichen Friedensgebete zu Demonstrationen, die immer mehr Zulauf bekommen und nicht mehr einzudämmen sind.

Ein Zündfunke für die friedliche Revolution ist der 30. September. Der westdeutsche Außenminister Hans-Dietrich Genscher reist in die völlig überfüllte bundesdeutsche Botschaft nach Prag und sagt den berühmtesten unvollständigen Satz der jüngeren deutschen Geschichte: «Liebe Landsleute, ich bin heute zu Ihnen gekommen, um Ihnen mitzuteilen, dass heute Ihre Ausreise ... » der Rest des Satzes (« ... in die Bundesrepublik bevorsteht») geht im Jubel der 4000 bis 5000 DDR-Bürger unter, die dort zum Teil seit Wochen auf dem Botschaftsgelände campieren. Schon in der Nacht reisen die DDR-Bürger unter dem Geleitschutz des Auswärtigen Amtes nach Westdeutschland ab, schon am Abend darauf ist die Botschaft wieder

Der Anfang vom Ende der DDR: Montagsdemos in Leipzig.

voll. Noch immer ist die DDR-Führung blind für die Realität: In einem grotesken Versuch, ihr Gesicht zu wahren, setzt sie durch, dass die Züge über das Staatsgebiet der DDR geleitet werden. Damit soll der Sache ein legaler Anstrich verliehen werden, die Flüchtlinge werden offiziell ausgebürgert. Der Effekt ist völlig anders: Als sie durch Dresden fahren, versammeln sich Demonstranten in der Bahnhofsgegend, es kommt zu Tumulten.

In derselben Woche wird der 40. Geburtstag der DDR gefeiert, als wäre nichts passiert – und der doch alles wenden wird: Fackelzug, Aufmarsch, Militärparade, festliches Abendessen mit den Staats- und Parteichefs der befreundeten Nationen. Der sowjetische Staats- und Parteichef Gorbatschow ist an diesem Abend Gast im Palast der Republik in der Mitte Berlins. «Wer zu spät kommt, den bestraft das Leben», sagt er unter vier Augen zum Genossen Honecker, erinnert er sich später. Doch der lässt die Demonstranten, die sich hinter dem Palast, zwischen Spree und Fernsehturm versammeln, zu Tausenden wegjagen, verprügeln oder verhaften. Die Rufe «Gorbi, Gorbi», «Demokratie» und «Keine Gewalt» sind bis in den Festsaal zu hören.

Die protestierenden DDR-Bürger verlieren trotz der Repressionen die Angst. Die Bewegung ist überall zu spüren, in Dresden, Plauen, Magdeburg und vor allem in Leipzig, dann auch in Berlin. Noch schlägt die DDR-Führung zurück, bietet Polizei, Armee und Staatssicherheit auf, um die Demonstrationen zu ersticken. Es gelingt ihr nicht mehr. Immer mehr Soldaten, Polizisten und Feuerwehrleute melden sich vom Dienst ab, die Regierung kann sich nicht mehr sicher sein, dass den Befehlen Folge geleistet wird. Am 9. Oktober, zwei Tage nach dem seltsamen Geburtstagsfest und der niedergeschlagenen Demonstration in Berlin, marschieren 70 000 Leipziger nach dem Montagsgebet zum Rathaus der Stadt. Es passiert: nichts. Sie können es kaum glauben. Soldaten, Staatssicherheit und Polizei sind zwar schwer bewaffnet in der Stadt zusammengezogen worden. Noch nachmittags werden sie über die Folgen einer Befehlsverweigerung aufgeklärt. Doch abends bleiben sie in den Kasernen und Mannschaftswagen. Es gibt keinen Befehl mehr.

Von diesem Tag an ist der Wandel nicht mehr aufzuhalten. In allen Großstädten der DDR wird demonstriert. Das DDR-Regime bricht in atemberaubender Geschwindigkeit zusammen. Schon einen Monat später, Erich Honecker ist zurückgetreten, verkündet Günter

Schabowski am 9. November die Reisefreiheit für DDR-Bürger. Von nun an darf jeder jederzeit in den Westen. Auf Nachfrage eines Journalisten, wann das neue Reise-Regime in Kraft trete, sagt Schabowski den anderen berühmten unvollständigen Satz der Wendezeit: «Das tritt nach meiner Kenntnis … ist das sofort … unverzüglich.» Schon am Abend versammeln sich Tausende am Grenzübergang Bornholmer Straße in Berlin. Die Schlagbäume gehen hoch.

Angela Merkel dagegen geht erst einmal mit einer Freundin in die Sauna und anschließend auf ein Bier in die benachbarte Kneipe «Die alte Gaslaterne», wie jeden Donnerstag. Auch diese Geschichte erzählt sie später gern. Fünfzehn Jahre später wird sie hier für ihren Mann und Freunde Bier zapfen, um daran zu erinnern. Im Moment der Befreiung, des größten Überschwangs, greift die Physikerin Merkel die Badesachen, marschiert zur Schwimmhalle am Ernst-Thälmann-Park und schwitzt in der Sauna. Sie habe vorher ihre Mutter angerufen, um an die jahrzehntealte Familien-Verabredung zu erinnern, nach dem Mauerfall im Hotel Kempinski am Berliner Ku'damm Austern zu essen. Merkel mag gar keine Austern, der Kempinski-Ausflug wird nie stattfinden. Doch die Redensart ist in der Familie Kasner die ständige Erinnerung an die deutsche Teilung. Sie ist Symbol für das Sich-nicht-Abfinden, das Nicht-einverstanden-Sein.

Erst nach der Sauna erfährt Merkel, dass die Grenze schon offen ist. Sie macht sich auf den Weg, überquert den Berliner Grenzposten Bornholmer Straße, landet bei einer Familie im Stadtteil Wedding, feiert ein bisschen – und verabschiedet sich bald. Am nächsten Morgen muss sie früh raus, die Arbeit ruft.

Auch diese Anekdote leuchtet den Charakter Merkels so aus, wie es der späteren CDU-Politikerin richtig erscheint: Überschwang ist ihr unheimlich. In turbulenten Lagen tritt sie einen Schritt zurück, kommt zu sich, überlegt und handelt dann. In einem späteren Interview sagt sie, dass «Umgraben», Gartenarbeit, ihr hilft, sich trotz ihrer steilen politischen Karriere zu sortieren und die Bodenhaftung zu bewahren.[37] Oder ein paar freie Tage. In der Wendezeit ist es die Sauna.

Angela Merkel gehört nicht zu den Ersten, die sich politisch engagieren. Sie ist keine Bürgerrechtlerin, auch wenn sie Kontakte zu Oppositionellen hat. In der Akademie beginnt der Arbeitstag immer noch früh am Morgen und endet am späten Nachmittag. Nur gearbeitet wird nicht mehr viel, «in den Büros und Betrieben wurde überall politisiert».[38] Sie plant die anstehenden Dienstreisen zum wissenschaftlichen Austausch – eine Anfang November 1989 nach Karlsruhe, einen Vortrag am 13. November in Polen – und tritt diese Termine gewissenhaft an. Doch nun kommt sie aus der Reserve, innerhalb und außerhalb der Akademie.

Schon im September hat sie zum ersten Mal an einem der politischen Gesprächsabende in ihrem Elternhaus teilgenommen. Teilnehmer berichten, dass sie wenig gesagt hat, sie selbst erinnert sich nicht an den Abend. Doch während ihr Vater immer noch an einen eigenständigen Weg im Sozialismus glaubt, sei ihr da längst klar gewesen, dass es einen dritten Weg ohne Marktwirtschaft nicht geben könne, sagt sie später in einem Interview.

Bereits am 9. September gründet Katja Havemann, die Witwe des DDR-Regimekritikers Robert Havemann, zusammen mit Bärbel Bohley, Jens Reich und anderen die Bewegung «Neues Forum», die wenig später als Partei angemeldet wird. Die Familie Kasner ist seit Jahren mit den Havemanns befreundet, Angela Merkels Vater und ihr Bruder Marcus stehen der neuen Bewegung nahe, die später zum Teil im Bündnis 90 aufgeht und noch später mit den westdeutschen «Grünen» fusioniert. Am 12. September folgt die Bewegung «Demokratie Jetzt» im Umfeld der Berliner evangelischen Bartholomäus-Gemeinde. Am 1. Oktober wird der «Demokratische Aufbruch» (DA) gegründet, am 7. Oktober die SDP, die sozialdemokratische Partei Ostdeutschlands. Bei den Sozialdemokraten engagiert sich Merkels Mutter – sie wird später lange als Ratsfrau in Templin Kommunalpolitik machen. Innerhalb weniger Tage und Wochen entstehen überall neue Parteien, Bewegungen, Bündnisse. Es ist, als hätte das ganze Land vorher in einer ähnlichen Verpuppung gelebt wie Angela Merkel.

«Was hätten wir unseren Kindern und Enkeln sagen sollen, wenn wir uns in der Lage nicht engagiert hätten?», fragt Wolfgang Thierse und spricht für diejenigen, die als Christen die ständige «Differenzerfahrung» der DDR-Zeit zu einer politischen Karriere formen. Tigran Schipanski, später stellvertretender Landrat des Ilm-Kreises und Ehemann der CDU-Kandidatin Dagmar Schipanski für die Bundespräsidentenwahl im Jahr 1999, spricht von dem «Befreiungsschlag, der mich zu neuem Leben erweckte».[39]

So ging es vielen, und so muss es auch Angela Merkel ergangen sein. Innerlich hat sie wohl schon seit ihrer Promotion im Jahr 1986 mit dem Lebenskapitel Forschung abgeschlossen, denn sie ist in der Wissenschaft an eine Grenze gestoßen: Sie ist sehr gut, aber nicht brillant. Sie erkennt, dass es über den Klassenbesten noch eine weitere Stufe gibt: die Exzellenz. In der Wissenschaft wird sie die nicht erreichen. Dafür muss man das ganze Leben der Forschung widmen, dazu ist sie nicht bereit. Sie steht also ohnehin vor ihrer persönlichen Wende, als die politischen Ereignisse sich überschlagen.

Überall finden jetzt Diskussionen und Versammlungen statt, «ich (war) nie müde, denn es war ja alles unglaublich spannend», sagt sie.[40] Merkel beteiligt sich nicht nur daran, zur Überraschung ihrer Kollegen fordert die sonst so vorsichtige Wissenschaftlerin in der Akademie jetzt öffentlich und entschieden Reformen.

Im Oktober wird Angela Merkel zum ersten Mal auch außerhalb im Kontext der friedlichen Revolution gesehen. Sie habe im Pfarrhaus der Gethsemane-Kirche im Berliner Prenzlauer Berg die Kollekte gezählt, berichtet einer der Männer der ersten Stunde später. Die Gethsemane-Kirche spielt seit Jahren eine wichtige Rolle für die Bürgerrechtsbewegung der DDR, sie ist seit Mitte der achtziger Jahre ein zentraler Ort der oppositionellen Basisgruppen. Merkel hat hier bereits an Gesprächsabenden teilgenommen, sie ist bekannt. Für die Berliner Demonstranten wird die Kirche nun Schutzraum und Lazarett zugleich. Hier werden die Verletzten der DDR-Geburtstags-Demonstration versorgt, hierhin flüchtet man sich vor den Repressionen der Ordnungsmacht. «Das Umschlagen subjektiver Ohnmacht in kollektive Handlungsmacht hatte etwas Berauschendes (...). War bislang alles starr und vorbestimmt, hatten die versteinerten Verhältnisse, mit Marx gesprochen, nun plötzlich zu tanzen begonnen»,[41] schreibt der Soziologe Steffen Mau in seiner Analyse der DDR-Gesellschaft. Merkel tanzt mit.

Schon Mitte Oktober hilft sie im Büro des DA-Aktivisten und späteren Vorsitzenden der Partei, des Rechtsanwaltes (und wenig später überführten Stasi-Spitzels) Wolfgang Schnur, mit. Nicht als Führungskraft, sondern als freiwillige Unterstützung in der Organisation der Bewegung. Schnur ist als Synodaler mit Merkels Vater bekannt, gilt als eine der großen politischen Hoffnungen der Bürgerrechtler. Dasselbe gilt für weitere Gründungsmitglieder, die Pfarrer Rainer Eppelmann und Friedrich Schorlemmer. Günter Nooke, ein enger Freund ihres Bruders und späterer CDU-Politiker, ist anfangs ebenfalls dabei.

Doch festgelegt ist Merkel noch lange nicht. Gemeinsam mit ihrem Chef Klaus Ulbricht besucht sie Veranstaltungen verschiedener politischer Gruppierungen. Die ehemalige Blockpartei CDU ist für sie keine Option. Bei der SDP-SPD passt ihr die Anrede «Genossin» nicht, beim Neuen Forum und in anderen Gruppen herrscht für ihren Geschmack zu viel Basisdemokratie, es wird zu viel gequasselt. Immer nur reden findet sie unergiebig. «Man musste zum Machbaren kommen.»[42]

Klaus Ulbricht entscheidet sich am Ende für die SDP-SPD und wird später Bezirksbürgermeister von Berlin Köpenick. Merkel wählt den Demokratischen Aufbruch. An einem anderen Tag, bei einer anderen Veranstaltung, mit anderen Protagonisten, in anderer Gesellschaft hätte es wohl auch eine ganz andere Partei werden können.

Hier liegt eine der Ursachen, warum das Verhältnis zwischen Merkel und der CDU auch nach der Fusion von DA und CDU, nach 30 Jahren Mitgliedschaft, in achtzehn Jahren als Parteivorsitzende, nie ein organisches geworden ist. Anders als bei ihren Vorgängern oder den meisten ihrer Präsidiumskollegen hätte es eben auch eine andere Partei sein können. Das ist der ständige Vorwurf, der sie von nun an begleitet. Er wird bei jeder Richtungsentscheidung neu aufgeladen. Mit der Kränkung der attestierten Nicht-Einzigartigkeit leben die Konservativen unter den Christdemokraten eine ganze Generation lang. Sie spüren sie, wenn sie mit Merkels Pragmatismus in Familienfragen konfrontiert werden. Die Wunde bricht wieder auf, wenn die evangelische Kanzlerin den deutschen Papst kritisiert oder wenn sie das Symbolthema «Ehe für alle» umstandslos abräumt.

Nicht nur, weil sie die ersten fünfunddreißig Jahre ihres Lebens politisch nicht engagiert war und nichts mit ihnen geteilt hat, bleibt Merkel vielen Christdemokraten fremd. Dass es mehr oder weniger ein Zufall war, der sie letztendlich zur CDU gebracht hat, ist fast noch schlimmer. Merkel tut nichts, um diesen Abstand zu überwinden.

Fassungslos und erschrocken bemerken die DDR-Bürger, in welchem Tempo sie das bisherige politische System friedlich wegdemonstrieren. Jubelnd stürzen viele von ihnen in einen Neuanfang, der noch ohne Struktur und Richtung ist. Jeder diskutiert, jede hat eine Idee, jede kennt jemanden, der jemanden kennt, die etwas macht. Für Merkel wird das andere Folgen haben als für die meisten anderen, die nach einer kurzen Zeit wieder in ihr altes Leben zurückkehren – oder in das, was davon übrig bleibt.

Denn schon in den Wochen der Wendezeit kommt ein Prozess in Gang, der die Bürgerrechter überrumpelt, die Skeptiker bestätigt und die Pragmatiker belohnt: Der Westen kommt in den Osten. Die bundesdeutschen Parteien machen sich auf den Weg nach Leipzig und Berlin, um zu helfen, das Chaos zu lichten. Unternehmer und Manager reisen auf der Suche nach Geschäftspartnern und Märkten in den Osten. Wissenschaftler und Verwaltungsbeamte spüren Gelegenheiten zur Zusammenarbeit auf. Sie treffen auf eine unvorbereitete Gesellschaft. «Die Initialerfahrung demokratischer Teilhabe war eine des Straßenprotests, mit dem man sich Gehör verschafft und die Oberen zu Zugeständnissen gezwungen hatte, keine der breiten zivilgesellschaftlichen Beteiligung, politischer Selbstorganisation oder kollektiver Willensbildung. Wo hätte das auch herkommen sollen?»,[43] fragt Steffen Mau. Die Pragmatiker organisieren die neue DDR und etablieren sich im politischen Betrieb. Darin ist Merkel sehr gut.

Im November bekommt der neue DA-Chef Wolfgang Schnur Besuch von einer Westdelegation. Entwicklungshilfeminister Jürgen Warnke (CSU) will sich in seiner Funktion als Präsidiumsmitglied der Evangelischen Kirche Deutschlands in der revolutionären DDR umtun. Über das Gespräch ist nicht viel bekannt, außer dass die Hilfskraft Angela Merkel zum ersten Mal von Westdeutschen gesichtet wird. Warnkes Pressemann Hans-Christian Maaß, selbst Pfarrerssohn aus der DDR, als aufmüpfiger Student 1974 ausgebürgert, unterhält sich kurz mit ihr, erlebt sie als überraschend kühl und ein bisschen arrogant. Umgekehrt ist es genauso. Immerhin: Sie bleibt ihm in Erinnerung. Das wird ein paar Monate später wichtig. Denn Maaß ist in der Zeit auf der Suche nach ostdeutschen politischen Talenten.

Zum 1. Februar 1990 lässt Merkel sich bei der Akademie der Wissenschaften beurlauben. Sie entscheidet sich für die Politik, auch wenn sie anfangs noch die Rückfahrkarte hat. Wäre die Volkskammerwahl im März schiefgegangen, hätte sie auf ihren alten Arbeitsplatz zurückkehren können.

Im Nachhinein schildert sie das erste Jahr ihrer politischen Arbeit als eine wundersame Häufung von Zufällen, Glück und Fügungen. Das ist die eine Seite. Die andere sind ruhige Planung, Zielstrebigkeit und Unerschrockenheit. Im Dezember 1989 ist Merkel noch ein Niemand, nicht einmal allen in der eigenen kleinen Partei bekannt. Ziemlich genau ein Jahr später zieht sie für die große Regierungspartei CDU in den Bundestag ein, der Kanzler lädt sie ins Kanzleramt, sie soll Ministerin werden.

Diejenigen, die sie im Herbst und Winter 1989/90 kennenlernen, schätzen sie vor allem für ihr Organisationstalent im Büro. In einem Land, das kein funktionierendes Telefonsystem und keine Kopierer hat, in dem man nicht einmal die Parteimitglieder zuverlässig erreichen kann, geschweige denn potenzielle Wähler, wird man nicht durch weitreichende politische Entwürfe unentbehrlich. Angela Merkel wird es, weil sie Computer auspackt und zusammensteckt, keine Allüren und viel Humor hat, mit allen spricht und auch mal den Kaffee kocht. Niemand aber würde in der jungen Frau in der ewigen braunen Cordhose eine künftige Spitzenpolitikerin erkennen.

Inhaltlich positioniert sie sich immer noch nicht, obwohl der Demokratische Aufbruch vor der schwierigsten Richtungsentscheidung seiner kurzen Geschichte steht. Die einen sehen die Zukunft in der sozialen Marktwirtschaft und der Wiedervereinigung. Die anderen beharren auf einem eigenständigen neuen Weg zwischen Sozialismus und Marktwirtschaft in der DDR. Merkel gehört zur ersten Gruppe. Doch sie hält den Mund, nimmt keinen Einfluss, kann auch keinen nehmen: Sie ist nicht im Vorstand der jungen Partei, nicht einmal eins der prominenteren Mitglieder.

Die Partei spaltet sich, die Mitgründer Günter Nooke und Friedrich Schorlemmer verlassen enttäuscht die «Kraut-und-Rüben-Partei» (Schorlemmer).[44] Schnur und sein Mitvorsitzender Rainer Eppelmann fädeln die Kooperation mit der CDU ein. Der Weg für eine «Allianz für Deutschland» ist frei, in der DA, Ost-CDU und die damals der bayerischen CSU nahestehende Deutsche Soziale Union (DSU) gemeinsam zur Volkskammerwahl antreten wollen. Über Nacht ist aus der neuen Mitarbeiterin Angela Merkel eine Konservative geworden. Eine, die es noch wenige Wochen zuvor geschüttelt hat, wenn sie sich vorstellte, sich für die Blockpartei zu engagieren. CDU-Mitglied wird sie erst im Herbst 1990. Ihre alten Freunde aus Leipzig und der Akademie der Wissenschaften sind überrascht – um es vorsichtig auszudrücken.

DA-Chef Wolfgang Schnur ist ein Chaot, er wird wegen immer offener erhobener Stasi-Vorwürfe zu einer Belastung für das Bündnis. Ständig kommt er zu spät, hat Termine doppelt und dreifach belegt, steht unter Druck. Als ihm im Februar 1990 eine Gruppe der Konrad-Adenauer-Stiftung ihre Aufwartung machen will, hat er keine Zeit. «Gehen Sie doch mal», ruft er Merkel zu. Als sie entgegenhält, sie sei in der Partei nicht legitimiert, Gespräche mit Delegationen zu führen, habe er gesagt: «Dann sind Sie eben jetzt die Pressesprecherin.»[45]

Dabei bleibt es. Ohnehin hat niemand Erfahrung mit der Demokratie, ob jemand aus dem Osten Pressearbeit kann oder nicht, stellt sich erst in der Praxis heraus. «Es ging ja dann ganz gut», stellt Merkel nüchtern fest.[46] Vor allem, weil sie nicht darauf wartet, dass ihr jemand mitteilt, wie die Partei zu einzelnen Themen denkt. Sie weiß bereits, dass es keinen festen Grund gibt. Sie denkt selbst, fasst den Diskussionsstand präzise zusammen und wird für die Journalisten eine der wenigen erreichbaren, ansprechbaren und verlässlichen Gesprächspartnerinnen. Nachts verfasst sie zu Hause Flugblätter und Slogans, tagsüber schreibt sie die Reden der Vorstandsmitglieder, zwischendurch arbeitet sie an der eigenen Positionierung. Schon am 10. Februar erscheint in der «Berliner Zeitung» ein Gastbeitrag mit der Autorenzeile «Angela Merkel». Sie begründet darin, warum es richtig ist, sich bei der CDU anzulehnen, beruft sich auf Ludwig Erhard und verlangt, dass Politiker Dienstleister ihres Volkes sein sollen. Es sind Motive und Themen, denen sie wenigstens eine Weile lang treu bleiben wird.[47]

Über zwanzig Parteien und Gruppierungen treten zur Volkskammerwahl im März an, niemand hat einen Überblick, wie sich die Bürger der DDR in ihrer ersten freien Wahl entscheiden könnten. Es liegt aber nahe anzunehmen, dass die Ost-CDU, die mit Lothar de Maizière einen neuen, demokratischen Vorsitzenden hat – und mit Helmut Kohl über das wichtigste Zugpferd im Wahlkampf verfügt –, einen Triumph nach Hause holen wird. Die Allianz für Deutschland bekommt fast 50 Prozent der Stimmen und verpasst die absolute Mehrheit nur knapp. De Maizière, Rechtsanwalt, Bratschist, wird erster frei gewählter Ministerpräsident der DDR. Der Demokratische Aufbruch dagegen scheitert bei dieser Wahl kläglich. Wenige Tage vor der Wahl muss Wolfgang Schnur einräumen, jahrzehntelang inoffiziell für die Staatssicherheit gearbeitet und nicht nur seine Mandanten – Bürgerrechtlerinnen, Bausoldaten, Künstler – verraten zu haben, sondern auch den engen Freund und DA-Co-Vorsitzenden Rainer Eppelmann. Nicht einmal ein Prozent der Wähler will einer solchen Partei die Zukunft der DDR anvertrauen.

Die DA-Pressefrau hält sich nicht lange mit der Trauerarbeit auf. Noch in der Wahlnacht trifft sie Lothar de Maizière, der spätnachts nach der rauschenden Wahlparty der CDU noch zur Trauertruppe vom Demokratischen Aufbruch stößt. Jetzt kommt Angela Merkel aus der Deckung. Sie wirbt erfolgreich dafür, den DA trotz des desolaten Ergebnisses bei der Regierungsbildung nicht zu vergessen. Der DA geht unter, ihr Stern geht auf: Sie wird in der neuen Regierung stellvertretende Regierungssprecherin.

Es ist diese Merkel'sche Mischung aus Uneitelkeit, Selbstbewusstsein, Intelligenz und das Gespür für den richtigen Augenblick, die de Maizière und seine westlichen Berater Maaß und Thomas de Maizière beeindruckt – und die auch Helmut Kohl in den kommenden Monaten entdecken wird. Merkel spricht englisch und russisch, sie begleitet den Ministerpräsidenten auf seinen Auslandsreisen. Sie hat ein klares Gefühl für politische Sprache und Botschaften und bereitet

Gerade erst zur Pressesprecherin ernannt, ist Merkel kurz darauf schon stellvertretende Sprecherin der DDR-Regierung de Maizière.

den Ministerpräsidenten für seine öffentlichen Auftritte vor. Sie ist erreichbar und offen, für die Journalisten eine ideale Ansprechpartnerin in Ost-Berlin.

Hat sie sich vorher für den Demokratischen Aufbruch unverzichtbar gemacht, wird sie es jetzt für die neue DDR-Regierung. Nun hat sie auch für sich selbst entschieden, in der Politik zu bleiben. Als stellvertretende Regierungssprecherin gehört sie zwar anfangs nicht zum engsten Kreis des Ministerpräsidenten. Doch das hilft ihr, zu den anderen Mitgliedern des Kabinetts gute Kontakte zu knüpfen.

Eine Aufgabe, die sie strategisch angeht. Günther Krause, der die CDU als Fraktionschef in der Volkskammer führt und gleichzeitig als Staatssekretär den Vertrag zur deutschen Einheit verhandelt, ist der Mann der Stunde. Sie baut ein gutes Arbeitsverhältnis zu ihm auf, als sie die Verhandlungen zum Einheitsvertrag als Pressesprecherin begleitet. Krause und de Maizière helfen, dass Merkel in der Politik bleiben und rasant aufsteigen kann. Allen dreien ist klar, dass die deutsche Einheit schneller kommen wird, als die meisten anderen Regierungsmitglieder und Abgeordneten der Volkskammer denken. Krause als CDU-Landesvorsitzender von Mecklenburg-Vorpommern organisiert für Merkel einen Wahlkreis – Stralsund-Rügen –, obwohl sie noch Mitglied im Demokratischen Aufbruch ist. Er schätzt ihre Arbeit als Sprecherin und plant sie in der vereinigten Republik für dieselbe Position ein, wenn er selbst Minister sein wird.

In diesem einen Jahr in der Politik eignet sich Merkel alles an, was ihr später im Bonner Betrieb hilft: Sie knüpft Kontakte in die Partei und zu den Journalisten. Sie ergattert mit der Kandidatur für den Bundestag eine sichere Bank. Sie fällt denen auf, die aller Voraussicht nach in den kommenden Jahren wichtig sein werden. Und sie macht gute Arbeit in ihrem Job.

In den neunziger Jahren kommt es in Westdeutschland nicht gut an, wenn eine ehrgeizige und kluge Politikerin sich so verhält, wie

Angela Merkel besucht im November 1990 in ihrem Wahlkreis Fischer auf der Insel Rügen.

Männer es ohne jedes Problem tun. Das begreift Merkel schnell. Als ihr ihre Frisur, die unmögliche Cordhose, die schlingernden Röcke, handgestrickten Socken und Jesus-Latschen vorgehalten werden, erkennt sie, dass Frauen im Westen mit anderen Maßstäben gemessen werden. Sie beginnt, ihren Ehrgeiz und ihre Leistungsbereitschaft zu verstecken, die sie die ersten fünfunddreißig Jahre ihres Lebens geprägt haben. Sie erweckt selbst den Eindruck, als seien ihr die Beförderungen und Aufstiege irgendwie zugestoßen und stellt schnell fest, dass ihr das in Bonn hilft. Das Mädchen, das traumwandlerisch durch die Spitzenpolitik stolpert und dabei immer wieder auf die Füße fällt, ist für die westdeutschen Berufspolitiker leichter zu ertragen als die zähe, intelligente und zielstrebige Pfarrerstochter aus Templin. In den nächsten Jahren wird sie diese Mimikry weiter treiben.

MÄNNER

Die schwarze Witwe

Angela Merkel gilt als Matriarchin der deutschen Politik, als Machiavellistin im Hosenanzug. Sie soll die Frau sein, die mit einem Girlscamp loyaler Frauen regiert und ihre männlichen Rivalen einen nach dem anderen niederringt. Hat Merkel den Geschlechterkampf in der Politik auf eine neue Ebene gehoben?

Dazu ist festzustellen: Erstens: Männer haben in Merkels politischer Karriere eine große Rolle gespielt. Zweitens: Entgegen gern verbreiteter Mythen hat sie nicht alle erledigt.

Da ist die Riege oft rundlicher Herren, die der Kanzlerin zum Teil schon seit ihren Anfangsjahren in der Politik verbunden und trotz mancher Enttäuschungen loyal ergeben sind. Die Politiker heißen Peter Altmaier, Helge Braun, Thomas de Maizière, Ronald Pofalla, Hermann Gröhe oder Volker Kauder. Der verstorbene Rheinländer Peter Hintze gehörte ebenfalls zur Reihe der männlichen Merkel-Vertrauten, vielleicht war er sogar der wichtigste.

Dann gibt es die Wegbegleiter, Skeptiker und Rivalen, die sich dennoch nicht aus der Umarmung der Kanzlerin lösen können und von denen sie ihrerseits sich nicht trennen will. Wolfgang Schäuble ist der prominenteste Vertreter dieser Kategorie, Edmund Stoiber, Norbert Lammert und Horst Seehofer gehören ebenfalls dazu.

Und schließlich ist da die Reihe derjenigen, die sich als Opfer der Merkel-Herrschaft sehen, jene Herren, die den Machtkampf mit ihr gesucht – und verloren haben: Dazu gehören Politiker wie Friedrich Merz, Roland Koch oder Norbert Röttgen. Dass Merz und Röttgen es im Januar 2021 noch einmal wissen wollen und (erfolglos) für den Parteivorsitz in der Nach-Merkel-Ära kandidieren, hat auch mit dieser blinden Stelle in ihrer politischen Biographie zu tun, die die Kanzlerin verantwortet.

Ganz am Rande spielen die Sonnyboys eine Rolle: junge Politiker wie Karl-Theodor zu Guttenberg, die am anderen Ende des Merkel'schen Kosmos leuchten und denen die Kanzlerin viel Spielraum gibt – jedenfalls solange es gut läuft.

Regierungswechsel sind immer auch Generationswechsel. Mit der Bienenkönigin sterben die Drohnen und die meisten der alten Arbeiterinnen einen sanften Tod. Selbst wenn der neue Kanzler nach den Wahlen im September 2021 noch aus der Generation Merkel kommen könnte, viele seiner Ministerinnen und Staatssekretäre, Abteilungschefs und Büroleiterinnen tun es nicht mehr. Politiker wie Markus Söder oder Kevin Kühnert, Annalena Baerbock oder Franziska Giffey, Daniel Günther oder Robert Habeck, Marco Buschmann oder Paul Ziemiak werden die Politik dieser neuen Zeit prägen. Sie können nicht nur anders mit alten und neuen Herausforderungen umgehen. Sie müssen auch die Altlasten aus zwölf Jahren großer und vier Jahren schwarz-gelber Koalitionen unter Angela Merkel beiseiteräumen.

Eines aber ist ziemlich klar: Die Ära der Frauenherrschaft in der CDU und vielleicht auch an der Spitze des Bundeskanzleramtes ist zu Ende. Nach mehr als zwanzig Jahren weiblicher Dominanz ist eine Gegenbewegung zu spüren. Der Frauenanteil im Parlament stagniert oder sinkt, und an der Spitze der CDU steht mit Armin Laschet wieder ein Mann, wenn auch einer, der sich als Bewahrer der Merkel-Politik sieht.

Dennoch wird es keine männliche Konterrevolution geben. Dazu war die Ära Merkel insgesamt zu erfolgreich, dazu ist die gesellschaftliche Emanzipation zu weit gediehen, dazu gibt es inzwischen zu viele Frauen in der Politik, die aus ihrem Ehrgeiz keinen Hehl machen müssen. Mit Annalena Baerbock nominieren die Grünen eine Kanzlerkandidatin. Die Frauenquote für Führungskräfte in Wirtschaft und

Die mächtigsten Frauen Deutschlands? Die neue EU-Kommissionschefin Ursula von der Leyen, ihre Nachfolgerin als Verteidigungsministerin Annegret Kramp-Karrenbauer und Angela Merkel (mit Berlins Regierendem Bürgermeister Michael Müller).

Verwaltung, die Merkel in ihrer Rolle als Frauenministerin noch ablehnte, ist inzwischen Mainstream. Es ist eine weitere späte Wende der Kanzlerin, dass sie diese Regelung jetzt befürwortet.

Dreißig Jahre, eine ganze Generation, hat es gebraucht, um aus einem patriarchalischen System ein diverseres werden zu lassen. Das große «Wir» der deutschen Einheit wurde noch von westdeutschen Männern mit christlicher Prägung und einem ziemlich einheitlichen Lebensweg buchstabiert. Heute denken und fühlen die meisten Bundesbürger in anderen, vielfältigeren Kategorien. Längst geht es nicht mehr nur um die Frage, ob Frauen in öffentlichen, wirtschaftlichen und politischen Gremien angemessen repräsentiert sind. Die Bürgerinnen sind Männer und Frauen oder etwas ganz anderes. Sie empfinden ihren ethnischen Hintergrund als Identitätsmerkmal. Lebensstile sind an die Stelle von religiöser Zugehörigkeit getreten. Bildung ist zu einem zentralen Merkmal geworden, ein Lebensschwerpunkt auf dem Land oder in der Stadt, in Ost- oder in Westdeutschland, sagt oft mehr über den sozialen Status, die politischen Einstellungen und das Lebensgefühl aus als Herkunft oder Geschlecht.

Die Kehrseite dieser Entwicklung zeigt sich erst in jüngster Vergangenheit. Wie in vielen anderen Ländern wird auch in Deutschland sichtbar, dass neue gesellschaftliche Landkarten zu Zersplitterung führen, Verluste und Opfer fordern können. Der Nationalstaat verliert an Bindungskraft, wenn sich das Staatsvolk nicht mehr als Einheit begreifen will. Die Aufgabe von Politikern ist jetzt, einen Ausgleich zwischen den auseinanderstrebenden Gruppen der Gesellschaft zu ermöglichen, das Verbindende zu stärken, die Stimmen der Ungehörten wahr- und ernst zu nehmen und für die richtige Balance zwischen Verändern und Bewahren zu sorgen. «Das Allgemeine (...) muss erst selbst wieder (...) verfertigt werden», sagt der Soziologe Andreas Reckwitz.[1]

Bei Ostdeutschen wie bei vielen Bürgern in den Reformstaaten Osteuropas sei durch die Erfahrung der friedlichen Revolution «das Gefühl der Zerbrechlichkeit aller politischen Verhältnisse»[2] besonders ausgeprägt, schreibt der Soziologe Ivan Krastev. Gerade in den neuen Bundesländern ist das Verlangen nach einer sicherheitsorientierten Politik, die das Konservieren traditioneller Lebenswelten für erstrebenswert hält, besonders ausgeprägt. Dies vernachlässigt und die gesellschaftlichen Trends der großstädtischen Milieus politisch durchgewinkt zu haben, ist ein Vorwurf, den man Angela Merkel nach sechzehn Jahren als Regierungschefin vor allem in der eigenen Partei macht.

Denn nicht nur das Bewusstsein, auch das Wissen um diese Drift ist ja da. Seit den 1980er Jahren entwickeln sich Lebens- und Bildungschancen in den Städten und auf dem Land überall auf der Welt auseinander. «In gewisser Hinsicht sind sich die Metropolen nun untereinander oft ähnlicher als den ländlichen Regionen in ihrem jeweiligen Nationalstaat», schreibt Reckwitz.[3] Während die einen von der Globalisierung in ihren Möglichkeiten profitieren, teilen die anderen zunehmend ein Lebensgefühl des Nicht-beachtet-Seins.

Merkel mag darüber nicht nachdenken. Sie ist die Fürsprecherin der ständigen Veränderung, sie lässt sich von der gutgelaunten urbanen Mitte treiben. Dass es Traditionen und Lebensstile gibt, die ihre Berechtigung auch im 21. Jahrhundert haben, ist nie eine besondere Sorge der Kanzlerin gewesen. Das ist eher das Thema jener Männer, die sie nach und nach aus ihrer Nähe verbannt. Politiker wie Bundestagspräsident Wolfgang Schäuble oder Norbert Lammert, sein Vorgänger und heutiger Vorsitzender der parteinahen Konrad-Adenauer-Stiftung, kümmern sich darum. Zu den Vorstandssitzungen der Konrad-Adenauer-Stiftung erscheint die Kanzlerin zwar in erstaunlicher Regelmäßigkeit, berichten Mitglieder des Gremiums. Doch sonderlich interessiert sei sie nicht an der Arbeit des konservativen Thinktanks.

Sicher, ein Partei-Patriarch wie Helmut Kohl wäre heute vermutlich auch bei den Konservativen der CDU nicht mehr erfolgreich, ein Basta-Kanzler wie Gerhard Schröder in der SPD kaum noch vermittelbar. Zwar werden Persönlichkeiten immer wichtiger, weil sich schwierige politische Entscheidungen leichter verstehen, akzeptieren oder ablehnen lassen, wenn man der Person, die sie vertritt, ver- oder misstraut. Die Globalisierung nutzt vordergründig auch den Stars des Politikbetriebs: In der Stunde der Not verabreden sie die Krisenstrategien und teilen dem Parlament mit, wie es abzustimmen hat. Sie erscheinen übermächtig und dominierend. Doch in Wahrheit nimmt ihre Macht ab. Sie können nicht mehr gegen die Gesellschaft regieren, die ihnen ins Amt verhilft. Sie vermögen es kaum noch, die Grenzen ihres Staates zu sichern, die globalen Unternehmen zu zähmen, notwendige Regeln zur Sicherung der Lebensgrundlagen durchzusetzen.

Deshalb verzerren sich die heroischen Posen des vergangenen Jahrhunderts heute oft zu ihrer eigenen Karikatur. Wie zuletzt im Corona-Jahr 2020: Während der französische Präsident Emmanuel Macron, dramatisch ausgeleuchtet, dem Virus öffentlich den Krieg erklärt, verlegt sich Merkel auf das Moderieren und Bitten. Macron wirkt wie der General, der noch nicht bemerkt hat, dass er für seinen Feldzug keine Waffen mehr hat. Und Merkels «Nehmen Sie es ernst»[4] kommt ähnlich hilflos daher wie ihr «Wir schaffen das»[5] während der Flüchtlingskrise.

Am überzeugendsten sind die Regierenden in Paris und Berlin auffälligerweise dann, wenn sie gemeinsam auftreten. So wie im Mai 2020, als sie in einer Videokonferenz einen schuldenfinanzierten EU-Hilfsfonds für die Bewältigung der Pandemiefolgen vorschlagen. Hier finden sich der hochfliegende Visionär und die ordentliche Buchhalterin auf einmal in einer Symbiose, für die beide im eigenen Land keinen Partner mehr finden. Zu sehr ist Angela Merkel Präsidialkanzlerin geworden, als dass sie sich – wie in der Finanzkrise 2008 mit dem Finanzminister – gemeinsam mit dem Gesundheitsminister an das Volk wenden würde. Zu sehr misstraut sie den politischen Kollegen im eigenen Land, als dass sie sie freiwillig auf Augenhöhe heben würde. Jetzt müsste sie auf den Souverän, das Volk vertrauen. Doch nun steht ihr das Misstrauen im Weg. Vertrauen ist ihre Sache nicht, nie gewesen.

Die Vatermörderin

Die gängige Erzählung über Angela Merkel und die Männer ist einfach. Nach dem Vatermord an Helmut Kohl bringt sie dessen Nachfolger im Parteivorsitz, Wolfgang Schäuble, zur Strecke. Schäuble verstrickt sich in einer zerstörerischen Auseinandersetzung mit Kohl und gerät selbst in die Spendenaffäre seiner Partei. Der Staatsanwalt ermittelt. Merkel aber steigt von dem Posten der Generalsekretärin zur Vorsitzenden auf.

Danach verdrängt sie die hoffnungsvollen Politiker der mittleren Generation – den hessischen Ministerpräsidenten Roland Koch, seinen saarländischen Amtskollegen Peter Müller, den niedersächsischen Landeschef und späteren Bundespräsidenten Christian Wulff, den baden-württembergischen Spitzenmann Günther Oettinger, den Außenpolitiker Friedbert Pflüger, später Norbert Röttgen und, vor allem, den Fraktionsvorsitzenden Friedrich Merz.

Am Ende ist sie «Last Woman Standing», die aus dem Kanzleramt in den Sonnenuntergang reitet.

Eine Geschichte, die so einfach wie schief ist. Politik birgt wie jeder Lebenslauf das Risiko des Scheiterns – an sich selbst, den eigenen Ambitionen, an anderen und, am wichtigsten, an der Wählerin. Der letzte Schritt, der nach ganz oben, bleibt den meisten verwehrt. Es kann eben nur einen Kanzler, eine Kanzlerin geben. Es ist eine Illusion zu glauben, in der Politik demokratischer Gesellschaften teile allein der Wähler die Erfolgschancen zu. Vor der Wahl in der Parteiendemokratie stehen erbarmungslose Prozesse des Wettbewerbs, des Taktierens und der Verdrängung. Wer nicht den «unbedingten Willen zur Macht» mitbringt, wie es der Merkel-Biograph Gerd Langguth formuliert, verliert.[6]

Die Reihe der Politiker, denen man das Kanzleramt zutraute, denen aber der Biss fehlt, ist lang. Sie sind nicht nur Opfer des jeweiligen

Konkurrenten. Sie scheitern mindestens ebenso an ihrer fehlenden «Ich-will-hier-rein»-Energie. Selbst dem bayerischen Ministerpräsidenten Franz Josef Strauß fehlte, nach Meinung seines langjährigen Freundes Friedrich Zimmermann, dieser unbedingte Wille zur Macht. Helmut Kohl wurde Kanzler und nicht der zögernde Mann aus München. Lothar Späth hätte 1990 vermutlich Kanzlerkandidat werden können, wenn er beim Bremer Parteitag 1989 den Mut gefunden hätte, Helmut Kohl herauszufordern und für den Parteivorsitz zu kandidieren. Wolfgang Schäuble und Annegret Kramp-Karrenbauer hätten mit einiger Aussicht auf Erfolg gegen die Kanzlerin putschen können. Doch im entscheidenden Moment fehlen auch ihnen der Wille und der Mut.

Würde man über das Ende politischer Hoffnungen einer Generation von Politikern anders reden, wenn Merkel ein Mann wäre? Wenn sie keine ostdeutsche, sondern eine westdeutsche Vorgeschichte hätte? Wenn sie nicht so aussähe, als könne sie kein Wässerchen trüben? Angela Merkel tut als Kanzlerin das, was ihre Vorgänger auch getan haben und was ihre Nachfolger tun werden. Sie sortiert das Personal ihrer Partei in Verbündete, die sie um sich schart. In Fachpolitiker, auf die sie nicht verzichten will. Und in Gegner, die sie bekämpfen und im Zweifel niederringen muss. So, wie Helmut Kohl seine Widersacher Heiner Geißler, Kurt Biedenkopf, Lothar Späth und Rita Süssmuth zur Seite drängte. Oder wie Gerhard Schröder Oskar Lafontaine und Rudolf Scharping ins politische Abseits beförderte. Es ist ein gnadenloser Prozess, dessen Rechtfertigung darin liegt, am Ende eine stabile Regierungsmannschaft zusammenzubringen, die dem Chef gegenüber loyal ist und die in Stresssituationen funktioniert.

Dass Merkel vor allem Männer ausschaltet, ist nicht feministischer Heimtücke, sondern der Demographie der CDU geschuldet: Es gibt einfach mehr männliche als weibliche Konkurrenten. In den westdeutschen Schüler- und Studentengruppen der achtziger Jahre herrscht ein unverstellter Macho-Ton. Die legendären Auslandsreisen der Jungen Union, organisiert durch die Konrad-Adenauer-Stiftung, sind im Wesentlichen reine Männerausflüge. Bei einem solchen Trip durch Südamerika wird Ende der siebziger Jahre des vergangenen Jahrhunderts der legendäre und geheime «Andenpakt» gegründet, in dem man feierlich gelobt, sich gegenseitig zu stützen und niemals gegeneinander anzutreten. Aus diesem Kreis kommen später die gefährlichsten Widersacher der Kanzlerin. Die westdeutschen jungen Konservativen erkennen in der etwa gleichaltrigen Merkel den biographischen Kontrapunkt: «Sie sind die CDU mit Leib und Seele», während Angela Merkel zu der Zeit nur «angelerntes Wissen» zu bieten habe, beschreibt der «Spiegel» die Lage zu Beginn des neuen Jahrtausends.[7]

Damen sind bei den Paktierern, die sich im Anschluss jährlich treffen, übrigens gerne gesehen: als Freundinnen und Ehefrauen. Es ist aber auch nicht so, dass sich eine Jungpolitikerin beworben hätte, dabei zu sein. Unionsnahe Schülerinnen und Studentinnen entwickeln zu dieser Zeit selten politischen Ehrgeiz. Und wenn, dann gibt es für sie ja immer noch die Schriftführerrolle in den Gremien. Als Maria Böhmer sich 1986 weigert, als einzige Frau bei einer CDU-Kreisverbandssitzung in Mainz in guter Tradition das Protokoll zu führen, sorgt sie gleich für einen ordentlichen Eklat. So viel Undankbarkeit ist man in Rheinland-Pfalz nicht gewohnt. Unter Merkel wird Böhmer später Staatsministerin im Kanzleramt. Das Protokoll führen jetzt andere.

Der ewige Zweite

Im September 2020 trifft Bundestagspräsident Wolfgang Schäuble eine Entscheidung: Er wird sich bei den Bundestagswahlen noch einmal um ein Abgeordnetenmandat bewerben. Wird er gewählt – kaum jemand würde die Wette dagegen halten –, wird er mehr als fünfzig Jahre Parlamentarier sein, länger als jede andere in Deutschland (der bisherige Rekordhalter August Bebel, Mitbegründer der deutschen Sozialdemokratie, brachte es im 19. und zu Beginn des 20. Jahrhunderts auf dreiundvierzig Jahre). Er war Oppositionsführer und Minister, der designierte Nachfolger Helmut Kohls, Reservekanzler, Parteichef, er ist Bundestagspräsident und kann es wohl bleiben. Wolfgang Schäuble ist die ständige Mahnung, wie Politik sein könnte, wenn man die Gefahren für eine Gesellschaft nicht nur erkennt, sondern ihnen mit Politikentwürfen und Überzeugungen begegnen will. Als CDU-Mann, gewählter Abgeordneter und Minister verkörpert er die bundesdeutsche Nachkriegspolitik: in der Regel effizient, meistens klug, manchmal verletzend, aber vor allem – risikoscheu. Seine Entwürfe hat er trotz aller Entschiedenheit immer vorsichtig vorgetragen, sich nach allen Seiten absichernd.

Wolfgang Schäuble war vielleicht der beste Kanzler, den Deutschland nie bekam. Für die Kanzlerin ist er eine Beschreibung ihrer politischen Leerstellen. Umgekehrt erkennt sie die entscheidende Gefahrenstelle im politischen Prinzip des Wolfgang Schäuble: Wenn das Grundsätzliche in eine nicht kontrollierbare Dynamik führt, nimmt er die Entwicklung in Kauf. Sie tritt die Bremse. In der Finanzkrise bereitet er den Ausschluss Griechenlands aus der Eurozone vor. Sie verhindert ihn im letzten möglichen Augenblick.

Er war schon eine Ewigkeit da, bevor sie kam. Nun will er noch einmal vier Jahre bleiben – so, als wolle er sicher sein, dass er auch ohne sie existiert.

Kaum jemand hat den Glanz und das Elend eines Politikerlebens dramatischer erfahren als Schäuble. Er, der Jurist, beharrt auch nach fast fünfzig Jahren im Parlament noch auf der Gültigkeit von Vereinbarungen. Helmut Kohl und Angela Merkel dagegen wissen, dass es mindestens ebenso auf den richtigen Moment ankommt. Dann setzt man sich im Notfall über Vereinbarung, Versprechen oder Freundschaft hinweg. So wird man Kanzler. Sonst bleibt man Minister. Wie Schäuble.

1972, Schäuble ist gerade mit dem Jurastudium und der Promotion fertig, beginnt er sein Berufsleben als Finanzbeamter. Schon im Herbst desselben Jahres wird er zum ersten Mal in den Bundestag gewählt, sein Aufstieg ist rasant: Er wird parlamentarischer Geschäftsführer der Unionsfraktion, Chef des Kanzleramts, Verhandlungsführer für den Vertrag zur deutschen Einheit. Sein politischer Weg führt ähnlich geradlinig nach oben wie später jener der Kanzlerin. Viele sind sich damals sicher, er werde erst auf dem Sessel mit der erhöhten Rückenlehne, dem Sitz des Kanzlers im Kabinett, enden. Er selbst sagt damals dazu nichts, aber es gibt Grund zur Annahme, dass er es nicht anders sieht. «So ein Quatsch», sagt er zu seinem Biographen Hans Peter Schütz, als der für den «Stern» eine Geschichte mit dem Titel «Kohls Kronprinz» verfassen will.[8] Doch eigentlich findet er die Idee gar nicht so schlecht.

Seit einem Attentat querschnittsgelähmt, kehrt er trotzdem so bald wie möglich in die Bundespolitik zurück, steigt trotz Behinderung zum Fraktionsvorsitzenden auf, zum zweitmächtigsten Mann in Bonn. Während Angela Merkel in dieser Zeit immer wieder sagt, sie könne sich ein Leben ohne die Politik vorstellen, ist er nun für alle und für immer erkennbar der Mann, der ohne Politik nicht leben kann. Ihre zur Schau gestellte Unabhängigkeit, seine verbissene Leidenschaft sind der Gegensatz, der die beiden bis zum Schluss trennt und doch immer wieder aneinander bindet.

Als Frauenministerin hat sie den – damals – unwichtigsten Stuhl im Kabinett. Sie muss beim Kanzler um wenige Minuten Redezeit feilschen, um ihre politischen Projekte im Kabinett voranbringen zu können. Bei Wolfgang Schäuble, der inzwischen zum Fraktionschef aufgestiegen ist, antichambriert sie mit Unterstützung der Frauenunion, damit er doch bitte ihr Emanzipationsgesetz «im Interesse einer glaubwürdigen Frauenpolitik» und den Vorschlag für die Neu-

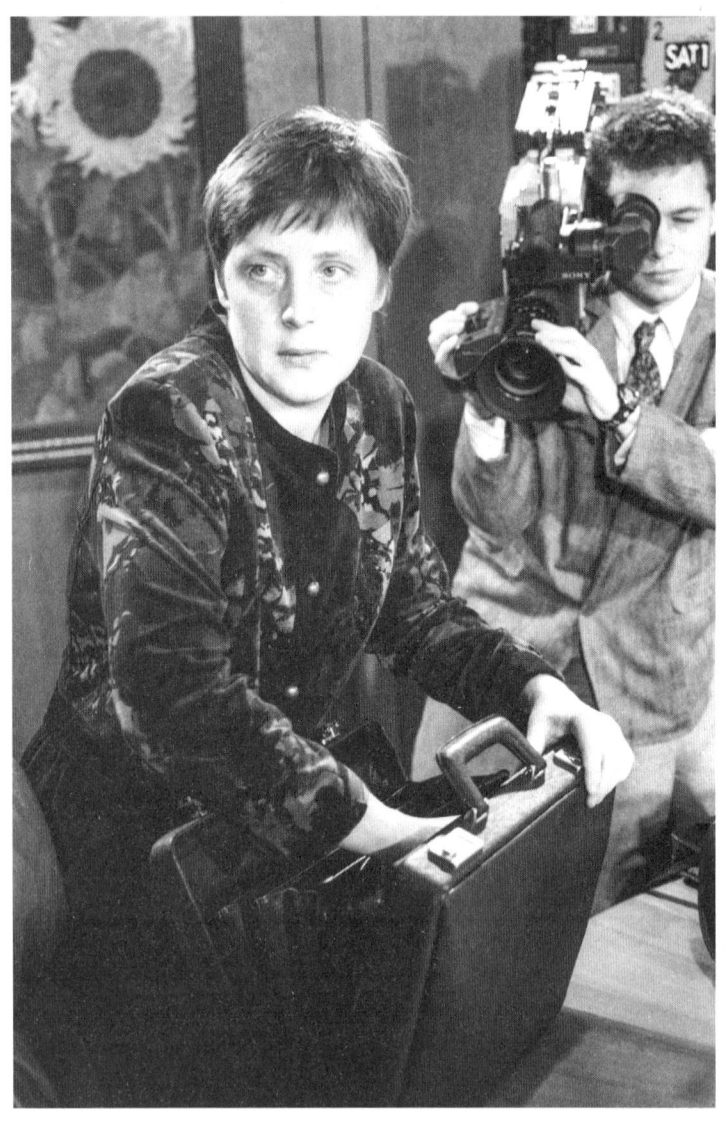

Angela Merkel als Bundesministerin für Frauen und Jugend 1991.

regelung des Paragraphen 218 auf die Tagesordnung setzt.[9] Schäuble sieht sich selbst als einen der ersten ernsthaften modernen Frauenpolitiker der Unionsparteien. Er findet es unnötig, sich von der jungen Frauenministerin und ihren noch sehr überschaubaren Seilschaften auftragen zu lassen, «wirkliche Verbesserungen für die Frauen zu erlangen». Das aber kann Merkel nicht wissen, sie ist noch nicht lange genug dabei, kommt von außen, ist in der Partei nicht zu Hause.

Außerdem aber hat der Fraktionsvorsitzende gerade andere Probleme, als sich um die Gleichstellung der Frauen im öffentlichen Dienst zu kümmern. Die Wirtschaft ächzt unter der Last der Wiedervereinigung, die Euphorie weicht der Sorge vor Steuererhöhungen, Massenarbeitslosigkeit, einer Krise der Sozialversicherungen.

Für Merkel ist die erste Legislaturperiode eine Übung in Demut, und Schäuble ist der Mann, der sie ihr abverlangt. «Alle ihre großen Projekte liegen brach», urteilt der «Spiegel» nach einem guten Jahr.[10] Doch sie findet sich nicht ab. Immer wieder läuft sie an, scheitert, läuft wieder an, landet manchmal einen Punktsieg.

Die wichtigen Männer, der Fraktionsvorsitzende und der Kanzler, spielen das zynische Spiel der Politik. Man schaut, wer vom Nachwuchs etwas taugt, wer aufsteigen darf, wer aussortiert werden kann. Bei den abendlichen Herrenrunden im Kanzleramt nickt man sich zu, dass «das Mädel» sich ordentlich mache. Die «Hannoversche Allgemeine Zeitung» raunt nach einem Redaktionsbesuch der Ministerin: «Auch im Kabinett soll sie sich gut behaupten, heißt es.»[11] Sie darf weitermachen.

«Es war unverkennbar, dass sie ein anderes Format hat als beispielsweise ihre Nachfolgerin», erzählt ein Insider dieser Runden. Die junge Thüringerin Claudia Nolte dagegen ist anfangs ebenfalls Teil des ostdeutschen Talentprogramms. Seit 1990 frauenpolitische Sprecherin der Fraktion und nach 1994 Bundesfamilienministerin, gilt sie jedoch bald als zu weich für den Job. Sie verschwindet auf den Hinterbänken des Parlaments und scheidet 2005 aus der Politik aus.

Merkel dagegen bekommt nach der nächsten Wahl mit dem Umweltministerium das Haus, das ihr Vorgänger Klaus Töpfer zu einem Kraftzentrum der Republik entwickelt hat. Nach der Atomkatastrophe von Tschernobyl gegründet, versammeln sich in der Umweltpolitik zunehmend jene Köpfe in der CDU, die grün denken und schwarz fühlen. Jetzt entwickelt sich auch die Arbeitsbeziehung und die persönliche Wertschätzung zwischen Schäuble und Merkel erfreulich. «Ich hatte ihre Arbeit als Ministerin ebenso wie als stellvertretende Parteivorsitzende (…) mit wachsendem Respekt verfolgt», erinnert sich Schäuble später.[12] Sie hat jetzt eines der Themen, die es in der «Frankfurter Allgemeinen» auf die Seite eins bringen können: den ersten internationalen Umweltgipfel 1995 zur Reduktion der Treibhausgase, die Atommüll-Transporte nach Gorleben, die Sommer-Smog-Verordnung, die Ökosteuer.

Sie hat Erfolge. Dass in der Umweltkonferenz am Ende das «Berliner Mandat» für die Verhandlung der Klimaziele von Kyoto erteilt wird, ist ihr Verdienst.

Sie macht Vorschläge, die ihrer Zeit voraus sind. «Energie ist heute zu billig», sagt sie in einem Interview mit der Frankfurter Rundschau und verlangt, dass die Steuern auf Benzin, Diesel und Heizöl angehoben werden.[13] Diese Auffassung korrigiert sie zwar schnell, nach dem erwartbaren Gegenwind. Als die CDU nach den Wahlen 1998 in die Opposition gehen muss und die rot-grüne Regierung Gerhard Schröders die Ökosteuer einführt, ist sie streng gegen diese Steuererhöhung.

Doch da ist sie als progressive Umweltpolitikerin längst dem Schatten Helmut Kohls entkommen und hat sich anderen Themen zugewandt. Und sie hat sich den Respekt des Fraktionsvorsitzenden Wolfgang Schäuble erworben, an dem jetzt in der CDU niemand mehr vorbeikommt. Beide ahnen früh, dass Kohl die Wahl 1998 verlieren wird. Beide wissen, dass er dennoch antreten und das Versprechen, Schäuble zum Nachfolger zu machen, brechen wird. Doch der

Reservekanzler putscht nicht, so wie er es auch später nie tun wird, obwohl er mehrfach die Gelegenheit dazu hat. «Ich bin loyal», sagt er immer wieder, auch in Bezug auf Merkel.[14] Er wartet darauf, dass ihm Platz gemacht wird – was in der Politik allerdings noch nie in das höchste Amt geführt hat.

Als Schäuble nach der verlorenen Wahl 1998 Parteivorsitzender wird, macht er Merkel zu seiner Generalsekretärin. Das ist eine revolutionäre Entscheidung. Denn eine Regierungspartei, die in die Opposition muss, hat viele alte und verdiente Führungskräfte, die nach einer Verwendung suchen – aber leider viel zu wenig Posten. Wer sich nach dem Regierungswechsel nicht schnell ins Gespräch bringt, stattdessen abwartet und hofft, gefragt zu werden, landet schnell im Abseits.

Dabei geht es oft nicht einmal in erster Linie darum, wer das größte Büro, die meisten Mitarbeiter und den besten Platz im Parlament bekommt. Es geht immer um das Selbst- und das Fremdbild. Wer sich als Finanzpolitiker sieht, fürchtet um die gedeihliche Zukunft der Staatsfinanzen mindestens ebenso wie um die eigene Karriere, wenn er sein Mandat verliert oder nach der Wahl nur noch in den Petitionsausschuss entsandt wird.

Schäuble mutet dieses Schicksal einflussreichen Abgeordneten seiner Partei zu und bewahrt Merkel davor. Er weiß, dass sich die CDU ändern muss, wenn sie eine Zukunft als Volkspartei haben will. Mit dem altgedienten Personal des Altkanzlers will er nicht weitermachen. Er hat erlebt, wie schnell Kohls Kanzlerbonus verflogen ist. Er sieht, dass die CDU vielen wie eine alte, ein bisschen verlebte Tante erscheint, der niemand vom Besuch der Dorf-Disco abraten will. Die CDU braucht neue Themen, sie braucht ein jüngeres Gesicht, sie muss die Frauen in der Partei sichtbar werden lassen, und sie muss sich auf den Weg in die Mitte machen. So fragt Schäuble die ehrgeizige Annette Schavan, die damals noch viele als nächste Ministerpräsidentin in Stuttgart sehen und die deshalb ablehnt. Dann fragt er Merkel. Sie sagt zu. Auch im Nachhinein hält Schäuble das für eine der «besten Entscheidungen meiner Amtszeit».[15]

Spätestens der Wahlsieg von SPD und Grünen hat den Christdemokraten gezeigt, wie rasch ihre Kernwählerschaft schrumpft und wie wenig es ihnen gelingt, neue Wählerschichten zu begeistern. Je mehr Schüler das Abitur machen und studieren, je häufiger Frauen einem Erwerbsberuf nachgehen, je liberaler die Menschen denken und je seltener sie eine Kirche besuchen, desto besser für Gerhard Schröder und Joschka Fischer, desto schlimmer für Schäuble und seine Partei.

Gegen diesen Trend kann man sich eine Zeitlang stemmen, aber man kann ihn nicht brechen. So denkt jedenfalls der neue Parteivorsitzende. Die CDU muss auf einen neuen Kurs. Er will, dass jemand mit einem kühlen Blick auf die Partei schaut. Eine Frau, die nicht eingewachsen ist in die Organisationen und Gremien, in das ständige Vermitteln zwischen den Herz-Jesu-Marxisten und den Mittelstandsvertretern, der Frauenunion und den Nationalkonservativen. Eine Person, die unbelastet von den Erinnerungen, Verpflichtungen und Verletzungen ist, die die anderen sich gegenseitig in Jahrzehnten zugefügt haben. Schäuble ist sicher, mit Merkel einen guten Griff getan zu haben. Er will den konservativen Vorstandsvorsitzenden geben, sie soll die moderne Marketingchefin sein.

Natürlich ist in diesem November 1998 keinem von beiden klar, dass es genau diese Arbeitsteilung, diese Eigenschaften Merkels sind, die ein Jahr später nicht nur Helmut Kohls, sondern auch Wolfgang Schäubles Sturz einleiten werden.

Während die neue rot-grüne Koalition mit Personalquerelen und einer unausgegorenen Minijob-Reform einen katastrophalen Fehlstart hinlegt, sechs Landtagswahlen verliert und manche in der CDU schon von einem schnellen Weg zurück an die Macht träumen, wird im November 1999 völlig unerwartet der frühere CDU-Schatzmeister Walther Leisler Kiep verhaftet. Der Vorwurf: Steuerhinterziehung. Die Staatsanwaltschaft Augsburg verdächtigt ihn, zu Beginn der neunziger Jahre Parteispenden in Millionenhöhe angenommen, aber nicht ordnungsgemäß beim Finanzamt angemeldet zu haben.

Walther Leisler Kiep ist nicht irgendwer in der Partei. Er ist das vornehmste Gesicht der Christdemokraten. Seine Herkunft aus bester hessischer Unternehmerfamilie, die Karriere als Versicherungsmanager und Aufsichtsrat, der perfekte Auftritt, das internationale Flair und der Geruch nach viel altem Geld lassen auch die CDU heller leuchten. Die Partei ist erschüttert, dass ausgerechnet der Erfolgreiche, Untadelige nun am Pranger steht.

Das Geld stammt von dem Kaufmann Karlheinz Schreiber, der kurz zuvor in Kanada festgenommen worden ist. Schreiber, Unternehmer, Rüstungslobbyist, CSU-Mitglied und Vertrauter des früheren bayerischen Ministerpräsidenten Franz Josef Strauß, wird in Deutschland wegen des Verdachts auf Steuerhinterziehung gesucht. Mit seiner Verhaftung beginnt die Parteispendenaffäre, die nicht nur Schäuble und Kohl ins Verderben reißen wird. Nahezu die gesamte westdeutsche Union muss zittern. In irgendeiner Weise haben viele von den Millionen gewusst und profitiert, die Schreiber und andere in den achtziger und neunziger Jahren als Spenden, Zuwendungen an parteinahe Stiftungen oder einfach als Bargeld an die Führungspersönlichkeiten der CDU übergeben haben. Nach und nach wird ein System von Bargeldvorräten und Scheinstiftungen enthüllt, mit dem sich die chronisch klamme Partei gerettet und das ihr Vorsitzender Helmut Kohl genutzt hat, um Bürgermeister, Landräte und CDU-Funktionäre bei Laune zu halten. Schreiber ist nur einer von vielen Geldgebern. Er ist der gefährlichste.

Mit einem Schuss zwei Könige erledigen

Angela Merkel zieht aus dem Skandal zwei Schlussfolgerungen, die nicht nur von bestechender Logik sind, sondern sich auch für ihre eigene Karriere als äußerst förderlich erweisen. Erstens erkennt sie, dass die Verwurzelung in der westdeutschen CDU ab sofort kein Vorteil mehr beim Aufstieg in der Partei, sondern im Gegenteil ein Hindernis ist. Nach dem moralischen Tiefpunkt der Spendenaffäre benötigt die CDU eine Führung, die möglichst wenig mit dem mafiösen Gebaren der Vergangenheit in Verbindung gebracht werden kann.

Die Generalsekretärin distanziert sich für alle erkennbar in raschem Tempo vom Übervater Kohl. Sie verlangt Aufklärung, verspricht Transparenz und appelliert an die Verantwortlichen, ihr Wissen preiszugeben. Am 22. Dezember veröffentlicht sie den berühmten Gastbeitrag für die «Frankfurter Allgemeine», in dem sie mit Helmut Kohl bricht und ihre Partei auffordert, sich zu emanzipieren.

Zum Zweiten ist sie im Besitz einer Information, die zu diesem Zeitpunkt nur ein kleiner Kreis von Eingeweihten kennt – eine Tatsache, die bis heute nicht öffentlich bekannt ist. Ein paar Wochen vor Merkels FAZ-Beitrag hat Schäuble im CDU-Präsidium offenbart, dass er eine Schreiber-Spende entgegengenommen hat. Der Altbundeskanzler und die Generalsekretärin sind sogar noch länger darüber informiert. Seither können die führenden Christdemokraten wissen, dass nicht nur der frühere, sondern auch der aktuelle Vorsitzende tiefer in die Affäre verstrickt ist als bisher bekannt.[16] Doch die Sache geht unter, in der tiefsten Krise der Partei nehmen sie diese Information nicht ernst.

In dem Gremium verständigt man sich offenbar, so erinnern sich Teilnehmer der Sitzung, die Neuigkeit mit dem allgemeinen Bericht der Wirtschaftsprüfer von Ernst & Young zur Spendenaffäre im Januar 2000 zu veröffentlichen. Auch Angela Merkel hält sich an die Absprache; doch zugleich entwickelt sie in ihrem FAZ-Beitrag eine Argumentation, die es der CDU unmöglich machen wird, an ihrem Parteivorsitzenden Schäuble festzuhalten, wenn sie sich von Kohl distanziert. Wenn sich die Partei vom großen Spendensünder trennen muss, ist auch der kleine nicht mehr zu halten. Sie ist die Einzige, die das ahnt und ihre Schlüsse daraus zieht. In dem FAZ-Beitrag heißt es: «Nur auf einem wahren Fundament kann die Zukunft aufgebaut werden. (...) Nur so wird es der Partei (...) gelingen, nicht immer bei jeder neuen Nachricht über eine angebliche Spende angreifbar zu werden.»[17] Auch wenn sie im Januar noch versucht, Wolfgang Schäuble vom Rücktritt abzuhalten, weiß sie längst, dass er nicht zu halten ist.

Ihre späteren erbitterten Konkurrenten haben diese Informationen auch. Doch entweder verstehen sie sie nicht, oder sie wagen es nicht, die Sache bis zum Ende zu denken. Wenn Angela Merkel einmal «machiavellistisch» gehandelt hat, dann hier – als sie mit einem einzigen Schuss den alten und den neuen König erledigt.

Merkel hat Schäuble nicht direkt gestürzt. Aber sie hat eine Situation geschaffen, in der sie aus dem Untergang ihres Chefs den größtmöglichen persönlichen Nutzen ziehen wird. Ihr persönliches Risiko dabei ist überschaubar. Wolfgang Schäuble weiß das schon am Morgen nach der Lektüre der Zeitung, vor der Sitzung des Parteipräsidiums: «Eigentlich muss ich jetzt Merkel rausschmeißen», sagt er in einem Telefonat zu seinem Pressesprecher. «Aber eigentlich hat sie ja recht mit dem, was sie da schreibt.»[18]

Niemand weiß, was kommt. Das kann man für illoyal oder für berechnend halten. Aber so sind Politiker schon immer vorgegangen, die es auf Spitzenpositionen bringen. Die Öffentlichkeit liebt keine Verräter. Aufklärer aber unterstützt sie – auch wenn die nicht immer alles preisgeben, was sie wissen.

Für die CDU ist die Spendenaffäre eine unkalkulierbare Gefahr, für Angela Merkel dagegen ist sie die Chance ihres Lebens. Sie hat in der Vergangenheit, die jetzt aufgearbeitet werden muss, keine Rolle gespielt und kann deshalb freiheraus die höchstmögliche Offenheit verlangen. Nur sie kann die CDU auffordern, sich vom alten Schlachtross Helmut Kohl zu lösen.

Das Machtgefälle zwischen Schäuble und ihr verschiebt sich in diesen Tagen rasant. Formal ist Schäuble noch ihr Vorgesetzter. Doch je stärker sie nach Aufklärung und Transparenz verlangt, desto tiefer gerät er in die Defensive. Schäuble war ihr Lehrmeister, doch von nun an definiert sie die Bedingungen.

Der Soziologe Max Weber, Begründer der Politikwissenschaft im demokratischen Deutschland, sagt in seinem Vortrag «Politik als Beruf», den er 1919 in München hält, dass ein Politiker nur dann «das Mögliche erreichen» könne, wenn er «nach dem Unmöglichen» strebe. Und weiter: «Der, der das tun kann, muß ein Führer und nicht nur das, sondern auch – in einem sehr schlichten Wortsinn – ein Held sein.» Nach den dramatischen Zuspitzungen im Dezember 1999 lässt Merkel es sich gefallen, dass sie von den Erneuerern in der CDU im Weber'schen Sinne als Heldin gefeiert – und von den Freunden Helmut Kohls als Verräterin verteufelt wird. So entsteht nicht nur der Mythos der «schwarzen Witwe», die die Männer zuerst anlockt und dann umbringt. Auch der Ruf Angela Merkels, dass sie große Risiken eingehe, um ein politisches Ziel zu erreichen, hat hier ihren Ursprung.

Sie nimmt in Kauf, dass zwei CDU-Ikonen, ihre wichtigsten Förderer und Unterstützer, das Amt verlieren: der Altkanzler und der Reservekanzler, der Ehrenvorsitzende und der Vorsitzende der CDU. Die anderen CDU-Granden bleiben fassungslos am Spielfeldrand. Sie sehen hilflos zu, wie sich Kohl und Schäuble zerfleischen. Ihnen fehlen die Distanz und die analytische Kühle, mit denen die Generalsekretärin die Sache betrachtet.

Trotzdem wäre Merkel mit ihrem Vorstoß beinahe gescheitert. Denn die größte Gefahr des Tages besteht für sie ausgerechnet darin, das Stück nicht pünktlich in der «Frankfurter Allgemeinen» unterzubringen. Sie faxt das Papier am 21. Dezember an den Bonner FAZ-Korrespondenten Karl Feldmeyer, der für das Blatt über die Union berichtet – und den Namensbeitrag einmal liegen lässt. Schließlich haben Kanzler Schröder und sein Finanzminister Hans Eichel an diesem Dienstag eine große Steuerreform versprochen. Die Unternehmensverbände und die Wirtschaftssachverständigen sind begeistert. Endlich scheint Rot-Grün verstanden zu haben, wie man ordentlich regiert. Da kann man schon mal vergessen, dass da noch ein «ganz interessantes, aber nicht besonderes» Meinungsstück der Generalsekretärin der Oppositionspartei herumliegt. Erst als Merkel noch einmal interveniert und die Frankfurter Herausgeber eingeschaltet werden, geht der Artikel in Druck. Merkel will unbedingt, dass der Beitrag rechtzeitig erscheint. Denn Vorstand und Präsidium der Partei sind für den Morgen des 22. Dezember zu einer weiteren Krisensitzung verabredet, und die Generalsekretärin will die Richtung der Diskussion bestimmen. «Es wurde sehr eng. Herr Feldmeyer war Mittag essen. (…) Und fand dann, dass man noch einmal darüber nachdenken müsste, ob das jetzt wirklich ein relevanter Beitrag war, sodass ich also echt ins Schwitzen kam»,[19] erzählt Merkel zwanzig Jahre später.

Schäuble und Kohl erfahren von dem Scoop erst, als die Zeitung gedruckt ist. Schäuble stellt seine Generalsekretärin zur Rede. Wenn sie ihn informiert hätte, hätte er ihr den Artikel verboten, der aber nötig gewesen sei.[20] Schäuble nimmt es hin. Auch ihm muss spätestens an diesem Tag klar geworden sein, dass er sein Amt nicht behalten wird.

Für alle sichtbar hat Merkel sich von Schäuble emanzipiert. Sie und nicht er bringt den Stein ins Rollen, der die CDU in den kommenden Monaten zerstören wird und wiederauferstehen lässt. Zudem träufelt ihr Beitrag Gift ins ohnehin zerrüttete Verhältnis zwischen Schäuble und Kohl. Der Altkanzler hält den Artikel für eine Intrige seines Nachfolgers und lässt danach nichts unversucht, um Schäuble als Politiker zu erledigen. Merkel, obwohl Autorin des Artikels, entkommt der Rage des Altkanzlers dagegen nahezu unbeschädigt.

Schäuble muss im Januar öffentlich zugeben, Geld von Schreiber erhalten zu haben. Später räumt er ein zweites Treffen mit dem Mann ein, der sich nun im Wochentakt aus Kanada meldet und droht, Schäuble in ein so tiefes Loch fallen zu lassen, «dass man den Aufprall nicht mehr hört».[21]

Merkel dagegen wird CDU-Vorsitzende und ist die neue starke Figur in der Union, gemeinsam mit dem Schäuble-Zögling Friedrich Merz, der die Fraktion führt, und neben Edmund Stoiber, dem CSU-Chef. Schäuble ist von nun an von Merkel abhängig.

Das erste Mal spürt er das, als es drei Jahre später um die Position des Bundespräsidenten geht. Er gilt als der aussichtsreichste Kandidat. Er hat die Parteispendenaffäre hinter sich gebracht und sehnt sich nach einer auch nach außen sichtbaren Rehabilitation. Schäuble ist einer der Intellektuellen seiner Partei. Ein Politiker, der viel liest, sich mit Wissenschaftlern und Philosophen austauscht und gesellschaftliche Veränderungen sensibel registriert. Starke Kräfte in der CDU und vor allem in der CSU hätten ihn gern als Präsidenten. Damit wollen sie auch die Schuld abtragen, in der man sich gegenüber Schäuble fühlt, und – quasi nebenbei – Merkels Position schwächen.

Dass sich ausgerechnet Roland Koch und Friedrich Merz – die energischsten Kritiker der Vorsitzenden – für Schäuble starkmachen, hilft ihm natürlich nicht. Stattdessen hat Merkel aufmerksam registriert, dass auch die FDP Schäuble nicht will. Die Stimmen der Liberalen braucht sie, wenn sie ihren Kandidaten in der Bundesversammlung durchbringen will. Und so opfert sie ihn im März 2004 zum zweiten Mal. Während Schäuble noch annimmt, man werde ihm das höchste Staatsamt antragen, verschwindet sein Name wie von Geisterhand von der Liste, die Merkel verhandelt. Dafür taucht der politisch eher unbedarfte damalige Chef des Internationalen Wäh-

Angela Merkel hat sich längst von Wolfgang Schäuble emanzipiert. Hier beide auf dem CDU-Parteitag 2001 in Dresden.

rungsfonds Horst Köhler darauf auf. Außerdem werden der frühere Bundesumweltminister Klaus Töpfer vorgeschlagen und die baden-württembergische Kultusministerin Annette Schavan. Nicht für jeden ist klar, dass Töpfer und Schavan nur Zählkandidaten sind. Die FDP kann mit Töpfer nichts anfangen, die CSU ist gegen Schavan. Am Ende wird es Köhler, der bereits im ersten Wahlgang erfolgreich ist. Es ist Merkels erster offener Triumph auf der Berliner Bühne: Sie hat gezeigt, wer das Sagen in der Partei hat. Und sie hat der rot-grünen Koalition von Gerhard Schröder eine empfindliche Niederlage beigebracht.

Mit Schäuble aber verbindet Merkel fortan die wohl komplizierteste politische Beziehung der Berliner Republik. Schäuble ist Merkels einflussreichster Unterstützer und zugleich ihr hartnäckigster Kritiker. Sie ist die Nummer eins in der Regierung, er ist der Held der Partei. Mehrfach könnte er sie stürzen in den nächsten Jahren, aber er tut es nicht.

Schäuble wählt eine subtile Formel, wenn er später die politische Bindung zwischen sich und Merkel beschreibt, als sie ihm nach der knapp gewonnenen Wahl im September 2005 das Innenministerium vorschlägt: «unbequem, aber loyal».[22] Er bleibt in ihrer gesamten Regierungszeit ein Solitär. Als Innenminister, als Finanzminister, als Bundestagspräsident ist er das pochende Gewissen der Kanzlerin, der Unverzichtbare, der kaum Aushaltbare. Er spricht aus, was in den kommenden sechzehn Jahren viele denken werden, aber sich nicht zu sagen getrauen.

Die Gegner

Auch Schäubles Unterstützer sind wütend. Im Intrigenspiel um die Präsidentschaft wird ihnen endgültig bewusst, dass Merkel die Arithmetik der Macht mindestens so gut beherrscht wie sie, offensichtlich sogar besser. Sie registrieren entsetzt, dass Merkel das alte System der CDU, das aus einem ständigen Geben und Nehmen besteht, entweder immer noch nicht versteht – oder es einfach nicht respektiert. Noch verstörender aber ist, dass sie ihnen taktisch überlegen ist.

Sie weiß, wie sie ihre Konkurrenten auf Abstand halten kann. Schäuble ist ein ewiger Rivale, aber einer, den sie einschätzen kann.

Stoiber manövriert sie aus, indem sie eine Niederlage in einen Sieg verwandelt. Und gegen ihren offenkundigsten Gegner Friedrich Merz gewinnt sie, weil sie seine Schwächen, nämlich Ungeduld und Emotionalität, mit Geduld und kühler Rationalität kontert.

Schon wenige Monate nach der Wahl des Bundespräsidenten erklärt Merz der «sehr geehrte(n) Frau Vorsitzende(n), liebe(n) Angela» in einem kurzen Schreiben seinen Rückzug als CDU-Mann für die Finanzpolitik.[23] Er hat keine Lust, sich für sie in einen Wahlkampf zu stürzen. Zumal zu diesem Zeitpunkt deutlich wird, dass die Partei- und Fraktionsvorsitzende sein «einfaches und gerechtes Steuersystem» keineswegs unbedingt und vollständig umsetzen will. Merkel bittet Schäuble einzuspringen. Doch der weigert sich. Er sieht für sich keinen Sinn darin, den Platz von Merz zu besetzen und Merkel aus der Patsche zu helfen. Noch nicht. Außerdem empfindet er es als unpassend, dass ausgerechnet er den Ersatzmann für den Mann machen soll, den er groß gemacht hat.

Merz und Merkel. Das ist von Beginn an eine Geschichte wie aus dem Lehrbuch des politischen Erfolgs und des persönlichen Scheiterns. Beide sind politisch hochbegabt. Während es die eine mit ihrer Intelligenz und Anpassungsfähigkeit nach ganz oben bringt, hält sich der andere viel auf seinen Instinkt und sein Redetalent zugute.

Merkel, die unauffällige Einserschülerin mit dem analytischen Blick, wird in Krisensituationen kalt. Sie spielt alle Optionen durch und entscheidet sich für die am wenigsten schlechte. Aus den wenigen emotionalen Ausbrüchen der ersten Jahre – Tränen im Kabinett, als eine ihrer Vorlagen scheitert, Tränen in der letzten überlangen Verhandlungsnacht bei der Vorbereitungsrunde zum Klimagipfel von Kyoto, als alles zu scheitern droht – zieht sie die richtige Konsequenz. So etwas darf ihr nicht noch einmal passieren. Auch in härtesten Situationen die Ruhe zu bewahren und zu warten, wird ihre Stärke in allen weiteren Krisen, die bewältigt werden müssen. Nur in den ersten Jahren ihrer politischen Karriere müssen die Mitarbeiter fürchten,

Der Kontrahent: Friedrich Merz.

auch mal angeschrien zu werden, wenn es zu langsam geht.[24] Später trägt sie die übriggebliebenen Schnittchen aus den nächtlichen Sitzungssälen, damit die wartenden Beamten auch etwas zwischen die Zähne bekommen.

Merz dagegen, der Schulrebell aus Brilon im Sauerland, bleibt in der achten Klasse sitzen, muss das Traditionsgymnasium verlassen und schafft das Abitur auf der neuen Schule mit passablen Noten. Für das Medizinstudium reicht es nicht, also studiert er Jura. Das Fach liegt ohnehin in der Familie. In Brilon provoziert er den Schulleiter und die Lehrer, im Studium in Bonn die politische Linke. Seit Jugendtagen beherzigt er das Motto Heiner Geißlers: «Wer in der Defensive ist, muss Streit anfangen. Nur, wer sich selbst imponiert, imponiert auch anderen.»[25] Merz streitet mit allen – rhetorisch brillant, emotional, polemisch bis hin zur Unberechenbarkeit.

Wer eine politische Rede Merkels über sich ergehen lassen muss, quält sich durch die Zeit. Wer Merz hört, wird bestens unterhalten. Eine unschlagbare Kombination, so scheint es. Doch das scheint nur so. Denn noch wichtiger, als dem Publikum zu gefallen, ist es, in der politischen Auseinandersetzung die Nerven und die Übersicht zu behalten. Für Friedrich Merz ist jede Schlacht der Krieg. Gewinnt er, fühlt er sich unbesiegbar. Verliert er, verlässt er das Schlachtfeld in wilder Flucht. Angela Merkel geht erst, wenn der Krieg endgültig verloren ist.

Als das Politik-Talent Merz nach einer Legislaturperiode im Europäischen Parlament 1994 seine bundespolitische Karriere beginnt, sorgt Wolfgang Schäuble für den ersten prestigeträchtigen Posten: Merz wird aus dem Stand zum Finanzobmann der Fraktion und damit einer der wichtigsten Zuarbeiter für Schäuble. Immer wieder betraut der Ältere den Neuling mit Sonderaufgaben. Merz ist die konservative Idealfigur des Westens: groß und schlank, gut verheiratet, stolzer Familienvater, überzeugter Europäer und selbstbewusster Deutscher, im Studium Mitglied der angesehenen katholischen Studentenverbindung «Bavaria». Er hat einen Schlag bei älteren Damen, bei Handwerkern und Mittelstandsunternehmern, den gleichaltrigen und älteren Parteifreunden. Merz und seine Frau Charlotte sind die Lieblinge größerer Abendgesellschaften, tanzen auf dem Bundespresseball, feiern am Tegernsee. «Parkettsicher» würde man das in den damals beliebten gediegenen Kontaktanzeigen der Wochenzeitung «Die Zeit» nennen.

Dagegen kann Merkel nicht viel aufbieten. Sie fremdelt immer noch mit der Partei, gewinnt nur wenige Freunde und Vertraute, ist geschieden, kinderlos und erst seit 1998 in zweiter Ehe wieder verheiratet. In der Oper und im Theater sieht man sie zwar oft mit ihrem Mann – doch zu den großen Abendessen des Berliner Betriebs kommt sie allein und verabschiedet sich früh. Als sie nicht mehr hingehen muss, weil sie es inzwischen zur CDU-Vorsitzenden gebracht hat, tut sie es auch nicht mehr. Für die einflussreichen Salonzirkel ist klar, dass am Ende nur einer Kanzler kann: Friedrich Merz.

Die westdeutsch-männlich geprägte CDU-Generation um Merz ist politisch und gesellschaftlich in Hochform. Sie ist im besten ministrablen Alter und mehr als bereit, die Partei und das Land in den kommenden Jahren zu prägen. Wenn man sie nur ließe.

Die Regionalkonferenzen, auf denen Merkel gerade bei einer breiten Basis von CDU-Anhängern enorm Punkte macht, werden vom Rudel nachsichtig belächelt. Sie gelten als Zeichen für die Provinzialität der «Ostwachtel», wie Merkel nun gelegentlich genannt wird. Merkel erscheint den Hoffnungsträgern des Westens immer noch wie die Nachhut einer vorüberziehenden Karawane aus dem Osten, die bald hinter dem Horizont verschwunden sein muss.

Die Parteibasis dagegen ist ziemlich begeistert. Es ist lange her, dass sich außerhalb von Wahlkämpfen mal eine aus der Parteizentrale für sie interessiert hat.

Die Union sucht einen Kanzlerkandidaten, der im Herbst 2002 die Schmach von 1998 tilgt und Bundeskanzler Gerhard Schröder

(SPD) nach Hause schickt. Friedrich Merz hat Hoffnung, dieser Mann zu sein. Der bayerische Ministerpräsident Edmund Stoiber hat denselben Ehrgeiz. Roland Koch, auch gerne genannt, ist gerade erst hessischer Ministerpräsident geworden und dem Parteispenden-Skandal entkommen, er kann frühestens in der übernächsten Wahl antreten. Eine stört die Gedankenspiele: die Parteivorsitzende. Merkel sagt offen, dass sie sich das Amt zutraut.

Am Ende überrumpeln Stoiber und Merkel die Generation Merz, indem sie die «K-Frage» zur Chefsache erklären. Die anderen CDU-Spitzenleute sind verärgert. Aber man kann ja rechnen. Wird der 61-jährige Stoiber es, kann sich wenigstens einer von ihnen Hoffnungen machen, in vier oder acht Jahren selbst anzutreten. Gewinnt dagegen Merkel, ist die Sache für die anderen vermutlich für immer gelaufen.

Zwischen Weihnachten 2001 und Dreikönig 2002 wird viel telefoniert. Einer nach dem anderen klingelt bei der Parteivorsitzenden durch, um sie zum Verzicht zu bewegen. Der saarländische Ministerpräsident Peter Müller und Angela Merkel schreien sich am Telefon an. Der hessische Ministerpräsident Roland Koch – die gegenseitige Abneigung zwischen Merkel und ihm ist bekannt – unterbricht seinen Urlaub, nachdem er der Vorsitzenden vorher von der Skipiste aus ebenfalls ziemlich lautstark erklärt hat, sie habe für ihre Kandidatur keine Mehrheit in der Partei.[26] Die Drohung dahinter ist unüberhörbar: Unterliegt Merkel in einer Kampfabstimmung dem Kanzlerkandidaten der Schwesterpartei, wird sie sich auch als CDU-Vorsitzende nicht mehr halten können.

Merkel, nach außen immer noch störrisch und unbelehrbar, gibt die Schlacht erst einen Tag vor einer Klausurtagung von Vorstand und Präsidium im Magdeburger Hotel «Herrenkrug» verloren. Ihr Büro organisiert einen Flug nach München. Die Vorsitzende der CDU lädt sich für den Morgen des 11. Januar 2002 beim Vorsitzenden der CSU zu Hause zum Frühstück ein. Bei Brötchen und Saft tut

Merkel das, was sie und ihre Vertraute Beate Baumann «vor die Lage kommen» nennen: aus dem Verteidigen und Reagieren heraustreten und den Gang der Dinge aktiv bestimmen. In Stoibers Haus im oberbayerischen Wolfratshausen überlässt sie ihm die Kanzlerkandidatur – und rettet so Amt und Autorität als Vorsitzende der CDU. «In der Defensive musst du den Streit suchen»? Merkel macht das Gegenteil. In der Defensive gibt sie eine Schlacht auch mal verloren. Sie zieht sich zurück, festigt ihre Position und bereitet den nächsten Anlauf vor.

Der Coup gelingt. Die Putschisten im Magdeburger Hotel sind völlig überrascht. Am Nachmittag zwingt Merkel sie zur Treueerklärung. Die Autorität der «souveränen Dame» sei gestärkt, sagt der thüringische Ministerpräsident Bernhard Vogel hinterher.[27] Eine Bemerkung, in der sich der Widerwille und die Herablassung bündelt, mit der die CDU-Spitze Merkels Aufstieg damals verfolgt. Niemand widerspricht.

Doch Merkel weiß seitdem endgültig, dass sie von den Spitzenleuten ihrer Partei nichts zu erwarten hat. An Absprachen und Rücksichten fühlt sie sich nach dem Showdown im «Herrenkrug» und der Bemerkung mit der «souveränen Dame» nicht mehr gebunden. Merz und Stoiber bekommen das bald zu spüren, Roland Koch etwas später.

Eine interessante Geschichte aus dem Schattenkabinett des Kandidaten Stoiber offenbart, wie merkwürdig blind die Aufständler bleiben, was die taktischen Fähigkeiten und den Machtwillen Merkels betrifft. Merz glaubt bis zum Wahltag, dass die bisherige Vereinbarung zwischen ihm und Merkel Bestand haben wird, wonach sie die Partei führt, er die Fraktion. Als er, inzwischen Schattenfinanzminister in der Wahlkampfmannschaft, von einem anderen Mitglied der Stoiber-Truppe gewarnt wird, er werde seinen Posten im Fall einer Wahlniederlage wohl an die Parteivorsitzende verlieren, weil Merkel und Stoiber sich geeinigt hätten, reagiert er zuerst ungläubig. Dann völlig entgeistert. Dann wütend.

Am Wahlabend wird Merz von Stoiber und Merkel gemeinsam eröffnet, Merkel werde die Fraktion von CDU und CSU führen. Er könne Bundestagspräsident werden, wenn er wolle. Merz tobt. Von nun an redet er von Merkel gerne als von der «Dame aus Ostdeutschland», der er nichts schuldet, mit der ihn nichts verbindet. Solange sie das Sagen hat, wird er nicht zurückkommen. Das weiß in der CDU bald jeder. Wer ihn will, muss Merkel zuerst stürzen. Sechzehn Jahre lang wollen ihn viele in der Partei. Doch gegen die Kanzlerin ist kein Kraut gewachsen. Und als sie endlich ihren Rückzug ankündigt, fällt er über die eigenen Füße.

Stoiber selbst ist ein paar Monate nach der verlorenen Wahl dran. Ihm muss der Glaube ausgetrieben werden, er sei noch immer der Schattenkanzler der Union. Zum berühmten Leipziger Programmparteitag der Schwesterpartei Anfang Dezember 2003 in Leipzig reist er noch in der Überzeugung an, er werde auf der Bundesebene beider Parteien weiterhin die entscheidende Figur sein. Schon das fulminante Parteiprogramm hätte ihm eine Warnung sein können.

Angela Merkel hat in Frühjahr den Altbundespräsidenten Roman Herzog für die Leitung einer Reformkommission gewinnen können, die ein Wirtschafts- und Sozialprogramm für die CDU erarbeitet. Für die CSU arbeitet Horst Seehofer ein paar Wochen lang in der Gruppe mit, dann steigt er unter Protest aus. Unter dem Motto «Deutschland kann mehr» schlägt Merkel in Leipzig den radikalen Umbau des Sozialsystems vor, für den kein Christsozialer in die Wahl ziehen könnte. Es wird nicht einmal der Versuch gemacht, ein Konzept mit einer großen Schnittmenge zur bayerischen Schwesterpartei herzustellen.

Es ist ein neoliberales Programm, das den Zeitgeist der Jahrtausendwende atmet. In nahezu allen Ländern des Westens werden in

Der Schattenkanzler der Union: Edmund Stoiber im Wahlkampf 2002.

diesen Jahren die Steuern gesenkt, der Sozialstaat wird zurückgefahren, die Regulierung der Wirtschaft gelockert, der Arbeitsmarkt liberalisiert. Linke wie rechte Parteien versuchen, die Wirtschaft ihrer Länder zu beleben und den Herausforderungen der Globalisierung zu begegnen. Die CDU ist keine Ausnahme, sie bewegt sich in diesem Mainstream nur etwas forscher als andere.

Die CSU ist nicht so schnell. Horst Seehofer, damals Stellvertreter Merkels in der CDU/CSU-Bundestagsfraktion und der Gesundheitsexperte der Fraktion, leistet Widerstand gegen die «Privatisierungsorgie» der Schwesterpartei.[28] Stoiber und Merkel lassen ihn fallen, im November 2004 tritt er verbittert zurück. Von nun an wird er für beide, den CSU-Ministerpräsidenten und die Berliner Oppositionsführerin, zu einer ständigen Prüfung, man nervt sich. Mal geht es um die Gesundheitspolitik, später dann um die Obergrenze in der Asylpolitik, immer aber um die tiefe Kränkung durch Edmund Stoiber und Angela Merkel. Seehofer droht öfter mal mit Rücktritt und bleibt dann zuverlässig doch auf dem Posten: «Ich lasse mich nicht von einer Kanzlerin entlassen, die nur wegen mir Kanzlerin ist»,[29] erklärt er als Innenminister – nachdem er kurz zuvor gedroht hatte, alles hinzuwerfen. Der Streit um die Migrationspolitik ist das Finale dieses Zerwürfnisses, das im Jahr 2003 beginnt und nie geheilt wird.

Die Parteivorsitzende macht im Dezember 2003 klar, wer die Unionsparteien jetzt führt. Sie spricht am ersten Tag des Parteitags, der Ton ist scharf, der übliche merkelhafte Vortragsstil allerdings dürfte eigentlich niemandem zu Jubelstürmen hinreißen. Doch die CDU will jubeln. Sie ist blendender Stimmung: In Hessen hat Roland Koch im März die Landtagswahlen spektakulär gewonnen, in Niedersachsen hat Christian Wulff die SPD-Regierung unter Sigmar Gabriel abgelöst. Edmund Stoiber hat in Bayern die Zweidrittelmehrheit für seine Partei nur knapp verpasst. Schröders rot-grüne Regierung dagegen scheint schon wenige Monate nach dem Beginn ihrer zweiten Amtszeit am Ende zu sein.

Die Leipziger CDU-Delegierten sehen die Union auf dem Weg nach vorn, und sie sind bereit, Angela Merkel den größten Teil des Kredits dafür zu geben. Am Ende der Grundsatzrede der Parteivorsitzenden – mehr Markt, mehr Eigenverantwortung, weniger Staat – stehen die Delegierten auf, sie applaudieren minutenlang. Endlich, so scheint es, stimmt die Chemie zwischen Merkel und ihrer Partei.

Als Edmund Stoiber am zweiten Tag spricht, quälen sich nach dem Grußwort nur ein paar Delegierte von den Plätzen, der Applaus verplätschert schnell. Stoiber versteht das Signal. Er wird keine zweite Chance als Kanzlerkandidat bei Bundestagswahlen bekommen. Der Vorrat an Gemeinsamkeiten zwischen ihm, seiner CSU und der CDU ist über Nacht zu klein für einen zweiten Anlauf geworden.

Noch heute streiten Politikwissenschaftler und Zeithistoriker, ob es Merkel mit dem Reformprogramm wirklich ernst gemeint hat. Der Göttinger Politikwissenschaftler Franz Walter schreibt ein Jahr nach dem Leipziger Parteitag: «Die erfahrenen alten Anführer der Volksparteien (...) wussten, dass der Masterplan im Geflecht der unzähligen Interessen kleingeteilt und zerrieben wurde. Eben das musste die CDU seit Ende 2003 mit dem Merkel-Herzog-Merz-Reformismus erleben.»[30] Walter vermutet, dass einer Naturwissenschaftlerin wie Merkel das Bewusstsein dafür fehle. «Eine schonungslose Bilanz will der Wähler nicht», analysiert der Politikwissenschaftler und CDU-Insider Gerd Langguth. Das ignoriert zu haben, hätte Merkel im Wahlkampf 2005 «fast das Amt gekostet».[31]

Möglicherweise irren beide, und die CDU-Vorsitzende hat genau diesen Prozess von vornherein eingepreist. In der CSU glaubt man im Rückblick jedenfalls, dass der ganze Zauber inszeniert ist. Denn Merkel ist im Winter 2003 trotz aller Erfolge immer noch eingemauert zwischen ihren Konkurrenten. Sie muss Stoiber und Merz abhängen, und das geht nicht nur mit Machttaktik. Sie braucht ein inhaltlich scharfes Programm, einen Politikentwurf, mit dem sie auch wirtschafts- und sozialpolitisch «vor die Lage» kommt. «Um oben zu bleiben, konnte sie gar nicht anders, als sich zur Vorkämpferin der Erneuerung der CDU, der Wirtschaft und Gesellschaft zu machen. Als das erreicht war, war es nicht mehr so wichtig», analysiert ein enger Stoiber-Vertrauter aus dieser Zeit.

Auf alle Fälle gilt: Wer nach Leipzig glaubt, die künftige Kanzlerin habe formuliert, wie sie später einmal regieren will, täuscht sich. Zwar ist Angela Merkel auch als Kanzlerin überzeugt, dass Deutschland sich schneller bewegen und entwickeln muss, um in der weltweiten Konkurrenz bestehen zu können. Doch sie erkennt schnell, dass das Volk und der Koalitionspartner lieber keine harten Veränderungen wollen – und akzeptiert das ohne Gegenwehr.

Nur in der Gesundheitspolitik versucht sie, die vorgeschlagene Reform tatsächlich durchzusetzen, und begeht damit einen «Kardinalfehler».[32] Als Kanzlerin der ersten Großen Koalition rechnet sie nächtelang persönlich die Belastungsgrenzen und den Strukturausgleich zwischen Krankenkassen aus. Niemand dankt ihr den Einsatz, im Gegenteil: Nicht nur Horst Seehofer torpediert jeden neuen Anlauf. Sie selbst gerät in die Kritik, ihr Amt nicht verstanden zu haben. Kanzler bestimmen die große Linie der Politik, wird sie von den Politikwissenschaftlern belehrt. Wer sich ins Detail verbeißt, hat seinen Job nicht begriffen.

In Leipzig geht es Merkel vor allem darum, ihre Position in der Partei zu festigen. Friedrich Merz hält bei diesem Parteitag die Rede seines Lebens. Er stellt das neue Steuersystem vor, mit dem die CDU das Land sanieren will. Die Delegierten feiern ihn dafür. Doch es ist nicht mehr als ein wilder Abschiedsgruß. Die kühne Idee, statt eines progressiven Steuersatzes nur noch drei Pauschaltarife zu vereinbaren und die allermeisten Ausnahmen und Abschreibungsmöglichkeiten zu streichen, landet genauso schnell auf der Abraumhalde der CDU-Reformideen wie die geplante Privatisierung der Zahnarztleistungen oder die Einheitsbeiträge zur Krankenversicherung, mit denen die Partei das neue Gesundheitssystem gründen will.

Genau wie Personen sind auch Programme für Merkel Papiere, die in einer bestimmten Zeit einem bestimmten Zweck dienen. Sie werden verfolgt, solange sie nützlich sind. Stärken sie ihre Position nicht mehr oder schaden sie gar, werden sie verändert oder ganz pragmatisch beiseitegelegt.

Die Messdiener

Als Kanzlerin dagegen sucht sie sich nun ihre Leute selber aus. Sie bemüht die eigene kurze Vergangenheit in der Partei und findet dort Politiker, die unauffällig, aber hilfreich sind. In der katholisch geprägten Bonner Republik nannte man diese Männer ein bisschen abschätzig «Messdiener». Peter Hintze, Thomas de Maizière und Hermann Gröhe gehören dazu. Sie sind von einem anderen Schlag als Friedrich Merz oder Roland Koch. Sie wollen gar nicht selbst nach ganz oben.

Merkel kompensiert ihr Abgeschnittensein von der CDU-Vergangenheit, die Unkenntnis der Traditionslinien ihrer Partei von Anfang an durch Berater und Vertraute aus der zweiten und dritten politischen Reihe. Sie sind ihr ähnlich, arbeiten viel und diszipliniert. Sie haben keine eigene politische Agenda, und noch etwas zeichnet sie aus: Niemals halten sie sich für eine Aufgabe besser geeignet als Merkel. Sie sind die Ministranten, die Wasser und Wein herantragen, damit Merkel zaubern kann.

Nur wenige kommen später dazu, nach 2015 niemand mehr. In ihren späten Jahren als Kanzlerin werden diejenigen, die gehen, zwar in ihrer Funktion ersetzt, doch enges Vertrauen entsteht nicht mehr. Das Kanzleramt wird wieder eine Wagenburg wie schon in den späten neunziger Jahren. Merkel, die unter Kohl selbst erlebt hat, wie nach langen Regierungsjahren intellektuelle Ströme versiegen und die Veränderungsbereitschaft auch im engsten Umfeld erlahmt, macht es nach der Flüchtlingskrise genauso. Sie umgibt sich mit immer denselben Personen, sucht nur den Rat, den sie schon kennt. Abenddämmerung legt sich über das Kanzleramt.

Erst die Covid-19-Pandemie weckt die Müden vorübergehend – und erspart Merkel, dass ihre letzten Regierungsjahre als einziger großer Stillstand wahrgenommen werden. Jetzt ist sie wieder in ihrem Element. Ihr muss niemand erklären, was eine exponentielle Entwicklung ist. Sie weiß, wo die richtigen Berater sind: in den Labors der Charité, des Universitätsklinikums Hamburg-Eppendorf, an der Leopoldina, bei der Leibniz-Gemeinschaft, den Helmholtz-Zentren, dem Robert Koch-Institut. «Hört auf die Wissenschaft» – dieser Slogan der schwedischen Umweltaktivistin Greta Thunberg könnte von der Kanzlerin stammen.

Peter Hintze und sie treffen das erste Mal aufeinander, als 1990 der erste gesamtdeutsche Bundestag zusammentritt. Die neue Frauenministerin sucht ein paar Wochen später einen parlamentarischen Staatssekretär für ihr Haus, Kohl empfiehlt Hintze. Der evangelische Pfarrer aus dem Rheinland war jahrelang Zivildienstbeauftragter der Bundesregierung, wurde stellvertretender Vorsitzender der nordrhein-westfälischen CDU. Hintze leitet den Evangelischen Arbeitskreis der CDU, ein Amt, für das er zwei Jahre später die Frauenministerin Angela Merkel vorschlägt, als er selbst als Generalsekretär in die Parteizentrale wechselt.

Nach der verlorenen Bundestagswahl 1998 trennt sich der neue Parteivorsitzende Schäuble von ihm, Merkel übernimmt. Seiner Nachfolgerin nimmt Hintze das nicht übel. Er bleibt eine der Konstanten in Merkels Politikerleben, er ist ihr Ohr und ihr Vermittler in die Partei. Er weiß um den Klatsch und den Tratsch, wer etwas taugt, wer etwas will. Merkel dagegen hat keine Hausmacht, kann mit der CDU, ihrem Ministerium und seinem Personal erst einmal nicht viel anfangen. Hintze hilft, berät, unterstützt. Das verbindet, über Jahrzehnte hinweg.

Merkel kommt der Partei mit den Jahren zwar näher, doch es bleibt ein erstaunliches Maß an Fremdheit. Anders als der in ärmsten Verhältnissen aufgewachsene Schröder, der die SPD-typische Regierungskarriere vom linken Juso-Funktionär zum Genossen der Bosse durchlebt, bleibt Merkel in ihrer Partei ein zwar faszinierender, aber doch seltsamer Fremdkörper. Man hat keine gemeinsamen Erinnerungen an die Junge Union, keine gemeinsamen Reisen, keine Verabredungen aus früheren Zeiten. Die kühle Leidenschaftslosigkeit der Kanzlerin wirft die Frage auf, welche Werte und Überzeugungen sie leiten. Manche bestreiten gar, dass sie überhaupt Ziele hat außer dem einen: Kanzlerin zu sein.

Hintze gleicht das aus. Wer sich in der Partei nicht zur Vorsitzenden traut, geht zu Hintze. Wer im Bundestag ein Anliegen hat und die Kanzlerin nicht behelligen will, bittet Hintze um Hilfe. Gerade weil er selbst keine spektakulären Posten beansprucht – 2005 wird er «nur» Staatssekretär im Wirtschaftsministerium, 2013 Vizepräsident des Bundestags –, ist er für Parlamentarier aus allen Parteien eine der am meisten respektierten Personen. Wäre er katholisch, wäre sein Büro wohl der Beichtstuhl des Deutschen Bundestags gewesen.

Hintze ist der Einzige, den die Kanzlerin immer wieder in ihre vertraulichen Morgenrunden bittet, obwohl seine Visitenkarte die Adresse des Wirtschaftsministeriums trägt. Er drängt sie, längst todkrank, aus dem Krankenhaus heraus, bei der Wahl 2017 noch einmal anzutreten. Am 20. November 2016 erklärt sie ihre erneute Kandidatur. Wenige Tage später stirbt Hintze. Bei seiner Beerdigung weint die Kanzlerin.

Hermann Gröhe ist Vorsitzender der Jungen Union, als Merkel Frauenministerin wird. 1994 wird er in den Bundestag gewählt. Damals sind die JU-Leute noch nicht der konservative Ausleger der Partei, im Gegenteil. Gerade in der Familienpolitik teilen sie viele Positi-

Nach langem Überlegen: Angela Merkel gibt 2016 ihre Kandidatur für eine vierte Amtszeit bekannt.

onen der Jungpolitikerin aus dem Osten. Was bei Merkel auf einer Mischung aus Pragmatismus und Lebenserfahrung in der DDR beruht, ist bei ihnen die Ungeduld. Sie orientieren sich an den Rebellen der Kohl-CDU, an Rita Süssmuth und Heiner Geißler. In der Frauen- und Familienpolitik finden sie das Feld, in dem die Verkrustungen der Ära Kohl am sichtbarsten sind. Merkel wird zu ihrer Verbündeten.

Gröhe stellt sich allerdings nicht von Anfang an in ihren Dienst. Er gehört 1995 zu den Gründern der sogenannten Pizza-Connection.

Das ist die vom Establishment der beiden Parteien misstrauisch beäugte Runde junger Abgeordneter aus CDU und Grünen, in der man früh feststellt, dass die sorgfältig gepflegten Ressentiments in ihrer Generation keine große Rolle mehr spielen. Auf der Seite der Konservativen sind es Gröhe, Peter Altmaier, Armin Laschet, Norbert Röttgen, Ronald Pofalla. Bei den Grünen nehmen Matthias Berninger, Andrea Fischer, Cem Özdemir, Oswald Metzger und Volker Beck im Keller des «Sassella», einem bei Bonner Politikern bis hin zu Kanzler Helmut Kohl äußerst beliebten Lokal, vor gut gefüllten Nudeltellern Platz.

Zu Merkel habe man «neutral» gestanden, berichtet Altmaier später.[33] Vom Alter her hätte sie zwar gepasst, doch sie ist Ministerin, und sie ist ostdeutsch. Das fröhliche, laute und oft weinselige Schwadronieren über die aktuelle politische Lage und die Macht, die man dereinst erwartet, liegt ihr nicht. Es kommt auch niemand auf die Idee, sie zu fragen.

Erst nach dem Regierungswechsel 1998 wird alles anders: Die grünen Pizza-Leute kommen an die Macht, sie werden wichtig. Ihre schwarzen Freunde dagegen müssen sich neu orientieren. Sie suchen den Weg nach oben – und lassen sich von der frisch ernannten CDU-Generalsekretärin für die neue Zeit einspannen.

Nach 2005 wird Gröhe Justiziar der Bundestagsfraktion, Staatsminister im Kanzleramt, Generalsekretär der CDU, Gesundheitsminister. Fast interessanter aber ist, wie Gröhe die Ämter, die er errungen hat, wieder verliert. Immer wenn es brenzlig wird für die Parteivorsitzende, tritt Gröhe einen Schritt zurück, um ihr die Niederlage zu ersparen. Denn Gröhes Kandidaturen sind immer auch Merkels Vorschläge. Sie dienen dazu, ihre Position in den Parteigremien zu sichern.

2014 wäre Gröhe gern in das Präsidium der CDU aufgestiegen. Normalerweise für einen, der als Generalsekretär den erfolgreichen Wahlkampf der CDU im Jahr 2013 organisiert hatte, kein Problem.

Doch Gröhe zieht seine Kandidatur in letzter Minute, vor dem zweiten Wahlgang zurück. Ausgerechnet der junge Jens Spahn verdirbt den schön ausgerechneten Plan der Parteivorsitzenden Merkel, nach dem im Präsidium die Landesgruppen, die Vereinigungen und die Frauen ordentlich repräsentiert sein sollten. Er lässt seinen Namen auf die Kandidatenliste setzen, weil in der CDU immer lauter über die «ewige Kanzlerin» gestöhnt wird. Und Spahn, ehrgeizig, respektlos und anmaßend, ist der Mann dieser Unbehaglichen. Er rückt auf, Gröhe steckt zurück.

Nach den Bundestagswahlen 2017 verliert Gröhe das zweite Mal gegen Spahn. Er wäre gern Gesundheitsminister geblieben, die Kanzlerin aber will den immer aufmüpfigeren Spahn in die Kabinettsdisziplin einbinden. Spahn wird 2018 Minister, Gröhe zieht sich wieder, ohne zu murren, zurück. Er ist der ideale Mann für eine Regierungschefin: immer da, wenn er gebraucht wird. Immer zuverlässig, wenn gute Arbeit geleistet werden muss. Und immer noch treu, wenn er fällt.

So ist es auch bei Thomas de Maizière. Er muss am meisten aushalten mit Angela Merkel, er wird am tiefsten enttäuscht. Und doch bleibt auch er an ihrer Seite – im Gegensatz zu vielen anderen. Ohne Merkel wäre de Maizière möglicherweise nie über Ministerposten in den östlichen Bundesländern hinausgekommen. Ohne ihn aber hätte Merkel nicht so reibungslos regiert – und möglicherweise gar nicht in die Politik gefunden.

De Maizière trifft Angela Merkel schon 1990. Er ist der Cousin von Lothar de Maizière, dem letzten Ministerpräsidenten der DDR, gehört allerdings zum Westteil der Verwandtschaft. 1989 leitet der Jurist das Grundsatzreferat in der Berliner Senatskanzlei und übernimmt für die CDU-Fraktion im Berliner Abgeordnetenhaus Pressesprecher-Aufgaben. Als sein Vetter erster Mann in der untergehenden DDR wird, eilt Thomas de Maizière zur Hilfe – und gehört zu den ersten westdeutschen Beratern der Regierung. Er trifft Merkel und empfiehlt sie als stellvertretende Regierungssprecherin.

Während Merkel in den neunziger Jahren in Bonn aufsteigt, sieht der in Bonn geborene Jurist seine Zukunft in den neuen Bundesländern, wird Staatssekretär und Minister in Mecklenburg-Vorpommern und Sachsen. Erst 2005 wird er die Bundesebene betreten, als Chef des Bundeskanzleramtes unter Angela Merkel.

Er ist korrekt. Er ist klug. Er kann Verwaltung. Er ist kein Law-and-Order-Mann, und doch mögen ihn vor allem die Konservativen in der Partei. Der gut sitzende Dreiteiler, der stets frische Haarschnitt, der schneidige Gang, die völlige Abwesenheit von Überheblichkeit – in der Partei nennen ihn manche «Mr. Perfect».

Das ist er auch für Angela Merkel. Das Einverständnis mit de Maizière sichert sie gegen die Rebellen in der Partei ab, seine Loyalität stabilisiert die Regierung. Sie kann ihn vom Kanzleramt ins Innenministerium, ins Verteidigungsministerium, wieder ins Innenministerium und dann ins Nichts schicken, ohne dass er sich beklagt. Wenn es einen gibt, der seinen Dienst an Deutschland vor allem als Dienst an Merkel versteht, dann ist es de Maizière. Nach der Bundestagswahl 2017 ist für ihn kein Amt mehr übrig. Er setzt sich ins Parlament. 2021 tritt er nicht wieder an. Seine politische Karriere hat mit der Angela Merkels begonnen. Sie endet auch mit ihr.

Hintze, Gröhe, de Maizière: Sie alle haben sich in den Dienst der Kanzlerin nehmen lassen. In der Masse der politischen Ich-Unternehmer sind sie Ausnahmeerscheinungen. Sie haben ihr zwar den Aufstieg in der Partei und der Regierung möglich gemacht und selbst davon profitiert. Alle drei aber verstehen sich vor allem als Merkel-Getreue. Dafür nehmen sie auch die umstandslose Kühle in Kauf, mit denen die Kanzlerin sie bei Bedarf in der Abstellkammer verstaut.

Zu den Messdienern der Kanzlerin gehören anfangs auch Peter Altmaier und Norbert Röttgen. Beide werden 1994 Bundestagsabgeordnete, beide gehören zu den Gründungsmitgliedern der Piz-za-Connection, beide leiden am Stillstand in Kohls letzter Amtsperiode. Beide gelten als progressiv, klug und intellektuell. Sie unterstützen Merkel gegen Stoiber und Merz, beraten sie im Wahlkampf. Nach der Wahl 2005 wird Altmaier Staatssekretär im Innenministerium; Röttgen wartet auf Merkels Anruf, der ihn zum Kanzleramtsminister machen soll. Doch der Anruf kommt nicht. Sie wählt de Maizière.

Röttgen fühlt sich übergangen, erst vier Jahre später überholt er seinen Freund Peter doch noch. Er wird Umweltminister, hat Erfolg, beginnt eine politische Karriere auf eigene Rechnung. Die Freundschaft bekommt Risse. Zu klar ist, dass sich der gutaussehende junge Ressortchef zu Höherem berufen fühlt, während Altmaier brav Dienst für Merkel schiebt. Der smarte Röttgen, inzwischen in der Frauenzeitschrift «Bunte» als «George Clooney der deutschen Politik»[34] beschrieben, beansprucht einen Weg als Politiker aus eigenem Recht. Ähnlich wie Ursula von der Leyen in der Familienpolitik oder Karl-Theodor zu Guttenberg als Verteidigungsminister, macht er einen politischen Plan: Entgegen den Verabredungen im Koalitionsvertrag mit der FDP will er am Atomausstieg festhalten. In der Regierung scheitert er damit krachend. Erst nach der Atomkatastrophe in Fukushima beschließt die Regierung, dass das Ende der Atomkraft in Deutschland endgültig sein soll. Doch das ist längst Chefsache, nicht mehr Röttgen-Sache.

Der Ehrgeizige findet sich nicht ab. Im Gegenteil. Er denkt längst groß. «Muttis Klügster»[35] wird Muttis Gefährlichster, witzelt der «Spiegel». Nachdem der Durchmarsch in Berlin schwieriger wird als gedacht, macht er sich an die Beschaffung einer Hausmacht. Gegen Merkels Willen kandidiert er für den CDU-Vorsitz in Nordrhein-Westfalen und setzt sich gegen den Landespolitiker Armin Laschet durch. Die Landtagswahl verliert er mit einem niederschmetternden Ergebnis, was ihn aber nicht davon abhält, als Kabinettsrückkehrer Stimmung gegen Merkel zu machen.

Die Kanzlerin reagiert prompt. Das erste und einzige Mal in ihrer sechzehnjährigen Kanzlerschaft wirft sie einen Minister raus – es ist überhaupt erst das zweite Mal in der Geschichte der Bundesrepublik, dass ein Bundesminister nicht zum Rücktritt gedrängt, sondern förmlich entlassen wird. Es kommt noch schlimmer: Ausgerechnet der frühere Freund, Merkels loyaler Fahrensmann Altmaier, wird sein Nachfolger. Deutlicher kann man nicht signalisieren, welches Verhalten an Angela Merkels Hof belohnt und welches bestraft wird.

Gegen politische Ambitionen ihrer Minister und Ministerinnen hat die Kanzlerin nichts. Im Gegenteil, sagt ein ehemaliges Kabinettsmitglied, sie befördert sie. Allerdings stellt Merkel zwei Bedingungen. Erstens: Das Risiko des Scheiterns muss mit dem Minister nach Hause gehen. Und zweitens: Die Projekte ihrer Ministerinnen dürfen ihre Autorität nicht in Frage stellen. So konnte Ursula von der Leyen ihre Familienpolitik durchsetzen, Karl-Theodor zu Guttenberg das Ende der Wehrpflicht, Annette Schavan verlangen, zehn Prozent des Bruttoinlandsproduktes für Bildung und Forschung auszugeben. Röttgen aber verstößt zu oft gegen Merkels Prinzipien. Wer nach ihr Kanzler werden will, muss einen anderen Weg finden.

Peter Altmaier hat es klüger angestellt. «Ein Politiker, der so aussieht wie ich, kann es in der heutigen Mediendemokratie nicht in die erste Reihe schaffen», sagt er.[36] Er hisst die weiße Fahne, bevor jemand auf den Gedanken kommen könnte, er wolle mehr. Altmaier kommt in einer Bergarbeiterfamilie im Saarland zur Welt, mit einer angeborenen Fehlbildung: Er hat eine Lippenspalte. Er ist sichtbar übergewichtig und lebt seit jeher in der verdächtigsten aller Lebensformen: allein. Das unterscheidet ihn von den anderen. Sie haben ein Privatleben. Er hat die CDU.

Für die Kanzlerin ist auch er ein idealer Mann. Egal, was sie vorhat, er fügt sich. Altmaier ist ihr Joker: zuerst als Staatssekretär im Innenministerium, dann im Kanzleramt, später im Umweltministerium, als Vertreter im Finanzministerium für Wolfgang Schäuble,

«Muttis Klügster» und der erste und einzige entlassene Minister während Merkels Kanzlerschaft: Norbert Röttgen, hier noch im Amt als Bundesumweltminister 2010.

schließlich als Wirtschaftsminister. Ihm nimmt sie nicht übel, dass er gelegentlich davon träumt, selbst Kanzler zu werden. Er träumt ja nur.

Bei Volker Kauder liegt die Sache noch ein bisschen anders. Der CDU-Abgeordnete aus dem Badischen zählt nämlich 2002 auch zu denen, die Edmund Stoiber wollen. Er gehört aber nicht zu denen, die Merkel deshalb anschreien. Er setzt ihr ruhig auseinander, warum er den Bayern für geeigneter hält. Die Offenheit schadet ihm nicht, im Gegenteil. Er wird danach einer der getreuesten Gefährten: 2005 wird er zuerst Generalsekretär der CDU, nach der Wahl Nachfolger der Kanzlerin als Vorsitzender der CDU/CSU-Bundestagsfraktion.

Er sichert Angela Merkels Macht gegenüber dem Parlament in einer Härte und Konsequenz, dass die Fraktion zuerst kuscht, dann muckt und ihn schließlich 2018 aus dem Amt putscht. Für die Kanzlerin ist er dreizehn Jahre lang die Garantie, dass die Fraktion ihren überraschenden Wenden und Volten den parlamentarischen Segen erteilt und sich ansonsten mehr oder weniger ruhig verhält. Dafür nimmt er in Kauf, Mehrheiten für eine Politik organisieren zu müssen, mit der er nicht einverstanden sein kann: Ausbau von Kinderkrippen und Kindergärten, das Antidiskriminierungsgesetz, der Ausstieg aus der Atomkraft, der Ausbau der Sozialleistungen für ältere Arbeitslose – das alles geht Kauder, wie vielen der letzten Konservativen in der Union, eigentlich gegen den Strich. Und doch organisiert er die Mehrheiten für diese Politik.

Ohne einen solchen Fraktionsvorsitzenden kann ein Kanzler kaum überleben. Wolfgang Schäuble hat diesen Job für Helmut Kohl gemacht, Peter Struck für Gerhard Schröder. Je stärker sich die Gewichte des politischen Handelns in die Bundesregierung und die Exekutive verschieben, desto schwieriger wird die Rolle des Parlaments. Eigentlich müsste der Fraktionschef die Rechte des Parlaments stärken und respektieren. Schließlich repräsentieren die Abgeordneten und nicht die Regierung das Volk. Es kommt halt nur immer etwas dazwischen. Deshalb braucht jede Regierung Fraktionschefs, die sich in diese Schieflage fügen, anstatt sie zu bekämpfen.

Bei Kauder kommt etwas Entscheidendes hinzu: Kauder ist das wandelnde C in den christdemokratischen Parteien. Kaum jemand lebt seinen Glauben buchstabengenauer als er. Manche in der Fraktion sagen, er habe so große Angst, später wegen zahlloser Finten, Intrigen und politischer Erpressungen in der Hölle schmoren zu müssen, dass kein Bischof, Pfarrer oder Kaplan einem Termin mit ihm entkomme, ohne nicht ausführlich über Schuld und Verantwortungsethik in der Politik diskutiert zu haben. Für die Pfarrerstochter Angela Merkel ist Kauder ein Glücksfall. Denn sie selbst wird verdächtigt, es mit dem C in der CDU nicht so genau zu nehmen, wenn es hart auf hart kommt. Einen Erzkonservativen treu an ihrer Seite zu wissen, hat sie lange vor größerem Aufruhr auch aus dieser Richtung bewahrt.

Auf eines können sich Fraktionsvorsitzende normalerweise verlassen: Wenn man Abgeordneten mit dem Verlust von Ausschussmitgliedschaften oder schlechten Platzierungen auf Kandidatenlisten droht, ist es mit dem Protest gegen Regierungsentscheidungen üblicherweise schnell vorbei. Das ist auch bei der CDU/CSU-Fraktion so. Dementsprechend hat es auch lange gedauert, bis der Frust aus den Entscheidungen zur Finanz- und Eurokrise und der Migrationskrise groß genug ist, dass die Abgeordneten ihren Mut zusammennehmen und Volker Kauder einfach abwählen. 2018 tritt Ralf Brinkhaus überraschend als Gegenkandidat auf, und er gewinnt.

Diese Wahl ist das erste sichtbare Symbol des Endes der Ära Merkel. Sie kann sich nicht mehr gegen die eigenen Leute durchsetzen, sie hatte eindeutig für Kauder Partei ergriffen. Der Machtverfall wird sichtbar. Wenige Wochen später erleidet die CDU in Hessen eine schwere Wahlniederlage. Merkel tritt vom Parteivorsitz zurück und erklärt das Ende ihrer politischen Karriere zum Jahr 2021. Auch Kauder wird nicht wieder für den Bundestag kandidieren. Er hat genug. Mit Angela Merkel wird er «befreundet auf immer» bleiben, sagt er.[37]

Der Sonnyboy

Die Kanzlerin hat eine perfide Art, den politischen Nachwuchs auf seine Ernsthaftigkeit zu prüfen. Sie begegnet den jungen Leuten wie eine Hundeschulbesitzerin einer munteren Welpenschar. Sie werde schon aufpassen, dass er ihr «das Land nicht in Brand stecke», gibt sie dem aufstrebenden FDP-Politiker Christian Lindner mit, als der sich nach den Koalitionsverhandlungen im Jahr 2009 zu offensichtlich darüber freut, endlich mitregieren zu dürfen.[38] Diesen Spott muss man aushalten, wenn man mitmachen will. Lindner hält ihn nicht gut aus.

Ein anderer dagegen hält ihn nicht nur aus, er spielt damit: Karl-Theodor von und zu Guttenberg, dessen Aufstieg und Fall wie ein Gegen- und Parallelentwurf zum Merkel'schen Weg in der Politik gesehen werden kann. Wo Merkel von Osten in den Kosmos der Union eindringt, ist zu Guttenberg zehn Jahre später der Aufsteiger, der nicht nur aus dem Westen, sondern «von oben kommt. Das gab es noch nie», staunt der «Stern» im Jahr 2009.[39] Zu Guttenberg ist auf der Burg Guttenberg in der oberfränkischen Gemeinde Guttenberg als Sohn des Dirigenten Enoch zu Guttenberg aufgewachsen. Seine Familie gehört in Deutschland zu den reicheren. Er repräsentiert alles, was Merkel fehlt. Weil er sie zudem weder bedroht noch bedrängt, in Frage stellt oder unterminiert, hält sie ihn nicht nur aus. Sie mag ihn sogar dafür.

Schottet Merkel ihr privates Leben ab, stellt er es aus: beste Familie, alter Adel, perfekte Manieren, traumhafte Ehe mit einer geborenen Gräfin Bismarck, erlesener Geschmack, verantwortungsbewusster Reichtum. Sie entwickelt ihr Nicht-Charisma zur Marke von

Substanz und Solidität, bei ihm vermutet man hinter der blendenden Rede intellektuellen Tiefgang und politisches Programm. Sie, die große Unbekannte aus dem Osten. Er, der weithin Bekannte aus dem Westen. Merkel ist singulär, er ist es auch. Für zwei Jahre, von Februar 2009 bis zum Februar 2011, erscheint der fränkische Freiherr der deutschen Öffentlichkeit als Erlösung vom Mittelmaß. Der Kanzlerin muss er wie die Gelegenheit zu einer hübschen Symbiose vorkommen: Sie ist die Seeanemone, die fest am Boden klebt. Er der leuchtende Clownsfisch, der die Widersacher mit dem Geklapper seiner Kiemendeckel in Schach hält.

2002 zieht Guttenberg in den Bundestag ein. Er kommt schnell voran, zur Freude seines politischen Mentors Horst Seehofer, zum Kummer der innerparteilichen Wettbewerber Markus Söder, Ilse Aigner oder Werner Schnappauf. Er macht sich als Außenpolitiker einen Namen, wird Generalsekretär der CSU, danach Wirtschafts- und Verteidigungsminister.

Angela Merkel, das ist die große Überraschung, erliegt dem Charme des Neulings. Sie hat ihn nicht ausgesucht. Die CSU bestimmt selbst, wer für die bayerischen Konservativen am Kabinettstisch sitzt. Doch der angenehme Reserveoffizier, der die Politik nicht nötig zu haben scheint, bringt als Wirtschaftsminister Glanz, Entschiedenheit und einen Hauch von Ludwig Erhard in die Große Koalition.

Das kommt prima an beim Wähler: Zu Guttenberg braucht nur knapp fünf Monate, um an der Kanzlerin vorbei der beliebteste Politiker in Deutschland zu werden. Bei den Bundestagswahlen im September 2009 verteidigt er nicht nur sein Direktmandat – in Oberfranken ist das keine Kunst –, er bekommt die meisten Stimmen aller direkt gewählten Bundestagsabgeordneten überhaupt.

Zu Guttenberg ist ein Star, der einzige, den die Union hat. Wenige Tage nach seinem Amtsantritt als Wirtschaftsminister im Februar 2009 spitzt sich die Krise um den Autobauer Opel zu. Der amerikanische Mutterkonzern General Motors ist nicht nur durch die Finanz- und Konjunkturkrise schwer getroffen, er leidet seit Jahren an schweren Absatzproblemen und fährt Milliardenverluste ein. Nun steht er kurz vor der Insolvenz. Die deutsche Konzerntochter Opel soll abgestoßen werden und braucht mehr als drei Milliarden Euro an neuen Staatsbürgschaften. Die Bundesregierung will darauf eingehen, der Wirtschaftsminister will es nicht. Er lehnt Subventionen ab, lobt die Ordnungspolitik, empfiehlt eine geordnete Insolvenz. Und: Karl-Theodor zu Guttenberg bietet der Kanzlerin seinen Rücktritt an, um einer Lösung nicht im Weg zu stehen.

Das ist der Augenblick, in dem Deutschland beginnt, seinen jungen Wirtschaftsminister – er ist gerade einmal siebenunddreißig Jahre alt – zu lieben. Endlich einer, der Prinzipien hat. Einer, der dem Haus Ludwig Erhards wieder Rückgrat verleiht. Einer, der sich nicht von den großen Konzernen herumschubsen lässt und dafür selbst das Ende seiner politischen Karriere in Kauf nimmt. Er ist der Held für einen Sommer.

Hinterher kommt es anders. Opel bekommt Staatsbürgschaften, und KT, wie er in Berlin inzwischen genannt wird, stimmt ihnen zu. Das aber ist dann gar nicht mehr so wichtig, da ist er wie die Kanzlerin. «Ich bin von Beginn an mit dem vollen Bewusstsein in die Politik gegangen, dass ich jederzeit aufhören könnte», sagt er dem «Spiegel» mit sehr entschlossener Geste.[40] Es ist derselbe Satz, den die Kanzlerin immer wieder bemüht, um ihre Unabhängigkeit vom Amt zu betonen. Und wie die Kanzlerin hat auch KT natürlich kein bisschen vor, mit der Politik aufzuhören. Dazu läuft es auch zu gut für ihn in diesen beiden Jahren. Und dafür muss man halt auch mal Kompromisse machen, natürlich.

Als Verteidigungsminister gerät er schon bald nach den Bundestagswahlen des Jahres 2009 schwer unter Druck. Nachdem die Bundeswehr im November im afghanischen Kunduz zwei Tanklaster bombardiert hatte und dabei rund 140 Menschen, davon mehr als hundert Zivilisten, ums Leben kamen, stellt sich zu Guttenberg vor die Armee. Es seien keine Fehler gemacht worden. Wenig später stellt sich das als nicht ganz richtig heraus. KT bezichtigt nun Generalinspekteur Wolfgang Schneiderhan und Staatssekretär Peter Wichert, ihn zu spät und nicht vollständig informiert zu haben. Er feuert die beiden, doch die wehren sich. Zum ersten Mal in seinem Politikerleben muss sich zu Guttenberg mit öffentlichen Vorwürfen auseinandersetzen, er nehme es mit der Wahrheit nicht so genau, liefere die Treuesten der Treuen ans Messer und sei am Ende vielleicht doch genauso wie alle anderen Politiker auch.

Nicht nur das. Der bei der Truppe bisher sehr beliebte Minister soll nun auch noch ein gewaltiges Sparprogramm umsetzen.

Unter diesem Druck denkt er groß. Bei der Haushaltsklausur am 6. Juni 2010 schlägt er vor, die Wehrpflicht abzuschaffen und die Bundeswehr zu einer Berufsarmee umzubauen. Das Kabinett ist elektrisiert. Hier entsteht etwas, worum es sich zu streiten lohnt. Das ist eine Idee zu zeigen, dass Regieren mehr sein kann als verwalten!

Am Ende muss die Kanzlerin die Sache abmoderieren. «Wir können nicht an einem Sonntagnachmittag die Wehrpflicht abschaffen», zitiert der «Spiegel» sie in seiner Titelgeschichte «Die fabelhaften Guttenbergs».[41] Doch in Wirklichkeit ist genau das an diesem Nachmittag passiert. Zu verlockend ist die Aussicht, ausgerechnet als konservativ-liberale Regierung einen Lebenstraum der Grünen und der linken Sozialdemokraten zu verwirklichen, dem politischen Gegner dieses Thema wegzunehmen. Die Kanzlerin lässt den Freiherrn machen.

Denn die Koalition braucht dringend ein politisches Projekt dieser Größenordnung. Im fünften Jahr von Angela Merkel als Regierungschefin läuft es alles andere als rund. Obwohl Deutschland gut aus der Finanzkrise kommt, die Wirtschaft spektakulär wächst, steht die Regierung im Inneren zerstritten und nahezu handlungsunfähig da. Die CSU und der neue Koalitionspartner FDP beschimpfen sich gegenseitig als «Gurkentruppe» und «Wildsau»,[42] Bundesfinanzminister Wolfgang Schäuble demütigt die FDP, indem er deren Steuerreformprojekt zunichtemacht, in Stuttgart rebelliert ausgerechnet das traditionell konservative Bürgertum gegen den neuen Großbahnhof und die geplante Verlängerung der Laufzeiten für die Atomkraftwerke. Da kommt zu Guttenberg mit seiner Idee gerade recht.

Persönlich ist die Kanzlerin der Überzeugung, dass auf Lob immer auch Tadel, auf Begeisterung Enttäuschung folgen, frei nach den von ihr gerne zitierten Energieerhaltungssätzen eben.[43] Sie richtet sich in diesen Jahren in der mittleren Beliebtheit ein, dann fallen hinterher auch die Ausschläge nicht so dramatisch aus, denkt sie. Dem Freiherrn gönnt sie den Erfolg, seinen Niedergang erwartet sie dennoch. Sie weiß: Wird zu Guttenberg mit seiner Mission Berufsarmee erfolgreich sein, kann ihr selbst der konservative Kern der Union dafür nicht die Schuld geben. Einer der Ihren, Gebirgsjäger und CSU-Hoffnungsträger, hat die Reform gewollt. Und wenn es schiefgeht, klebt der Misserfolg an KT.

Das Ende der märchenhaften Geschichte des Karl-Theodor zu Guttenberg kommt am Ende aus einer ganz anderen Ecke als vermutet. Er stürzt über seine Doktorarbeit, die in weiten Teilen eine Zusammenstellung abgeschriebener Passagen ist. Dass diese Krise – wie wenig später die um die aus anderen Gründen umstrittene Doktorarbeit von Wissenschaftsministerin Annette Schavan oder die um Einladungen für den Bundespräsidenten Christian Wulff – nicht beherrschbar ist, hat mit dem 21. Jahrhundert zu tun. Es sind nicht mehr nur die klassischen Medien, mit denen es die Regierung umgehen muss. Die Meinungsbildung verschiebt sich ins Internet, zu den sozialen Medien. Hier arbeitet die Crowd an der Beweisführung zu den Plagiaten in zu Guttenbergs Dissertation, hier organisieren die Assistenten und Doktoranden der Hochschulen ihren Zorn über die Nonchalance, mit der die Bundesregierung darüber hinweggehen will. Das Internet ist ein politischer Faktor geworden, den die Kanzlerin nicht mehr ignorieren kann. Es hat der KT-Karriere zuerst ordentlich Schub verliehen und ihn dann zu Fall gebracht.

Dass zu Guttenberg im Streit um seine Dissertation am Ende die Nerven verliert, ist das Einzige, was die Kanzlerin wirklich erschüttert. Anders als Annette Schavan, die als Wissenschaftsministerin bis zum letzten Moment um ihre wissenschaftliche Reputation und das Amt kämpft und dann verliert, gibt zu Guttenberg schnell auf. Nach dem Willen der Kanzlerin hätte er bleiben können. Sie gibt für ihn eine der wichtigsten Säulen ihrer Glaubwürdigkeit auf. «Ich habe keinen wissenschaftlichen Assistenten oder einen Promovierenden (…) berufen, sondern mir geht es um die Arbeit als Bundesverteidigungsminister (…) und das ist, was für mich zählt», sagt sie am 21. Februar 2011.[44]

Es ist ein Opfer, wie es Merkel zuvor und danach für niemanden gebracht hat. Sie, die Physikerin, die sich im Notfall – nach Fukushima, in der Covid-19-Krise – auf ihre wissenschaftliche Identität und ihre Reputation als promovierte Naturwissenschaftlerin zurückzieht, verrät die eigene Biographie, um den Freiherrn im Amt zu halten. Dass zu Guttenberg ein paar Tage später dennoch zurücktritt, zeigt ihr, dass er diese Liebesgabe nicht verstanden hat. Und es zeigt ihr auch, dass aus KT kein Kanzler geworden wäre. Zu wenig Biss, zu wenig Durchhaltewillen, zu wenig Energie, die Mühen der Ebene zu durchschreiten. Genau das drückt ihr Gesicht aus, als sie am 1. März während der Eröffnung der Computermesse CeBIT die Nachricht vom KT-Rücktritt per SMS bekommt. Sie schaut auf den kleinen Bildschirm, richtet den Blick zum Himmel, schaut noch mal, zeigt die Nachricht Annette Schavan, beide lächeln sich resigniert an. Die beiden Frauen wissen, dass man bleibt, bis es nicht mehr geht. Der Welpe dagegen gibt auf. Er taugt nicht zur Jagd.

Der Sonnyboy stürzt ab: Karl-Theodor zu Guttenberg gibt seinen Rücktritt bekannt.

Der politisch-persönliche Gegner

Wenn es einen krachenden Gegensatz in der Politik gibt, dann ist es der zwischen Angela Merkel und Gerhard Schröder. Schröder kann nur Sieg oder Niederlage, Merkel ist die Meisterin des Dazwischen. Der Basta-Kanzler gegen die große Moderatorin. Arbeiterkind gegen Pfarrerstochter. Westdeutscher gegen Ostdeutsche. Fleißiges Lieschen gegen Macho. Mann gegen Frau. Instinkt gegen Ratio. Laut gegen leise. Es sind zu viele Unterschiede, als dass die beiden miteinander auskommen könnten.

Zum ersten Mal in ihrer westdeutschen Politik-Karriere fühlt sich Merkel im Frühjahr 1995 sicher, sie hat Erfolg. Schon im Januar hat sie den übermächtigen Staatssekretär Clemens Stroetmann gefeuert und klar gemacht, dass sie einen eigenen Weg beansprucht. Gerade hat sie der internationalen Umweltkonferenz das Mandat für konkrete Klimaziele abgerungen und sich für alle sichtbar aus dem Schatten ihres großen Vorgängers Klaus Töpfer gelöst. Es läuft bei ihr. So scheint es jedenfalls.

Der Dämpfer folgt auf dem Fuß: Von Jahr zu Jahr steigen die Ozonwerte in der nördlichen Hemisphäre im Sommer, Eltern lassen ihre Kinder nicht mehr draußen spielen, Erwachsene sorgen sich um ihre Gesundheit. Merkel will der Sache mit Fahrverboten und Tempolimits begegnen. Damit scheitert sie im Mai im Kabinett, es kommt zu ihrem (fast) einmaligen Tränenausbruch – der dazu führt, dass ein paar Wochen später eine windelweiche Ozonverordnung durchgewinkt wird, die mit dem Originalentwurf nichts mehr zu tun hat. Merkel erscheint, nach dem Triumph der Klimakonferenz, auf einmal schwach und angreifbar. Eine Heulsuse. Kanonenfutter für einen wie Schröder, damals Ministerpräsident von Niedersachsen. Der hat sie im Vermittlungsausschuss zur Sommersmogverordnung quer durchs Regierungsviertel sausen lassen, um die Kompromisslinie im Kabinett abzustimmen – wenn sie «in dreißig Minuten nicht wieder zurück wäre, fahre er nach Hause», habe er gesagt, erzählt Merkel später.[45]

Sie rennt und schwitzt, er amüsiert sich. Er zeigt der jungen Ministerin, welche Macht und Bedeutung Ministerpräsidenten in Deutschland haben können. Jedenfalls, wenn sie Gerhard Schröder heißen. Solche Demütigungen vergisst Merkel nicht.

Dass Schröder selbst im eigenen Lager gerade in schwerem Fahrwasser ist, befeuert seinen Kampfwillen auch gegenüber der Umweltministerin. Er ringt mit seinen innerparteilichen Konkurrenten, dem Parteivorsitzenden Rudolf Scharping und dem saarländischen Ministerpräsidenten Oskar Lafontaine, um die Macht in der SPD. Scharping hat als Kanzlerkandidat die Bundestagswahl 1994 knapp verloren, beansprucht dennoch das Sagen bei den Sozialdemokraten. Das bestreiten die beiden anderen inzwischen ganz offen. Im Sommer lassen sie nichts unversucht, um Scharping vor dem im Herbst geplanten Mannheimer Parteitag auflaufen zu lassen. Gegenüber Schröder behält Scharping vorerst die Oberhand, gegen Lafontaine verliert er. Der putscht den hölzernen Parteivorsitzenden im Herbst beim Parteitag aus dem Amt.

Zur Laune Schröders tragen diese Entwicklungen nicht gerade bei. Er ist der festen Überzeugung, gegen das «Kartell der Mittelmäßigkeit»[46] in der eigenen Partei verloren zu haben. In der Auseinandersetzung um die Castor-Transporte mit abgebrannten Brennstäben aus deutschen Atomkraftwerken nach Niedersachsen reagiert er sich ab. Merkel hält er nach dem Scheitern der Energiekonsensgespräche nicht nur für «inkompetent, sondern (für) politisch auch reichlich naiv».[47] Sie dagegen sieht ihn in der SPD isoliert und unterschätzt den Ehrgeiz und die Sturheit des Niedersachsen, der schon zu jungen Abgeordnetenzeiten nach ausgiebigen Kneipentouren öfter mal am Zaun des Kanzleramtes rüttelt und ruft: «Ich will hier rein!»

Anfang 1995 rollt der erste Castor-Transport mit abgebrannten Brennstäben durch das Land, Ziel ist das Atommüll-Zwischenlager im niedersächsischen Gorleben. Tausende gehen gegen die Atomkraft auf die Straße, pro Transport muss die niedersächsische Landesregierung rund zwanzig Millionen Mark für die Sicherung aufwenden. Gorleben ist ein Symbol, denn der Salzstock ist auch für den Ausbau zum Endlager für Deutschland vorgesehen, Niedersachsen ist das Schlachtfeld. Die rot-grüne niedersächsische Landesregierung erkennt im Boykott der Transporte den Hebel, den Atomausstieg zu erzwingen und die Erkundung zu stoppen.

Angela Merkel setzt den ersten und weitere Transporte durch, Schröder blockiert das, wo er nur kann. Die Bundesumweltministerin verklagt ihn wegen «Amtspflichtverletzungen» und bekommt vor Gericht recht. Es nutzt ihr nichts. Schröder torpediert nicht nur die Transporte ins Zwischenlager, er verhindert auch die weitere Erkundung des Salzstocks als Endlager. Die ganze Sache stockt, immer mehr Menschen gehen gegen die Atomkraft auf die Straße. Merkels Ansehen in der Bundesregierung sinkt, Kanzler Helmut Kohl wird ungeduldig.

Zwei Jahre später findet sie einen Weg, zumindest die Endlagerfrage voranzutreiben. Die Bundesregierung lässt nur noch den Teil des Salzstocks erkunden, über den sie allein bestimmen kann. Merkel hat eine Schlacht gegen Schröder gewonnen, der nun keine Gelegenheit mehr auslässt, sie vorzuführen: «Ich habe ihm gesagt, dass ich ihn irgendwann genauso in die Ecke stellen werde. Ich brauche dazu noch Zeit. Aber darauf freue ich mich schon», hatte sie der Fotografin Herlinde Koelbl gestanden. Nun glaubt sie, ihm einen «Fußtritt» verpasst zu haben.[48]

So emotional erlebt man die Umweltministerin sonst nicht. Schröder geht ihr auf die Nerven und sie ihm. Ihr zeigt die zweite Amtszeit als Ministerin, dass sie jetzt als Politikerin erkannt und ernst genommen wird. Sie erfährt aber auch, wie es ist, wenn man ohne den Welpenschutz der ersten vier Jahre auskommen muss, wenn man auf eigene Rechnung Erfolge hat und Niederlagen einstecken muss. Ihm zeigen diese Jahre die vorläufigen Grenzen seines politischen Ehrgeizes. In der SPD hat er zunächst den Kürzeren gezogen, und dass ihn jetzt auch noch eine Ossi so vorführt, gibt ihm den Rest. Aus den beiden, das ist klar, werden keine Freunde mehr.

Es dauert bis zum Jahr 2016, dass sich Bundes- und Landesregierungen darauf verständigen, die Endlagersuche wiederaufzunehmen.

In einem völlig neuen Verfahren, in einem völlig anderen Land: Im Jahr 2022 wird der letzte Atomreaktor in Deutschland abgeschaltet. Der Beschluss dazu fällt nach der Atomkatastrophe in Fukushima, diesmal sind die Unionsparteien und die Liberalen dafür verantwortlich – die kurz vorher noch den Wiedereinstieg in die Kernenergie beschlossen haben.

Für Merkel ist die Sache mit den Castor-Transporten noch lange nicht ausgestanden. 1998, im Jahr der Bundestagswahl, wird bekannt, dass die Castoren entgegen allen Versprechungen der Industrie radioaktive Strahlung freisetzen. Die Sache ist nicht gefährlich, aber sie untergräbt die Glaubwürdigkeit der ohnehin völlig ermatteten Bundesregierung. Merkel stürzt in die tiefste Krise ihrer bisherigen Karriere. Sie stoppt die Transporte, Schröder triumphiert. Einen Rücktritt kann sie nur abwenden, weil sie nachweisen kann, von der Sache nichts gewusst zu haben. Die politische Verantwortung übernehmen, wie es die Opposition verlangt? Da kennt man Merkel schlecht. Sie, die wenige Monate später erneut sagen wird, sie könne sich auch ein Leben außerhalb der Politik vorstellen, behält die Nerven: Sie bleibt einfach sitzen und wartet, bis sich der Sturm verzieht.

Für Merkel ist der Konflikt mit Schröder von Anfang an auch einer zwischen Mann und Frau: «Herr Schröder kann es nun gar nicht haben, wenn ihm auch noch eine Frau seine Spiele durchkreuzt. Niederlagen kann er sowieso nicht vertragen», sagt sie im Gespräch mit Herlinde Koelbl.[49] Dabei haben sie in ihrer Auffassung von Politik durchaus Ähnlichkeiten. Wenn Gerhard Schröder etwa sagt, es gehe jetzt «nicht mehr um sozialdemokratische oder konservative Wirtschaftspolitik, sondern um moderne und unmoderne»,[50] würde Merkel das sofort unterschreiben. Wenn die beiden über die Altauto- oder Verpackungsverordnung reden müssen, kriegen sie einen Kompromiss hin. Wenn die Scheinwerfer aus sind, kann man mit Schröder arbeiten. Aber wehe, sie sind an. Dann wird er für sie zum Alien, und umgekehrt empfindet er sie als permanente Anmaßung.

Später ist sie die Frau, die als Kanzlerkandidatin gegen ihn antritt. Ihr hilft ein mächtiger Trend, der sich seit der deutschen Einheit abzeichnet, der zunächst aber von vielen nicht ernst genommen, vom Macho Schröder vermutlich nicht einmal bemerkt wird. In den deutschen Küchen, Schlafzimmern, Schulen, Universitäten und Büros findet ein gesellschaftlicher Umbruch statt. Nicht nur das Frauenbild wandelt sich, auch die Erwartungen an die Rolle des Mannes in Familie, Beruf und Öffentlichkeit verändern sich. In den Schulen machen die Mädchen die besseren Abschlüsse, an den Universitäten sind nun mehr als die Hälfte der Studierenden weiblich. Immer mehr Frauen wollen ihre Beziehungen gleichberechtigt leben, die Familienarbeit teilen, sich beruflich entwickeln. Für die jüngeren Männer heißt das: Statt der dominanten Führungspersönlichkeiten des 20. Jahrhunderts sind nun, zuerst in den Großstädten, nicht mehr Haushaltsvorstände, sondern Partner gefragt. Das verändert auch den Blick auf die Politik und auf die Politiker. Schröder, «die Kanzlerfigur, die Deutschland sich immer vorgestellt hat», wie der Maler und Kanzlerfreund Markus Lüpertz später formuliert,[51] erscheint im Licht der neuen Zeit gar nicht mehr so modern wie noch vor der Jahrtausendwende, als er gegen das personifizierte 20. Jahrhundert, gegen Helmut Kohl gewinnt. Angela Merkels Kandidatur lässt nun ihn alt aussehen.

Der Kulminationspunkt dafür ist der Wahlabend des 18. September 2005. In nur wenigen Minuten wird grell ausgeleuchtet, was bis dahin allenfalls als langsame Verschiebung von Werten und Haltungen wahrnehmbar war. Gerhard Schröder kommt nach der ersten Hochrechnung zur üblichen «Elefantenrunde» von ARD und ZDF, in der die Spitzenkandidaten der Parteien das Wahlergebnis kommentieren. Wider alles Erwarten hat die SPD gut abgeschnitten, die CDU dagegen bleibt spektakulär unter den Erwartungen der Wahlforscher. Sie hat nur einen kleinen Vorsprung, der aber, so kalkulieren die Sozialdemokraten, durch Überhangmandate zugunsten der SPD zunichtegemacht werden könnte. In der SPD-Zentrale wird das

Comeback kräftig gefeiert – während bei der tief enttäuschten CDU im Hinterzimmer nur halbheimlich darüber nachgedacht wird, wie man eine Regierungsbildung ohne die eigene Spitzenfrau Angela Merkel versuchen kann. Entsprechend selbstgewiss poltert Schröder in die Runde, duckt sich Merkel deprimiert hinter ihren Tisch.

In wenigen Augenblicken wendet sich das Blatt. Der Kanzler redet wie entfesselt: «Glauben Sie im Ernst, dass meine Partei auf ein Gesprächsangebot von Frau Merkel eingänge (...) bei dem sie sagt, sie möchte Bundeskanzlerin werden? Ich mein, wir müssen die Kirche doch mal im Dorf lassen. (...) Ich sage Ihnen, ich führe Gespräche. Und ich sage Ihnen, die werden erfolgreich sein. (...) Sie wird keine Koalition unter ihrer Führung mit meiner sozialdemokratischen Partei hinkriegen. Das ist eindeutig. Machen Sie sich da gar nichts vor.»[52]

Einen derart verblendeten, selbstgerechten Auftritt eines Politikers hat es bis dahin im deutschen Fernsehen noch nicht gegeben. Die anderen Teilnehmer, Edmund Stoiber, Guido Westerwelle, Lothar Bisky, selbst Joschka Fischer und die Moderatoren sind fassungslos. Der Publizist und Schröder-Vertraute Manfred Bissinger erzählt später, Schröder sei «furchtbar aufgeregt» gewesen, weil er sich von den Fernsehsendern vorzeitig abgeschrieben gefühlt habe. So sei Merkel im ZDF in einem ersten Interview bereits als «Frau Bundeskanzlerin» begrüßt worden, er als amtierender Bundeskanzler dagegen sei nicht einmal am Empfang abgeholt worden, als er zur Elefantenrunde im ZDF-Hauptstadtstudio erscheint.[53]

Angela Merkel lächelt jetzt. Sie ahnt: Die letzte Schlacht gegen Schröder gewinnt sie, jetzt hat sie ihn in der Ecke. Die geballte Schnoddrigkeit, Überheblichkeit und Herablassung des amtierenden Kanzlers kann sich die Union, immerhin die stärkste Fraktion im künftigen Bundestag, nicht gefallen lassen. Nun müssen sich auch die parteiinternen Widersacher hinter sie stellen. Ausgerechnet Gerhard Schröder erreicht mit seiner «testosteronen Explosion»,[54] was er für völlig abwegig hält: Angela Merkel wird die Nummer eins.

So kommt es auch. Noch am Abend packen die Aufständischen im eigenen Lager ihre Sachen, zwei Tage später wählt die CDU/CSU-Fraktion Angela Merkel wieder zu ihrer Vorsitzenden und beauftragt sie, mögliche künftige Regierungskoalitionen zu sondieren. Nach wenigen Wochen stimmt die SPD einer Großen Koalition unter Führung Angela Merkels zu, Schröder räumt das Feld. Die Botschaft, die vom Wahlabend und dem Umgang damit ausgeht, heißt: Die Zeit der Alpha-Tiere in der deutschen Politik ist vorbei. Jedenfalls fürs Erste.

FRAUEN

Die Frauenpolitikerin

Derart verblüfft hat man die Kanzlerin selten gesehen. Auf dem Berliner Frauengipfel der zwanzig größten Industrienationen der Welt sitzt Angela Merkel im Sommer 2017 zwischen der damaligen Chefin des IWF, Christine Lagarde, der First Daughter Ivanka Trump, Königin Máxima der Niederlande und anderen superprominenten Frauen. Man parliert über Frauenförderung, Quoten und Unternehmerinnentum. Und dann wird Merkel gefragt, ob sie eine Feministin

Der Frauengipfel 2017, unter anderem mit Königin Máxima, Christine Lagarde und Ivanka Trump.

sei. Die Kanzlerin windet sich. Offensichtlich hat sie sich selbst diese Frage noch niemals vorgelegt, und wenn doch, hat sie ihre Überzeugung für sich behalten.

Sie braucht ein paar Sekunden, bis sie umständlich erklärt, warum sie sich nicht «mit der Feder», dem Titel einer Feministin schmücken will.[1] Es käme ihr vor, als stehle sie westdeutschen Frauenrechtlerinnen wie Alice Schwarzer den verdienten Ruhm.

Die anderen Teilnehmerinnen haben damit kein Problem. Die Welt weiß nach dem Auftritt, dass Ivanka Trump eine Feministin ist, die holländische Königin ist auch eine und Christine Lagarde sowieso.

Die Kanzlerin dagegen fühlt sich der politischen Frauenbewegung nach eigenem Bekunden nicht zugehörig. Der Salonfeminismus westlicher Akademikerinnen ist ihr fremd. Und doch hat sie als Rollenvorbild, als Frauen- und Familienpolitikerin mehr in Bewegung gebracht, als viele denken – und allemal mehr als die Frauen, die im Sommer 2017 den Feminismus hochleben lassen.

Mädchen und junge Frauen fragen sich heute nicht mehr, ob eine Frau Kanzlerin werden kann. Sie wissen es. Als Frauenministerin hat Angela Merkel den Anspruch auf einen Kindergartenplatz durchgesetzt, als Kanzlerin die Ehe für alle möglich gemacht – und damit ein Heiligtum der CDU-Familienpolitik beiseitegeräumt. In der eigenen Partei setzt sie eine höhere Beteiligung von Frauen durch und stimmt am Ende ihrer politischen Karriere sogar einer allgemein gültigen Frauenquote in der Führung großer Unternehmen zu. In der CDU hält sie die Zeit für gekommen, über Parität zu reden, also die gleichberechtigte Besetzung von Posten und Mandaten: «Parität erscheint mir logisch.»[2]

Aus Überzeugung? Kämpferinnengeist? Oder weil seit dem Ende des 20. Jahrhunderts Frauen in vielen Teilen der Welt selbstbewusst ihr Recht auf Beteiligung fordern und selbst konservative Regierungsparteien nicht mehr anders können, als sich anzupassen?

Es spricht viel dafür, dass Merkel zumindest in den ersten vier Jahren ihrer Zeit in politischen Top-Jobs eine Treiberin der Entwicklung ist. Und zwar weniger aus feministischer Überzeugung als wegen ihrer ostdeutschen Prägung und aus politischem Kalkül.

Um sich die Ausgangslage klarzumachen, hilft ein Blick in das Jahr 1990, das Jahr der Wiedervereinigung. Als Merkel im Januar 1991 ihr Amt als Frauenministerin im vereinigten Deutschland antritt, arbeiten in Westdeutschland gerade einmal knapp 64 Prozent der Frauen außerhalb ihres eigenen Haushaltes, die meisten in Teilzeit (das heutige Bundesfamilienministerium sagt in einer Broschüre zum 25. Geburtstag des vereinigten Deutschlands, nur gut die Hälfte der Frauen habe eine Stelle gehabt). Mütter jüngerer Kinder bleiben in aller Regel erst einmal zu Hause. Wer einen Kindergartenplatz findet, bezahlt teuer für die Betreuung, die in der Regel vor dem Mittagessen endet. Krippenplätze für Kinder unter drei Jahren muss man mit der Lupe suchen.

Selbsthilfegruppen und Kinderläden helfen kaum, denn es gibt sie fast ausschließlich in den Großstädten, außerdem ist hier die regelmäßige Mitarbeit der Eltern existenziell. Nur wenn Mütter und Väter kochen, putzen und renovieren, lässt sich eine Ganztagsbetreuung halbwegs organisieren. Das aber ist kaum mit einer Vollzeitberufstätigkeit beider Partner zu vereinbaren. Außerdem gilt diese Form der Kinderbetreuung als politisch links, vom antiautoritären Geist der 68er infiziert und schon deshalb als völlig ungeeignet für den Nachwuchs konservativ denkender Eltern.

Das gesellschaftliche Klima ist eindeutig: Frauen, die sich für Kinder und Beruf entscheiden, den Nachwuchs so früh wie möglich betreuen lassen, sind entweder verwöhnt und reich oder links und egoistisch – oder alles zusammen. Die Vorstellung, dass die westdeutsche Gesellschaft ihre Haltung zur Kinderbetreuung modernisiert, erscheint ziemlich abwegig. Zumindest in der CDU, deren konservatives Familienbild in Stein gemeißelt zu sein scheint: Der Ehemann geht einem Brotberuf nach, der die Familie ernährt. Die Frau kümmert sich um den Haushalt und die Kinder und sorgt allenfalls mit einer kleinen Teilzeitbeschäftigung dafür, dass die Urlaubskasse gefüllt ist. Die Ehe ist eine Sache zwischen Mann und Frau. Frauen mit Karrierewunsch und Kindern sollen gefälligst ihre Einstellung zur Familie ändern, anstatt Gleichberechtigung zu verlangen, wird in konservativen Kreisen argumentiert.

Merkel sieht das anders. Sie ist vom Frauenbild in der DDR geprägt, das in vielerlei Hinsicht moderner ist als das in Westdeutschland. «Solange Hunde von Vermietern eher geduldet werden als Kinder, ist irgendetwas faul», wird sie in der «Frankfurter Allgemeinen Zeitung» zitiert.[3] Anfang der neunziger Jahre grenzt eine solche Aussage in der CDU schon an Modernismus.

Östlich der Elbe sind vor der deutschen Einheit mehr als 80 Prozent der Frauen erwerbstätig, die meisten ganztags. Teilzeit heißt hier «Schonarbeit», knapp dreißig Prozent der Frauen arbeiten auf solchen Arbeitsplätzen, allerdings mit wesentlich höheren Stundenzahlen (zwanzig bis fünfunddreißig Stunden) als westdeutsche Teilzeitlerinnen. Die Arbeitszeitreduzierung ist normalerweise für ältere Frauen reserviert, die mit gesundheitlichen Einschränkungen kämpfen.

Die Kinderbetreuung ist allumfassend. Die DDR-Führung hat allergrößtes Interesse daran, Kinder so früh wie möglich im sozialistischen Sinne betreuen und erziehen zu können. Mindestens ebenso energisch arbeitet sie daran, Väter und Mütter in die kollektivistische Arbeitswelt zu integrieren, weil sie dort auch die Erwachsenen besser auf Linie bringen und kontrollieren kann. Außerdem fehlen seit den achtziger Jahren Arbeitskräfte: Die Mütter sollen für den Arbeitsmarkt mobilisiert werden. Zum Zeitpunkt der Wiedervereinigung werden vier von fünf Kindern unter drei Jahren in Kindertagesstätten und -krippen betreut, von den über Dreijährigen geht nahezu jedes Kind in den Kindergarten, 80 Prozent der Grundschulkinder besuchen nach Schulschluss einen Hort. Die Einrichtungen sind von morgens um sechs bis abends um sechs geöffnet, in Ausnahmefällen auch in der Nacht und am Wochenende. Viel bezahlen müssen die Eltern für diese Leistungen nicht. Ein Mittagessen im Kindergarten kostet 0,35 Mark – weniger, als wenn zu Hause für die Kinder gekocht werden müsste.

Die Erwartung vieler westdeutscher Männer ist klar: Die ostdeutschen Mütter würden liebend gern die erste Gelegenheit nutzen, aus dem Erwerbsleben auszusteigen und sich um die Kinder zu kümmern. Das würde auch den Arbeitsmarkt entlasten, der in den neunziger Jahren immer stärker unter Druck kommt. Wenn die Erwerbstätigkeit der ostdeutschen Frauen nach und nach auf westdeutsches Niveau sinke, würden auch die desaströsen Arbeitsmarktzahlen in milderem Licht erscheinen, erläutert etwa der damalige sächsische Ministerpräsident Kurt Biedenkopf (CDU) bei einem Gewerkschaftskongress in der Mitte der neunziger Jahre. Viele Unionspolitiker wie auch ein Großteil der führenden Beamten im Ministerium sehen in der Hausfrauisierung des Ostens nicht das Problem, sondern die Lösung. «Tatsache ist, dass es Bestrebungen gibt, die Frauen vom Arbeitsmarkt zu verdrängen», klagt Merkel im Sommer 1992.[4]

Angela Merkel, selbst kinderlos und zu diesem Zeitpunkt unverheiratet, übernimmt ihr Amt, ohne sich vorher jemals mit Frauen- und Familienpolitik beschäftigt zu haben. Das Thema interessiert sie nicht einmal besonders. Helmut Kohl habe sie überraschend ins Kanzleramt eingeladen und gefragt, ob sie «mit Frauen könne», erzählt sie in einem Interview mit dem Journalisten Hugo Müller-Vogg.[5] Merkel bejaht die Frage, angeblich ohne zu wissen, was Kohl vorhat. Ihr damaliger Mentor Lothar de Maizière hat ihr vor dem Termin zugeflüstert, sie sei als Regierungsmitglied im Gespräch und könne möglicherweise Staatssekretärin werden.[6] Wenige Tage später wird sie nicht Staatssekretärin, sondern Ministerin. Sie macht sich keine Illusionen. Kohl habe halt noch ein Kabinettsmitglied benötigt, das protestantisch, ostdeutsch und weiblich ist. Da sei sie die ideale Besetzung gewesen, quasi als Dreifach-Quotenfrau.

Sie bekommt ein Drittel des vorherigen Familien- und Gesundheitsministeriums. Gerda Hasselfeldt (CSU) übernimmt die Gesundheitsabteilung aus dem Haus, Hannelore Rönsch (CDU) bekommt den Familien- und Senioren-Teil. Jetzt hätten «gleich drei Frauen wenig zu sagen», witzelt der «Spiegel».[7]

Angela Merkel aber macht etwas Neues aus dem Amt, das bisher von der ebenso intellektuellen wie kämpferischen Rita Süssmuth und danach von der an Frauenfragen nicht sonderlich interessierten Altersforscherin Ursula Lehr geleitet worden ist. Merkel hat weder den Missionsgeist Süssmuths noch deren feministische Energie, noch das wissenschaftliche Interesse Lehrs. Aber sie spürt, dass die traditionelle CDU-Position in der Frage nicht länger haltbar ist. «In der Frauen- und Familienpolitik bin ich an den Wurzeln der Veränderung. Da sehe ich, wie schwer sich unsere Gesellschaft tut, dem veränderten Lebensgefühl zu folgen», sagt sie bei einem Redaktionsbesuch beim Berliner «Tagesspiegel».[8] Sie hätte für das Wort «Gesellschaft» den Namen ihrer Partei einsetzen können, dann hätte es ihre echte Stimmungslage getroffen.

Längst haben sich die frauenpolitisch engagierten Grünen als neue politische Kraft in den Parlamenten etabliert, längst wollen sich auch die jungen Frauen im Westen nicht mehr vorschreiben lassen, wie sie zu leben und zu arbeiten haben. Vor allem die Frauen im Osten empfinden das traditionelle Rollenverständnis von CDU und CSU als Rückschritt. Angela Merkel rechnet in der «Bunten» laut vor, wie viel weiter der Osten in Fragen der Gleichberechtigung ist: «Nur 17 Prozent der Männer im Westen helfen beim Putzen», gibt sie zu Protokoll. Im Osten wringt immerhin ein Viertel der Männer auch mal das Scheuertuch aus.[9]

Wenn die Union die weiblichen Wähler in den neuen Ländern nicht verlieren wolle, so argumentiert Merkel fortan, dürfe sich die

Union ihre Frauen- und Familienpolitik nicht länger von der Deutschen Bischofskonferenz diktieren lassen. Unterstützt wird sie darin vom Kanzler. Helmut Kohl hatte wenige Jahre zuvor Rita Süssmuth in die Politik bugsiert, weil ihm klar war, dass sich seine Partei und seine Regierung nicht dauerhaft gegen den mächtigen Trend einer neuen Frauenrolle jenseits der Aufgabe von Hausfrau und Mutter stemmen konnten. Nun hilft er Merkel und sieht gleichzeitig gelassen zu, wie sich die junge Ministerin mit den Konservativen in der CDU anlegt.

Merkel sei «in mancher Hinsicht (...) sehr viel mehr eine eigenständige Ostdeutsche, als manche in Westdeutschland denken mögen», stellt der Journalist Günter Gaus in einem Fernseh-Interview mit ihr im Oktober 1991 fest.[10] Gegen alle Erwartungen, vor allem ihrer eigenen Partei, verschiebt sie in den ersten vier Jahren ihrer politischen Karriere die Koordinaten der Bonner Republik in östliche Richtung, jedenfalls in der Familienpolitik.

Sie kennt die Traditionslinien des Westens in den großen ideologischen Auseinandersetzungen um Schwangerschaftsabbruch, Kinderbetreuung und die Rolle der Frau nicht. Das macht sie frei für pragmatische Lösungen. Und es lehrt sie vieles über die Mechanismen der Regierungspolitik. Merkels Methodik, die eigenen Absichten und Strategien nicht zu erkennen zu geben, wird in der Frauenpolitik zum ersten Mal erprobt. Und Kohls Masche, gesellschaftlich umstrittene, aber unumgängliche Themen einer Fachministerin zu überlassen, die den Zorn des eigenen Lagers auf sich ziehen mag, wird später zum Standard-Vorgehen der Kanzlerin Angela Merkel.

Die drei großen Themen ihrer Amtszeit – die Reform des Paragraphen 218, das Recht auf einen Kindergartenplatz und das sogenannte Emanzipationsgesetz – stoßen die Tür auf für eine Modernisierung der Familienpolitik, die ihre Amtsnachfolgerin Ursula von der Leyen (CDU) im 21. Jahrhundert fortsetzt. Zu von der Leyens Zeit ist das Familienministerium längst keine Nebensache mehr. Es gilt als politisches Zentrum des gesellschaftlichen Wandels. Angela Merkel hat dazu beigetragen, in mehrfacher Hinsicht.

Das Arbeitsprogramm hat Merkel nicht selbst ausgesucht, die politischen Schwerpunkte sind durch den Einigungsvertrag festgelegt: In der ersten Legislaturperiode muss das Recht der beiden deutschen Staaten harmonisiert werden. Doch sie nutzt die Aufgabe wie auch den Posten der stellvertretenden Parteivorsitzenden, um sichtbar zu werden und sich zu profilieren. Mit Erfolg: «Wenn bisher je eine Frau eine halbwegs anerkannte Aussicht hatte, die erste Bundeskanzlerin aus der Union zu werden, dann Angela Merkel», schreibt der FAZ-Journalist Georg Paul Hefty schon im April 1992.[11]

In der DDR galt ein liberales Abtreibungsrecht. Innerhalb der ersten drei Monate nach der Empfängnis konnte eine Schwangerschaft ohne weitere Nachfragen beendet werden. In Westdeutschland dagegen war die Unterbrechung der Schwangerschaft durch den Paragraphen 218 des Strafgesetzbuchs grundsätzlich verboten und nur in sehr eng begrenzten Ausnahmefällen zulässig. Es gibt kaum einen Politikbereich, in dem Konservative und Liberale bis heute so vehement um den richtigen Weg streiten. Und es gibt kaum einen, in dem der Wandel von einer christlich geprägten konservativen Gesellschaft zu einer säkularen so deutlich wird, in dem man sich als Ministerin so unbeliebt machen kann. «Mein Mann sagt immer, ich hätte alle schlechten Themen», stöhnt die Ministerin im Oktober 1992 in einem Gespräch mit der «Welt».[12]

Die Erwartung der Parteifreunde und der Kirchen ist ebenso wie bei Kinderbetreuung und Frauenerwerbstätigkeit eindeutig: Es bleibt bei der West-Regelung. Als die Ministerin in ihrem Haus einen Gesetzentwurf erarbeiten lässt, der die Fristenlösung der DDR vorsieht, allerdings ergänzt durch eine verpflichtende Beratung, bekommt sie zum ersten Mal den geballten Widerstand und die Abscheu der Konservativen in der CDU zu spüren – eine Erfahrung, die sie wieder und wieder machen wird, solange sie in ihrer eigenen

Partei Spitzenpolitik macht. Eigentlich ist ihre Kollegin Hannelore Rönsch als Familienministerin zuständig, doch Merkel prescht vor, als sie den Eindruck gewinnt, die konservative westdeutsche Sicht setze sich, begleitet von der braven Rönsch, durch.

Merkel wählt das Risiko, es ist ein kalkuliertes Risiko. Zwar hat ihr Entwurf in der Unionsfraktion keine Chance. Doch sie weiß, dass Kohl ihre Position unterstützt, und so befördert sie das Projekt, ohne sich selbst festzulegen. Beim Paragraphen 218 geht das so: Mit dem unausgesprochenen Segen des Kanzlers wird aus den liberalen Kreisen der CDU-Bundestagsfraktion um Rita Süssmuth sowie von SPD und FDP ein Gesetzentwurf eingebracht, der am Ende gegen den Willen der CDU/CSU-Mehrheitsfraktion beschlossen wird. Das Gesetz ähnelt dem Merkel'schen Entwurf in den wesentlichen Punkten.

Doch Merkel stimmt im Bundestag nicht dafür, sie enthält sich der Stimme. Sie beteiligt sich nach eigenen Angaben sogar «ohne Zögern» an einer Normenkontrollklage des konservativen Lagers vor dem Bundesverfassungsgericht, das prüfen soll, ob der gefundene Kompromiss grundgesetzkonform ist.[13] Auf der Klageschrift aber fehlt ihr Name, wie ihr Biograph Gerd Langguth recherchiert hat.

Angela Merkel schaut beim Kanzler ab, wie man sein Ziel erreicht, ohne die Parteifreunde völlig zu verprellen: Denn Helmut Kohl zeichnet das Gesetz zwar gegen. Weil aber auch er der Mehrheit der Fraktion ein Signal der Versöhnung geben will, beteiligt er sich – natürlich – an der Normenkontrollklage. Wie man eine Politik betreibt, von der man sich zugleich kunstvoll distanziert, lernt Merkel von Kohl. Sie wird das Verfahren künftig häufiger anwenden.

Das Bundesverfassungsgericht verwirft die fraktionsübergreifende Lösung ein Jahr später erwartungsgemäß. Erst 1995 findet der Bundestag zu der Beratungslösung, die bis heute Bestand hat. Der Schwangerschaftsabbruch ist rechtswidrig, wird aber strafrechtlich nicht verfolgt, wenn er innerhalb der ersten drei Monate und nach einer Konfliktberatung erfolgt. Ungefähr so, wie Merkel es 1992 dem Parlament vorgeschlagen hatte.

Der Vorgang ist ein frühes Beispiel für den Merkelismus der späteren Bundeskanzlerin. Und für den Vorwurf, sie sei eine Opportunistin, bis heute keine Konservative, das C in der CDU habe sie nie interessiert, sie verstehe und respektiere die Kirchen nicht. Sie habe genauso gut Karriere in jeder anderen Partei, zum Beispiel der SPD, machen können.

Tatsächlich wird Merkel zur C-Frage kurze Zeit später sagen: «… ich habe schon meine Schwierigkeiten.»[14] Sie habe mit dem C der CDU nicht besonders viel anfangen können. Diesen Satz wiederholt sie später nicht mehr, gilt er doch als Beleg für jenes instrumentelle Verhältnis, das sie gegenüber den eigenen Überzeugungen wie denen ihrer Partei pflegt. Merkel folgt ihnen, solange sie mehrheitsfähig und praktikabel sind. Doch wenn sich das ändert, werden sie ohne Umschweife fallengelassen.

Dass sich an ihrer ambivalenten Haltung zu Entscheidungen, die sie selbst anstößt, bis zum Ende ihrer politischen Karriere nichts ändert, macht eine Szene aus dem Sommer des Jahres 2017 deutlich. Die Kanzlerin räumt bei einer sommerlichen Gesprächsveranstaltung der Frauenzeitschrift «Brigitte» das Thema «Ehe für alle» ab. Im heraufziehenden Bundestagswahlkampf wollen SPD und Grüne die Christdemokraten mit ihrer Weigerung, homosexuelle Paare bei der Ehe völlig gleichzustellen, vor sich hertreiben. In der CDU weiß man längst, dass die eigene Position nicht mehr zu halten ist. Immerhin gibt es die eingetragene Lebenspartnerschaft und das eingeschränkte Adoptionsrecht für Homosexuelle seit der Jahrtausendwende, und auch das Verfassungsgericht hat bereits mehrfach im Sinne einer völligen Gleichstellung geurteilt. Der gesellschaftliche Wandel ist den Konservativen weit voraus. Diejenigen, die der Flüchtlingspolitik der Kanzlerin begeistert zugestimmt haben und im September 2017 zum ersten Mal in ihrem Leben die CDU wählen könnten, würden durch das Nein zur Ehe für alle wieder verschreckt. Statt einer modernen Partei der Mitte würden sie die gute alte erzkonservative CDU einer zurückgebliebenen Landbevölkerung wahrnehmen. Denn längst orientieren sich die Wähler nicht mehr am Programm und der grundsätzlichen Haltung einer Partei. Sie entscheiden kurzfristig und immer öfter entlang von Symbolthemen und Personen.

Also spricht sich die Kanzlerin für die volle Gleichstellung homosexueller Paare aus und bricht ohne Aufhebens mit dem letzten Rest des konservativen Familienbilds: «Auch gleichgeschlechtliche Paare leben ja dieselben Werte der Verbindlichkeit, wie ich sie in der Ehe von Mann und Frau habe. (…) Deshalb möchte ich die Diskussion eher in die Situation führen, dass es eher in Richtung einer Gewissensentscheidung ist … »[15]

In der CDU ist die Aufregung groß. Die Abgeordneten regen sich nicht nur wegen der Preisgabe von Werten und Überzeugungen auf, die nun auch den letzten, winzigen Restposten eines einst geschlossenen Weltbildes erfasst. Vor allem das Verfahren verbittert sie. Keine Diskussion, keine Debatte, kein Arbeitskreis hat sie darauf vorbereitet, dass hier ein weiteres Merkmal der bisherigen CDU-Politik geopfert werden soll. Ganz offensichtlich erscheint die Sache der Kanzlerin so unbedeutend, dass sie diese Neupositionierung bei einer Talk-Veranstaltung quasi nebenbei verfertigt.

Merkel hilft sich wieder mit einem Trick. Sie empfiehlt die Aufhebung des Fraktionszwangs in der Bundestagsabstimmung im Juli. So vermeidet sie eine Niederlage im eigenen Lager. Das Gesetz wird mit den Stimmen von SPD, Grünen, FDP, Linkspartei und einigen Konservativen beschlossen.

Wer fehlt bei den blauen, bei den Pro-Ehe-für-alle-Stimmen? Klar, Angela Merkels Wahlkarte. Sie macht es genauso wie beim Paragraphen 218. Diesmal stimmt sie mit Nein (mit der Mehrheit der Abgeordneten ihrer eigenen CDU-Fraktion), wirft bei der namentlichen Abstimmung die rote Karte in die Urne. Doch sie trägt einen blauen Blazer, was nicht nur in den eigenen Reihen als Signal verstanden wird, dass sie in Wahrheit anders denkt.

«Ich sehne mich nach dem Machbaren», sagt sie in ihrem frühen Gespräch mit Gaus.[16] Und wenn das Machbare dann auch noch Macht schafft, umso besser.

In der Frage ausreichender Kindergartenplätze sieht die CDU/CSU zu Beginn der neunziger Jahre beispielsweise überhaupt keinen Handlungsbedarf – zumal die Kinderbetreuung Sache der Länder, der Städte und Gemeinden ist. Warum also ein Thema anpacken und regeln, das doch in Wahrheit niemanden interessiert und das ebenfalls an die konservativen Grundfesten der C-Parteien rührt?

Angela Merkel interessiert es, weil es in Ostdeutschland bald zu einem Politikum wird und weil ihr die westdeutschen Vertreterinnen der Frauen-Union, allesamt von Rita Süssmuth geprägt, signalisieren, dass auch westdeutsche Frauen die miserable Infrastruktur in der Kinderbetreuung satthaben. Die Frauenministerin registriert mit Verblüffung, wie schnell sich die klammen Kommunen in Ostdeutschland von ihren Kindertagesstätten trennen und die Betreuerinnen entlassen. Nach der Wiedervereinigung waren die Geburtenzahlen in den neuen Ländern rapide zurückgegangen, man brauchte nicht mehr so viele Plätze. Frauen werden dazu noch überdurchschnittlich oft arbeitslos, bekommen seltener eine neue Stelle – und kümmern sich in der Konsequenz lieber zu Hause um die Kinder, anstatt die steigenden Kosten für einen Platz auch noch zu schultern.

Ist es aber deshalb richtig, dem Zusammenbruch der Betreuungsinfrastruktur zuzuschauen und in Kauf zu nehmen, dass die ostdeutschen Frauen dauerhaft aus dem Erwerbsleben verdrängt werden? Merkel ist dagegen. Wie beim Abtreibungsparagraphen scheut sie den offenen Konflikt mit den konservativen Kräften in der eigenen Fraktion. Das Recht auf einen Kindergartenplatz kommt zusammen mit dem Paragraphen 218 als fraktionsübergreifender Gesetzentwurf in den Bundestag. Merkel enthält sich also auch in diesem Punkt. Das hindert sie aber im Fernseh-Kanzlerkandidatenduell gegen Gerhard Schröder im Jahr 2005 überhaupt nicht daran zu erklären, das Recht auf einen Kindergartenplatz sei ihre Leistung als Frauenministerin, «ich bin heute noch sehr stolz darauf».[17]

Anders verhält es sich mit dem Gleichberechtigungsgesetz, das die junge Ministerin ebenfalls als Aufgabe aus der deutschen Einheit erhielt. Sie nimmt die Sache ernst und macht sich zum Gespött der eigenen Partei: Sie schlägt Frauenbeauftragte für den öffentlichen Dienst vor, will die Vereinbarkeit von Familie und Beruf verbessern, sexuelle Gewalt in der Ehe unter Strafe stellen, die Diskriminierung von Frauen im Erwerbsleben beenden. Aus heutiger Perspektive lauter weitsichtige Vorschläge, die später Punkt für Punkt umgesetzt werden. Doch damals lösen sie in der CDU ein Erdbeben aus. Der sächsische CDU-Politiker Steffen Heitmann findet, das «unsere seit Jahrtausenden männlich bestimmten Strukturen» von Frauen nicht ausgefüllt werden könnten, und erinnert an die «natürliche Rollenverteilung» zwischen Mann und Frau.[18] «Es darf gelacht werden», gibt auch der niedersächsische CDU-Chef Josef Stock zu Merkels Plänen zu Protokoll, und der damalige Präsident des Deutschen Industrie- und Handeltages, Hans Peter Stihl, bemerkt: «Man ist ehrlich erstaunt, auf welche Ideen Politiker kommen, wenn sie keine konkreten Probleme haben.»[19] In der CDU-Fraktion wird laut gefragt, ob man sich denn tatsächlich vorstellen müsse, dass künftig bei gleichwertigen Bewerbungen die Frau eingestellt werde?

Die Ministerin gerät in einen Kulturkampf, der eine Generation später kaum noch vorstellbar ist. Emissärinnen der Frauenunion sprechen beim Fraktionsvorsitzenden Wolfgang Schäuble vor, um das Vorhaben irgendwie zu retten. Kleinlaut berichten sie anschließend, Schäuble interessiere sich kein bisschen dafür. Der weiß genau, warum er lieber die Finger davonlässt. Er hat andere Sorgen. Die Koalition ist in schwerem Fahrwasser, reihenweise treten Minister zurück. Der Wiedervereinigungsboom der Wirtschaft reißt ab, ausländerfeindliche Übergriffe auf Flüchtlings- und Asylbewerberheime häufen sich. Schäuble schiebt das für 1992 geplante Gesetz auf die lange Bank.

Erst 1994 kann Merkel Teile des Gesetzes durchsetzen. Auch Artikel 3 Absatz 2 des Grundgesetzes wird ergänzt. Dem Satz «Männer und Frauen sind gleichberechtigt» folgt nun: «Der Staat fördert die tatsächliche Durchsetzung der Gleichberechtigung von Männern und Frauen und wirkt auf die Beseitigung bestehender Nachteile hin.»

Helmut Kohl stimmt aus einem ähnlichen Motiv wie bei der Debatte um den Abtreibungsparagraphen zu. Nur ein paar Tage vor der Bundestagswahl will er sich von der SPD nicht in einen Streit um die Gleichberechtigung verwickeln lassen – zumal die CDU vor allem bei den ostdeutschen Frauen einen immer schwereren Stand hat und sich in Ostdeutschland mögliche neue Regierungskoalitionen der SPD mit der damaligen PDS (heute Linke) abzeichnen. Der Kanzler will der Linken möglichst wenig Angriffsfläche bieten.

Diese frühe Form der asymmetrischen Demobilisierung des politischen Gegners, später eine der Königsdisziplinen der Kanzlerin Angela Merkel, funktioniert. Die CDU gewinnt die 1994er Wahl noch einmal. Knapp zwar, aber es reicht für weitere vier Jahre Helmut Kohl.

Von Quote ist vor dem als «Emanzipationsgesetz» verulkten Vorhaben noch keine Rede. Selbst die damalige Frauenministerin Merkel lehnt sie bis auf eine einzige kleine Ausnahme ab. Ostdeutsche Frauen wurden nach dem ökonomischen Schock durch Währungsunion und Wiedervereinigung überproportional arbeitslos – Merkel setzt gegen den energischen Widerstand des damaligen Arbeitsministers Norbert Blüm durch, dass Frauen entsprechend ihrem Anteil an den Arbeitslosen auch an Arbeitsbeschaffungsmaßnahmen beteiligt werden.

An die großen Kontroversen um Erziehungsgeld und Quote ist im letzten Jahrzehnt des 20. Jahrhunderts noch nicht zu denken. Die

CDU ringt sich erst 1996 auf ihrem Parteitag in Hannover zu einem Quorum, einer Empfehlung an die Gremien der Partei, durch, wonach ein Drittel der Positionen mit Frauen besetzt werden soll. Angela Merkel marschiert hier anfangs keineswegs an der Spitze der Bewegung, im Gegenteil: «Helmut Kohl musste mich anstupsen», gesteht sie fast fünfundzwanzig Jahre später den Frauen der Frauen Union.[20]

Als Angela Merkel im Jahr 2000 beim Essener Parteitag Parteivorsitzende wird, werden neun Frauen in den Parteivorstand gewählt, Annette Schavan bekommt einen Posten als stellvertretende Parteivorsitzende – mehr Frau war nie in der CDU. Als ein Journalist anschließend fragt, ob die Christdemokraten nun auf dem Weg ins Matriarchat seien, sagt Merkel: «Nein, wir wechseln nur vom 20. ins 21. Jahrhundert.»[21]

Die offene Quotendiskussion kommt viel später. Die Frauenministerin heißt dann Ursula von der Leyen. Im Gegensatz zu Merkel hat sie Spaß an der offenen politischen Auseinandersetzung. Merkel lässt sie gewähren. Sie selbst ringt sich erst zum Ende ihrer politischen Laufbahn zu einer klaren Haltung durch – als sie die Konservativen im eigenen Lager längst verloren hat und als klar wird, dass mit ihr die Ära der Frauen an der Spitze der CDU erst einmal zu Ende geht. Nun ist sie für eine verbindliche Quote in der Partei, in Wirtschaft und Gesellschaft. Sie ist für Parität.

Gerade in der Frauenfrage wird deutlich, dass Politikerinnen und Politiker zwar durch die Rahmenbedingungen die Möglichkeiten für Frauen in Familie und Beruf gestalten. Doch hier zeigt sich wie in kaum einem anderen Ressort, wie stark die Zeit die Politik prägt, wie sehr es auf den richtigen Moment ankommt. Dass sich im Jahr 2020 ein Ministerpräsident Markus Söder der CSU für eine Frauenquote in den Vorständen deutscher Unternehmen stark machen kann, reflektiert den breiten gesellschaftlichen Trend zu mehr Beteiligungsgerechtigkeit. Gegen den können sich Parteien der Mitte nicht mehr stemmen, nicht einmal die CSU.

Angela Merkel hat das früher erkannt als die meisten anderen Politiker, nicht nur beim Thema Frauen und Familie. Sie hat sich nicht an die Spitze der Bewegung gesetzt, und die wichtigsten Hebel, die eine noch größere Erwerbsbeteiligung von Frauen bewerkstelligen würden – die Familienmitversicherung in der Krankenkasse und das Ehegattensplitting – hat sie gar nicht erst angepackt. Sie hat den gesellschaftlichen Wandel beobachtet und dann den politischen Haken dahintergesetzt.

In ihrer Rede zur Verleihung der Ehrendoktorwürde der Harvard University fragt sie im Jahr 2019, als ihr Abschied von der Politik längst feststeht, mehrfach: «Mache ich Dinge, weil sie gerade möglich sind. Oder mache ich sie, weil sie richtig sind?»[22] Es klingt wie ein Selbstgespräch in einem ständigen Dilemma. Für Absolventen einer Elite-Universität sind das sicher richtige Gedanken. Im politischen Alltag aber hat sich die Kanzlerin im Zweifel meist für die erste Position entschieden.

Die Freundin

Das Emanzipationsgesetz, der Widerstand und die Herablassung der führenden CDU-Politiker rufen die Kölner Journalistin und Feministin Alice Schwarzer auf den Plan. Schwarzer verlegt die Zeitschrift «Emma» und hält von Merkel anfangs herzlich wenig. Als Merkel aber als vermeintlich linke Emanze in Verruf gerät, ändert sie ihre Meinung. Die beiden treffen sich zum Essen in Köln, Schwarzer ist wider Willen von der Intelligenz, der Schlagfertigkeit und dem Humor der christdemokratischen Politikerin beeindruckt. Zwischen den beiden Frauen entsteht trotz unterschiedlicher politischer Auffassungen so etwas wie Freundschaft. Merkel gehört später – wie die Medien-Milliardärinnen Friede Springer und Liz Mohn oder die Designerin Jil Sander – zu den Gästen der vertraulichen Frau-

Unerwartetes Duo: Angela Merkel und Alice Schwarzer.

en-Runden, zu denen Alice Schwarzer und die Fernsehmoderatorin Sabine Christiansen in Christiansens Villa im Berliner Grunewald einladen.

Bei Nudelgerichten und Salat erfreut man sich nicht nur am wachsenden Einfluss der Frauen in Politik, Medien und Gesellschaft. Für die Spitzenpolitikerin Merkel, noch in der Opposition, wächst hier ein einflussreicher Unterstützerinnenkreis heran. Hier ist sie zugänglich, sie sucht und hört den Rat der Frauen – auch, was Kleidung, Frisur und Aussehen betrifft. «Es gibt Solidarität, und es gibt Netzwerke», freut sie sich.[23] Ohne dass sie selbst etwas dafür unternimmt, wird sie zur Projektionsfläche für den Ehrgeiz einer neuen Generation von Politikerinnen, Journalistinnen, Unternehmerinnen. An Merkels Karriere mitgearbeitet zu haben, rühmen sich am Ende viele inner- und außerhalb der CDU.

Denn parallel zu Merkels Aufstieg wächst in den 2000er Jahren eine neue, weibliche Führungsschicht in Wirtschaft und Gesellschaft heran. Sie sind in der Minderheit und beziehen sich schon deshalb aufeinander. Mit Liz Mohn und Friede Springer üben zwei Frauen bei Bertelsmann und im Medienkonzern Springer ihre Macht immer selbstbewusster aus. Die beiden Witwen der Firmengründer wurden selbst jahrzehntelang von den Managern ihrer Firmen belächelt und dramatisch unterschätzt, was ihren Willen zur Macht betraf. Um die Jahrtausendwende haben sie sich durchgesetzt, die Unternehmen funktionieren nun nach ihren Vorgaben. Liz Mohn stellt die Arbeit der Bertelsmann-Stiftung, der sie vorsitzt, in den Dienst des politischen Reformeifers. Davon profitiert Angela Merkel als Oppositionspolitikerin und später als Kanzlerin.

Sabine Christiansen, Maybrit Illner, Sandra Maischberger und später Anne Will werden für Merkel wohlwollende Gastgeberinnen in den wichtigsten Talkshows im Land. Das hat nicht nur persönliche Gründe. Auch in den öffentlich-rechtlichen Rundfunkanstalten zieht um die Jahrtausendwende ein neuer Geist ein. Frauen kommen zwar zunächst nur selten in Führungspositionen in den Redaktionen und im Management der Sender. Doch vor der Kamera spielen sie eine immer wichtigere Rolle. Frauen werden sichtbarer. Angela Merkel ist die sichtbarste von ihnen.

Die Nähe zu Alice Schwarzer hilft Merkel in einer weiteren Hinsicht: Ihre persönliche politische Basis wächst schon bald über die Kernklientel der CDU hinaus. Sich überraschende Weggefährten und Unterstützerinnen wie die Kölner Feministin zu suchen, erweitert den Resonanzraum von Spitzenpolitikern deutlich. Das ist nicht nur ein Rezept der späteren Kanzlerin. Gerhard Schröder macht es ähnlich, als er beispielsweise den Unternehmer Jost Stollmann in sein Schattenkabinett aufnimmt.

In einem allerdings dürfen sich die neuen Freunde niemals täuschen. Die Loyalität der Spitzenpolitiker endet schnell, wenn sich die Karriereaussichten verändern und der Neuigkeitswert verbraucht ist. Schwarzer zum Beispiel hatte anfangs den sicheren Eindruck, die Frauenpolitik sei Merkel ein politisches Anliegen, das weit über ihre Arbeit als Frauenministerin hinausgehe. Als Merkel im April des Jahres 2000 CDU-Vorsitzende wird, resümiert die Feministin enttäuscht, dass sich Merkel nach ihren vier Jahren im Frauenministerium weder als Umweltministerin noch als Generalsekretärin der CDU jemals wieder öffentlich zu Frauenfragen geäußert habe. Für Merkel aber ist es charakteristisch für jenes taktische Verhältnis, das sie zu den eigenen Überzeugungen hegt. Wer Kanzlerin werden will, muss sich die Frauenministerin zügig aus dem Mantel klopfen. Weder Stollmann noch Merkels Finanzfachmann Paul Kirchhof wurden jemals Minister.

Ganz anders dagegen entwickelt sich Merkels Freundschaft mit der etwa gleichaltrigen Annette Schavan. Die Rheinländerin gehört zu den wenigen echten persönlichen Freundinnen, die Merkel in der CDU gewinnt. Die beiden lernen sich erst im Jahr 1997 kennen, als Helmut Kohl seine Stellvertreterin am Rand des Leipziger Parteitags mit der damaligen baden-württembergischen Kultusministerin bekannt macht. Schavan ist im Gegensatz zu Merkel in der CDU zu Hause. Aufgaben in der Jungen Union, als CDU-Kommunalpolitikerin, ein Posten in der Frauen Union, die Leitung der bischöflichen Begabtenförderung Cusanuswerk, die Berufung zur Kultusministerin und das Mandat einer Landtagsabgeordneten in Baden-Württemberg, später die Arbeit als Bundestagsabgeordnete und Bundesministerin: Wenn es eine Person gibt, die in dieser Partei alle Höhen und Tiefen erlebt, der niemand etwas vormachen kann, dann ist es Annette Schavan. Sie spendiert Angela Merkel die lebensnotwendige christ-

Engste Freundinnen: Angela Merkel und Annette Schavan.

demokratische Bluttransfusion sowohl zum Traditionsbestand der CDU als auch zu den Verflechtungen, gegenseitigen Verpflichtungen, Freundschaften und Feindschaften in der Partei. Sie verknüpft ihr politisches Schicksal schon bald mit dem ihrer ostdeutschen Freundin. Das nutzt beiden: Als Wolfgang Schäuble 1998 als neuer Parteivorsitzender eine Generalsekretärin sucht, fragt er zuerst Annette Schavan. Die jedoch hofft damals noch, in Baden-Württemberg in nicht allzu weiter Entfernung Ministerpräsidentin werden zu können, und sagt ab. Ihre Freundin Angela bekommt den Posten.

Spätestens jetzt hätten die gleichaltrigen Männer in der CDU bemerken müssen, dass sich hier eine politische Karriere ereignet, die unabhängig von ihrem Erfinder Helmut Kohl funktioniert. Doch sie sehen es immer noch nicht. Denn die «Dame aus Ostdeutschland» findet die magere eigene Gefolgschaft, bildet ihre wenigen Seilschaften und etabliert ihre politischen Freundschaften vor allem auf einem Feld, das außerhalb der männlichen Wahrnehmung liegt, weil sie es für völlig unbedeutend halten: bei den Frauen der Partei.

Die Frauen Union ist die mitgliederstärkste Organisation in der CDU und wird «die einzige (Hausmacht), die Angela Merkel in ihrer Partei je hatte».[24] Sie wird, wie Angela Merkel selbst, in ihrer Bedeutung von den führenden Männern in der Partei notorisch unterschätzt. Dabei unterstützen mehr Frauen als Männer die CDU bei Wahlen, unter den Delegierten der Parteitage sind sie mit einem Drittel der Stimmen eine Fraktion, gegen die nicht mehr viel läuft – wenn sie sich einig sind. Dass Friedrich Merz bei seinem Comeback-Versuch bei der Wahl der Parteivorsitzenden unterliegt, ist ein letzter Beweis dafür. Im Dezember 2018 verliert er gegen seine Konkurrentin Annegret Kramp-Karrenbauer, weil er übersieht, wie weiblich die CDU in den zehn Jahren seiner parlamentarischen Abstinenz geworden ist. Beim zweiten Anlauf, im Januar 2021, patzt er wieder: «Auch diejenigen, die sozial schwach sind, finden gerade bei uns ein Herz und Zuwendung. Lassen Sie mich in diesem Zusammenhang ein Wort zu den Frauen sagen.»[25] Das «Handelsblatt» kommentiert anschließend: « … die Sprache ist ein mieser Verräter.»[26]

Die Freundschaft zu Schavan überdauert deren Karriere in der Bundespolitik. Als die Ministerin ihr Ressort wegen ihrer beanstandeten Doktorarbeit räumen muss, ist Merkel persönlich getroffen. Sie verhilft der tief deprimierten Schavan zum Botschafterposten im Vatikan, hätte sie später gern an der Spitze der parteinahen Konrad-Adenauer-Stiftung gesehen. Doch das funktioniert nicht mehr. Die Macht der Parteivorsitzenden ist im Herbst 2017 zu stark erodiert, die selbstbewussten Mitglieder der Stiftung tun ihr diesen Gefallen nicht mehr.

Die Chefin

Persönlich lernt Merkel in ihren ersten vier politischen Jahren den Bonner Politikbetrieb im Expresstempo und von oben kennen, ohne dass die inhaltliche Aufgabe oder die Führung des Hauses sie überfordern würde. «Ich konnte mich einarbeiten.»[27] Später glaubt sie, dass der andere ostdeutsche Politik-Shooting-Star, Günter Krause, auch deshalb gescheitert sei, weil er – ohne mit dem Bonner Ministerialbetrieb vertraut zu sein – das riesige Verkehrsministerium mit seinem Milliarden-Etat bekommen hatte. Eine prestigereiche Aufgabe. Leider aber auch eine, die bei einem selbstbewussten Beamtenapparat, zahllosen Lobbyisten und unübersichtlichen Begehrlichkeiten schwer zu lösen ist. Das musste nicht nur der ehrgeizige Krause erfahren – viele seiner Nachfolger teilen das Schicksal.

Die junge Frauenministerin stellt schnell fest, dass Misstrauen nicht nur in der DDR überlebenswichtig war. In der westdeutschen Politik ist es das auch. «Ich war schon immer sehr misstrauisch, das hilft mir auch heute im Westen», sagt sie.[28] In der DDR habe man ein feines Gespür für Ehrlichkeit entwickelt, meint sie. Dennoch wird sie sich ein ums andere Mal vertun, das Misstrauen wird im Lauf ihrer politischen Karriere wachsen. Am Ende wird sie – wie alle ihre Vorgänger – von einem schrumpfenden Kreis engster Vertrauen umgeben sein, von denen viele sie seit ihren ersten Tagen in Bonn begleiten.

Sie wundert sich, wer auf einmal mit ihr reden will und ihre Nähe sucht. Noch mehr aber wundert sie sich, dass ausgerechnet die Mitarbeiter des eigenen Hauses nicht dazu zählen. Viele von ihnen sind von der alles überstrahlenden Ressortchefin der achtziger Jahre, Rita Süssmuth, ausgesucht worden. Ihnen ist einigermaßen egal, wer unter ihnen Ministerin ist.

Der neuen Ministerin ist das nicht egal. Von der Bonner Öffentlichkeit lässt sie sich noch herablassend und altväterlich fragen, ob nicht alles ein bisschen zu schnell gehe mit ihrer Karriere. Im eigenen Haus aber lässt sie sich das nicht bieten. Sie räumt auf: Sie feuert die wichtigsten Abteilungsleiter. Sie trennt sich von dem Leiter des Ministerbüros und sucht eigene Leute.

Weil Menschen sich am liebsten mit Menschen umgeben, die ihnen ähnlich sind, sind es vor allem Frauen, die Merkel aussucht. Ihr Problem: Sie kennt niemanden. Wer ihr jetzt gut rät, profitiert ein Politikerleben lang. Denn noch muss Merkel zumindest gelegentlich Menschen vertrauen, die sie erst später kennenlernen wird. Es ist eine der sensibelsten Phasen in der politischen Karriere von Quereinsteigern. Ohne eigene Kontakte und ohne Hausmacht um Hilfe bitten zu müssen, ist einerseits eine Entblößung, die jederzeit ins politische Aus führen kann. Ist die Empfehlung dagegen ein Erfolg, hilft sie allen Beteiligten. Eine Beziehung entwickelt sich, die oft über Jahrzehnte trägt.

So kommt Beate Baumann als Referentin auf Empfehlung des damaligen Chefs der Jungen Union Niedersachsens, des späteren Bundespräsidenten Christian Wulff, nach Merkels Wahl zur stellvertretenden Parteivorsitzenden ins Konrad-Adenauer-Haus. Schnell wird die studierte Germanistin und Anglistin die engste Mitarbeiterin und Beraterin Merkels, wechselt als Büroleiterin mit ins Umweltministerium, dann in die Parteizentrale der CDU, in das Büro der Fraktionsvorsitzenden und schließlich ins Kanzleramt. Baumann wird gelegentlich als die «zweitmächtigste Frau in Berlin»[29] bezeichnet, und das ist sie wahrscheinlich auch. Sie hat entscheidenden Anteil an allen strategischen und taktischen Überlegungen der Kanzlerin. Nicht nur, wenn Merkel ihrer Lieblingsbeschäftigung nachgeht, «die Dinge vom Ende her zu denken». Sondern auch, wenn die Zeiten brenzlig werden. Enge Weggefährten sind überzeugt, dass Merkel am 22. Dezember 1999 mit ihrem Gastbeitrag in der FAZ den Vatermord an Helmut Kohl – «Er hat der Partei Schaden zugefügt … Wir kommen nicht umhin, unsere Zukunft selbst in die Hand zu nehmen» –

zwar ohne das Wissen des damaligen Parteivorsitzenden Wolfgang Schäuble, aber sicher nicht ohne das Mittun von Beate Baumann wagt. Es ist ein Bruch, den die Männer in der Partei nicht riskieren, und es hätte gewaltig schiefgehen können. Seit diesem Tag sind die beiden nicht nur ein eingeschworenes Team. Sie sind Schicksalsgenossinnen. Das «Du» werden sie sich frühestens nach dem gemeinsamen Abschied aus dem Kanzleramt anbieten, wenn überhaupt.

Eva Christiansen stößt später dazu. Die Volkswirtin wird von CDU-Generalsekretär Peter Hintze 1998 als stellvertretende Sprecherin zur CDU geholt. Hintze ist damals schon einer der engsten Vertrauten Angela Merkels. In den ersten beiden Jahren als Ministerin war er ihr parlamentarischer Staatssekretär, bevor er in die Parteizentrale wechselte, um den Wahlkampf 1994 zu leiten. Als Merkel Hintze nach der verlorenen Wahl 1998 als Generalsekretärin im Amt folgt, bleibt Christiansen und wird schnell erste Parteisprecherin. In der turbulenten Zeit um Helmut Kohls und dann Wolfgang Schäubles Verstrickungen in der Spendenaffäre wird Christiansen für Merkel zu einer wichtigen Ratgeberin, zum unverzichtbaren Scharnier zwischen ihr, der Partei und der Öffentlichkeit. Wie Baumann bleibt sie auf dem Weg ins Kanzleramt an der Seite Merkels. Die beiden sind der Vertrauenskern, der der Kanzlerin bis zum Ende ihrer Amtszeit bleibt, der Politologe Gerd Langguth beschreibt ihn als das «vielleicht (…) schlagkräftigste Team seit dem Untergang der Amazonenherrschaft».[30] Nur mit den beiden redet sie schonungslos offen, nur in diesem kleinsten Kreis sind die gelegentliche Schnoddrigkeit und das Talent der Kanzlerin, Leute zu imitieren, noch ebenso gegenwärtig wie ihr Temperament, gelegentlich herumzuschreien.

Alle anderen bleiben auf Distanz. Als Kanzlerin beruft Merkel Ursula von der Leyen zur Familien- und Frauenministerin. Dass von der Leyen ihre eigene Agenda einer höheren Erwerbsbeteiligung von Frauen mitbringt, kommt ihr gelegen. Ohne dass sie selbst etwas dafür tun muss, ohne dass sie sich noch stärker mit den Konservativen ihrer Partei anlegen muss, wird die CDU ins ideologische Abklingbecken verfrachtet. Erziehungsgeld, Vätermonate, die erste große Quotendiskussion. Das alles findet nicht statt, weil eine Frau mit einer eigenen Vorstellung von vernünftiger Familienpolitik Kanzlerin ist. Es findet statt, weil sie ihrer Frauenministerin freie Hand gibt, das Haus vom «Gedöns»-Ministerium Gerhard Schröders zum Gesellschaftsressort der Bundesregierung zu entwickeln. Und es kann nur deshalb innerhalb der CDU funktionieren, weil eine verheiratete Mutter von sieben Kindern diesen Prozess anstößt, deren untadelige konservative Herkunft anfangs ihr größtes Kapital ist. Ihr Vater ist der verstorbene frühere niedersächsische CDU-Ministerpräsident Ernst Albrecht.

Auch von der Leyen aber muss lernen, dass der Vertrauensvorrat der Kanzlerin begrenzt ist, dass professionelle Loyalität aus der Perspektive des Kanzleramtes eine Einbahnstraße sein muss. Die Medizinerin ist neben Wolfgang Schäuble die Einzige, die in jeder der ersten drei Legislaturperioden Merkels ein Ministeramt innehat. Sie ist Merkel ähnlich, wirkt aber wie ein Gegenentwurf zur Kanzlerin, den sich der Teufel ausgedacht haben muss: intelligent, diszipliniert und analytisch wie Merkel, aber westdeutsche Bildungsbürger-Elite, Vielfach-Mutter, glänzende Rednerin, Dressur-Reiterin, gertenschlank, fotogen. Obwohl ihre politische Karriere noch kürzer ist als die Merkels, ist von der Leyen von vornherein eine Politikerin aus eigenem Recht.

Den größten Einfluss hat sie in den ersten Jahren, danach, als Arbeits- und Sozialministerin, steht sie zwar an der Spitze eines der wichtigsten Ressorts, doch in der Finanzkrise zählten nur Kanzleramt und Finanzministerium. Merkel macht ihr Hoffnung, nach dem überstürzten Rücktritt von Horst Köhler erste Bundespräsidentin in Deutschland werden zu können – und entscheidet sich dann doch für Christian Wulff. Als Verteidigungsministerin bringt sich von der Leyen seit 2013 in Stellung, irgendwann die Nachfolge Merkels antreten zu können. Doch auch daraus wird nichts. Denn die Kanzlerin registriert fein, dass sich von der Leyen nach der Bundespräsidenten-Enttäuschung immer deutlicher distanziert, immer mehr auf eigene Rechnung handelt, anstatt auf das Kanzlerinnenkonto einzuzahlen. Und sie ist längst nicht mehr so erfolgreich wie vorher in den Sozialressorts: Am Verteidigungsministerium beißt sie sich die Zähne aus, verheddert sich auf Nebenkriegsschauplätzen wie der Work-Life-Balance weiblicher Soldatinnen, gerät in zahllose Loyalitätskonflikte und Berateraffären. Am Ende ist es Frankreichs Präsident Emmanuel Macron, der sie erlöst und für die Spitze der EU-Kommission vorschlägt.

Maria Böhmer gehört schon früh zur «Brigade Merkel». Auch sie zieht 1990 zum ersten Mal als Bundestagsabgeordnete ins Parlament ein, damals bereits als ausgewiesene Frauenpolitikerin. Die Katholikin und Professorin aus Rheinland-Pfalz unterstützt die Frauenministerin und Protestantin aus Templin loyal beim Kampf um das Gleichberechtigungsgesetz und die Ergänzung des Gleichberechtigungsartikels im Grundgesetz. Als Mitglied im CDU-Parteivorstand und vor allem als Chefin der Frauen Union (von 2001 bis 2015) ist sie diejenige, die für Merkel mobilisiert und später die weiblichen Delegierten auf CDU-Parteitagen auf den Modernisierungskurs der Kanzlerin einschwört. 2017 ist sie eine der wenigen Abgeordneten der Unionsparteien, die für die völlige Gleichstellung von Homosexuellen in der Ehe stimmen. Böhmer, eine kluge und ruhige Frau, ist eine der wichtigen Konstanten im politischen Leben Angela Merkels. Ganz nach vorne, in den innersten Kreis der Kanzlerin, drängt sie jedoch nie. Dazu fehlt es ihr an Biss, an politischem Ehrgeiz.

Dann sind da noch die jungen Frauen. Hildegard Müller zum Beispiel. Sie gibt nur ein kurzes Gastspiel im Kanzleramt. Die Westfälin ist Vorsitzende der Jungen Union, als Merkel Parteivorsitzende wird. In der CDU-Krise steht die Junge Union auf der Seite Merkels, sie trägt entscheidend zum Erfolg der Bürgerdialoge vor Ort bei, zu denen sich die Generalsekretärin Merkel aufmacht, um die Zukunft

Maria Böhmer begrüßt die künftige Bundeskanzlerin bei der CDU Frauen Union, 2005.

der Partei nach Helmut Kohl zu sichern. Müller wird zuerst Vertraute, dann Bundestagsabgeordnete und, nach dem Wahlsieg 2005, Staatsministerin im Kanzleramt. Schon 2008 nimmt sie ihren Abschied: Kanzleramt, die neue Mutterrolle, das Pendeln zwischen Berlin, dem Wahlkreis in Düsseldorf, der Patchworkfamilie in Heidelberg lassen sich nicht mehr unter einen Hut bringen. Mit Merkel bleibt sie dennoch verbunden, zuerst als Lobbyistin des Bundesverbandes der Energie- und Wasserwirtschaft, dann an der Spitze des Verbands der Automobilindustrie.

Die Kanzlerin habe sich diskret für sie eingesetzt, heißt es. Für die Autoindustrie ist das im Jahr 2020 ein wichtiges Argument. Schließlich ringt man um Konjunktur- und Abwrackprämien, sucht nach politischer und finanzieller Unterstützung für den Ausstieg aus dem Verbrennungs- und den Einstieg in den Elektromotor. Je näher eine Präsidentin dem Schreibtisch der Kanzlerin und des Wirtschaftsministers kommen kann, desto besser. Müllers direkter Vorgänger hat diesen Draht nicht gehabt – und musste deshalb schon nach zwei Jahren seinen Posten räumen.

Der Zugang zur Kanzlerin ist eine harte Währung im Berliner Betrieb. Wer ihn hat, hatte in den vergangenen sechzehn Jahren gute Chancen auf eine erfolgreiche Karriere nach dem Leben in der Politik. Im Gegensatz zu ihren Vorgängern sind es bei Angela Merkel jedoch nur wenige, die sich dieser Kontakte rühmen können. Anders als zu der Zeit vor 2005 sind jetzt einige Frauen unter ihnen. Es sind Frauen, die der Kanzlerin in ihrem Ehrgeiz, ihrer Arbeitsdisziplin und in ihrem Respekt vor dem politischen Kompromiss ähneln.

Vielleicht ist es der letzte Dienst, den Merkel der Frauensache erweist: Auch in der Wirtschaft gewöhnt man sich nun an die ein oder andere Frau auf gutbezahlten Spitzenposten. Zunächst, weil sie die Nähe zum Kanzleramt mitbringen. Später auch, weil sie ihre Arbeit mindestens genauso gut erledigen wie ihre männlichen Vorgänger.

ERFOLGE

Angela Merkels Erfolge werden vermutlich erst im Nachgang zu ihrer Kanzlerschaft vollständig erzählt werden können, wenn die Historiker mit ihrer Arbeit beginnen. Sie zu beschreiben, während «die Geschichte noch qualmt», wie die Historikerin Barbara Tuchman es nennt,[1] birgt vor allem das Risiko, die Rolle der Gegenwart und der handelnden Personen in der Politik zu übertreiben und die darunterliegenden gewaltigen Mahlströme gesellschaftlicher Veränderungen und globaler Verschiebungen zu unterschätzen.

Erst im Lauf der kommenden Jahre wird der Blick frei für Relativierungen und Vergleiche. Das Vergessen reinigt die unendliche Liste von Beschlüssen, unterlassenen Reformen und aufgeschobenen Entscheidungen, trennt Wichtiges von Nichtigem. Ein Blick in die Nachbarländer wird helfen, das Singuläre der Kanzlerinnenschaft Angela Merkels vom allgemeinen Mainstream der ersten zwanzig Jahre des Jahrtausends zu unterscheiden. Erst dann wird klar, was wirklich auf ihre Rechnung geht, was auch ohne ihr Zutun zustande gekommen wäre – und was passiert ist, ohne dass überhaupt jemand entscheiden musste.

Politische Erfolge zu würdigen bedeutet im Allgemeinen, eine außerordentliche Leistung herauszustellen. Auf den ersten Blick hat die Kanzlerin da nichts zu bieten. Helmut Kohl ist der Kanzler der Einheit, Gerhard Schröder der Kanzler der Agenda 2010. Angela Merkel ist eher, wie Helmut Schmidt, eine Kanzlerin des Prozesses, geprägt von «Pflichtgefühl, Berechenbarkeit, Machbarkeit» (Schmidt). Das sind Sekundärtugenden, die nicht besonders spektakulär sind. Oskar Lafontaine hat sie mit Blick auf Helmut Schmidt einmal mit der Bemerkung, damit könne man «auch ein KZ betreiben», diffamiert.[2]

Erfolg einer Unperson?

In dieses Bild passt, dass Angela Merkel eine Wendung meidet, wo sie nur kann. Sie heißt «Ich will haben, dass ... ». Wenn ihre Vorgänger sich mit Sätzen feiern wie «Ich will haben, dass am Ende meiner Zeit keiner mehr die Richtung verändern kann!»[3] (Helmut Kohl) oder «Ich will haben, dass die Arbeitnehmer am Erfolg ihres Unternehmens beteiligt werden!»[4] (Gerhard Schröder), hört man von der Kanzlerin Poesiealbum-Sentenzen wie «Alles, was noch nicht gewesen ist, ist Zukunft, wenn es nicht gerade jetzt ist».[5]

Die Person Angela Merkel ist nicht greifbar, weil sie sich nicht festlegt: weder im Erfolg noch bei Fehlern, schon gar nicht im Versagen. Sie siegt nicht, deshalb verliert sie auch nicht. Sie ist im wohltemperierten Milieu des Kompromisses zu Hause. «Sich in der Entscheidung persönlich nicht sichtbar zu machen, macht den Spitzenpolitiker aus», formuliert Karl-Rudolf Korte, Politik-Professor in Duisburg, eine Voraussetzung für modernes Regieren im 21. Jahrhundert. Wer das aushält, hat gute Aussichten, an der Macht zu bleiben. Die Kanzlerin ist Meisterin dieses Fachs. Jedenfalls bis zur Corona-Pandemie.

So prägt Merkel eine in der Weltpolitik nahezu einzigartige Figur, der sie zu einem guten Teil ihre Popularität zu verdanken hat. Eitel sind andere – der französische Präsident Emmanuel Macron zum Beispiel oder der ehemalige amerikanische Staatschef Donald Trump. Kompromisslos durchpflügen Typen wie Boris Johnson die politische Landschaft. In Berlin dagegen verhandelt man bis zum Umfallen und manchmal darüber hinaus. Herrschaftlicher Narzissmus? Ist in der Türkei oder in Russland zu Hause, in Merkel-Deutschland ganz sicher nicht. Das Streben nach geopolitischer Vorherrschaft lässt sich in China oder in den USA des Donald Trump verorten, und die Verrückten leben ihr Ego im politischen System Italiens aus. Deutschland dagegen ist der freundliche Halbhegemon, der zur Hilfe eilt, wenn irgendwo etwas anzubrennen droht. So stilisiert sich die Kanzlerin, und so möchte sie in die Geschichtsbücher eingehen. Wenige Flecken trüben dieses Bild.

Wie aber misst man den Erfolg einer Politikerin, deren Risikoscheu notorisch ist? Was ist einzigartig an einer Politik, die das Machbare zuverlässig erkennt, das Mögliche aber nicht wagt? Was ist der richtige Maßstab für eine Frau, die keine politischen Ziele formuliert und ohnehin der Auffassung ist, Politiker sollten sich als Dienstleister des Souveräns begreifen und nicht als seine Richtunggeber, gar Anführer?

Die Kanzlerin sieht sich ihre gesamte Amtszeit hindurch den immer gleichen Vorwürfen ausgesetzt. Sie verwalte, gestalte aber nicht. Sie sei eine Taktikerin, keine Strategin. Sie stehe für nichts, regiere pragmatisch und einfallsarm. All ihre vermeintlich unumstößlichen Überzeugungen seien nur so lange gültig, bis sie das Gegenteil davon für opportun halte. Dass diese Kritik vor allem aus der eigenen Partei kommt, zeigt die Sehnsucht der Konservativen nach belastbaren Politikentwürfen und nach dem politischen Kampf darum. Sie ist ein Grund dafür, dass Angela Merkel das eigene Lager nie geschlossen hinter sich bringen kann. Sie ist die Erklärung, warum die Erfolge der Kanzlerin immer unter Vorbehalt stehen.

In der Realität aber ist der wichtigste Maßstab der Demokratie, die Mehrheit von sich zu überzeugen. Das allein ist am Ende der klare, unbestechliche Nachweis für den Erfolg: Erfolgreich ist eine Politikerin, wenn sie gewählt und wiedergewählt wird. Angela Merkel hat das viermal geschafft.

Verfassungspuristen würden nicht einmal das uneingeschränkt gelten lassen. In einer Parteiendemokratie wie der deutschen wird der Maßstab für den Erfolg nämlich zuungunsten der Person verschoben. «Alle Macht geht vom Volke aus», heißt es im Artikel 20,2 des Grundgesetzes. Die politischen Parteien – und nicht Personen – sollen diese Macht organisieren, sie repräsentieren die Willensbildung des Volkes im Bundestag. Sie, und nicht das Volk, wählen im Parlament den Bundeskanzler, die Bundeskanzlerin.

Anders als in den Persönlichkeitswahlen etwa in den USA, in Frankreich, letztlich auch in Großbritannien ist damit nicht unbedingt etwas über die persönliche Leistung, über große Taten und mutige Entscheidungen eines Kanzlers gesagt. In der Geschichte der Bundesrepublik gab es Bundestagswahlen, bei denen («Auf den Kanzler kommt es an») die Person für den Erfolg wichtiger war als die Partei; Adenauer 1957, die «Willy-Wahl» von 1972 oder Helmut Schmidts Wahlsieg von 1980 (gegen Franz Josef Strauß) sind Beispiele. Aber es gibt die Wahlen, in denen eine Partei trotz ihres Kandidaten gewinnen konnte (Adenauer 1961) oder die Wechselstimmung so stark war, dass die Person des siegreichen Kandidaten unwichtig war, so 1998, als die Wähler nicht Schröder / Fischer ins Amt befördern, sondern Kohl und die CDU weghaben wollten. Die Person an der Spitze dominiert also die Wahlentscheidung nicht in jedem Fall, sondern profitiert von den Umständen, der Partei, dem Gegenkandidaten oder der Koalitionsarithmetik.

Die Wiederwahl ist also zwar immer ein Erfolg – jedoch nicht unbedingt der Dank des Souveräns für eine hervorragende Leistung und die Erwartung, dass sie sich wiederholen lässt. Das kann einer Regierungschefin eigentlich nicht gleichgültig sein. Weil sie aber denkt, dass sich Erfolg und Misserfolg analog zu den «Erhaltungssätzen der Physik» ausgleichen, nimmt sie auch diese Situationen gelassen hin. So macht die Kanzlerin es im Jahr 2017, als die CDU zwar das schlechteste Wahlergebnis seit 1949 bekommt, aber trotzdem weiterregieren kann.

In der Parteiendemokratie gibt es also, streng genommen, wenige Helden. Das nicht nur hinzunehmen, sondern zu verinnerlichen, ist, was Angela Merkels Erfolg ausmacht. In diesem Punkt nimmt sie das Grundgesetz ernster als alle ihre Vorgänger. Die konsequente Verweigerung der großen Geste macht sie zu einer der modernsten Politikerinnen des 21. Jahrhunderts. Sie wird es in einer Zeit, die keine Helden mehr will, sich auf der anderen Seite aber überall in der Welt nach ihnen sehnt. Im Ausland wird die Kanzlerin deshalb intensiver bewundert und verehrt als im eigenen Land. Doch nur hier kann eine Frau mit einem solchen Profil gewählt und wiedergewählt werden.

Die Zahlen geben Angela Merkel recht

Schaut man auf die nackten Zahlen, ist die Zeit zwischen 2005 und 2021 für Deutschland eine glückliche Zeit. Obwohl sich in der Kanzlerinnenschaft Angela Merkels gleich zwei Weltwirtschaftskrisen ereignen, schneidet Deutschland gut ab: Die Arbeitslosigkeit reduziert sich von knapp fünf Millionen (11,7 Prozent) auf 2,3 Millionen (5 Prozent) im Jahr 2019, bevor sie coronabedingt im Jahr 2020 wieder ansteigt. Erwirtschaftet das Land im Jahr 2005 ein Bruttoinlandsprodukt von knapp 2,3 Billionen Euro, sind es im Jahr 2020 mehr als 3,3 Billionen. Der Exportüberschuss wächst von 158 Milliarden Euro im Jahr 2005 auf 223 Milliarden Euro im Jahr 2019.

Reicher werden die Deutschen in der Zeit auch: Das Bruttovermögen privater Haushalte nimmt zwischen 2005 und 2018 um mehr als die Hälfte zu, von rund zehn Billionen auf fast sechzehn Billionen Euro. Auch die Löhne wachsen (nominal) etwa um ein Drittel, in Ostdeutschland um mehr als 40 Prozent. Und: Trotz der konservativen Regierungschefin, die 2003 auf dem Leipziger Parteitag der CDU mehr Eigenverantwortung und weniger Sozialstaat predigt, ist die Ungleichheit in diesem Zeitraum nicht gewachsen.

Das Land verändert sich schneller, als ihm selbst bewusst ist: Die Bindung an Kirchen und Religionsgemeinschaften nimmt – eine Ausnahme ist der Islam – seit der Jahrtausendwende rapide ab, obwohl eine Partei regiert, deren «C» für christliche Werte in der Politik steht. Heute wird jede dritte Ehe geschieden, das Zusammenleben von Erwachsenen und Kindern gelingt auch jenseits der traditionellen Kernfamilie in den unterschiedlichsten Konstellationen. Sexuelle Minderheiten artikulieren sich selbstbewusst und beanspruchen selbstverständlich alle Rechte, die auch Heterosexuelle genießen. Die politischen Orientierungen werden vielfältiger, das Engagement für ein Thema oder eine Initiative tritt an die Stelle von lebenslanger Mitgliedschaft in einer Partei, einer Gewerkschaft, einer Kirche. Diese Umbrüche haben schwerwiegende Konsequenzen: Die Bindungen werden schwächer.

Das Internet und die sozialen Medien verändern die Art, wie Bürger denken und politisch agieren. Sie beschleunigen und polarisieren die Gesellschaft in ungeahnter Weise. Journalisten, die jahrzehntelang die Mittler zwischen Politikern und Öffentlichkeit waren, verlieren an Bedeutung. Die Berufswelt verändert sich radikal, die Lebenswelten von Stadt- und Landbevölkerung folgen unterschiedlichen Gesetzmäßigkeiten und Rhythmen.

Ein grundlegender Wertewandel findet statt: Eine Mehrheit der Bevölkerung verabschiedet sich vom Fortschrittsoptimismus des 20. Jahrhunderts. Am sichtbarsten wird das in der Einstellung zur Nuklearenergie und zum Klimawandel. Atomkraft gilt nun auch jenseits der Protestbewegung als riskant und unverantwortlich, der Kampf gegen die Erderwärmung relativiert das Streben nach Wirtschaftswachstum und mehr Wohlstand.

Die Bevölkerung wächst während Merkels Regierungszeit von 82,4 auf 83,2 Millionen Einwohner, und sie wird (jedenfalls formal) besser ausgebildet als jemals zuvor: Etwa ein Drittel der jungen Leute erwirbt heute einen Hochschulabschluss, in der Generation ihrer Eltern war es nur ein Fünftel. Vor allem Frauen profitieren von höherer Bildung und der Möglichkeit eines Studiums. Fast zehn Prozent des Bruttoinlandsproduktes werden für Bildung, Forschung und Entwicklung ausgegeben.

Zugleich macht die Geldentwertung Pause: Sie liegt zwischen

2005 und 2020 nur in einem Jahr über zwei Prozent, in aller Regel deutlich darunter. Die Staatsverschuldung dagegen entwickelt sich sprunghaft. Sie steigt in der Finanzkrise auf fast 80 Prozent des Bruttoinlandsproduktes, wird dann auf 55 Prozent abgetragen, bevor sie in der Corona-Pandemie die 70-Prozent-Marke wieder deutlich reißt. Das ist immer noch ein beeindruckend moderater Wert, gemessen an den europäischen Nachbarn.

Insgesamt eine Erfolgsbilanz, die Deutschland im Jahr 2005 niemand zugetraut hätte, am wenigsten die Deutschen sich selbst. Bundespräsident Horst Köhler malt, als er Neuwahlen im September 2005 anberaumt, den Ist-Zustand der Republik in den finstersten Farben: zu alt, zu langsam, zu teuer, zu wenig Arbeitsplätze, zu viele Regeln. Nur wenige Jahre später sieht das Bild ganz anders aus. Rosig.

Angela Merkel ist intelligent genug zu wissen, dass das mit ihr und ihren Bundesregierungen weniger zu tun hat als mit globalen Trends, der relativen Euroschwäche und der Geldpolitik der Europäischen Zentralbank. Ihr Erfolg in den sechzehn Jahren an der Spitze der Bundesregierung kommt ganz wesentlich von außen. Weil sich die anderen Mitglieder der Eurozone wirtschaftlich kaum aus der Finanzkrise befreien können, der Zusammenhalt der Gemeinschaftswährung zwischenzeitlich zum Problem wird, sackt der Euro-Kurs ab. Im Sommer 2008 werden für einen Euro mehr als 1,50 Dollar bezahlt, im Dezember 2016 sind es noch 1,05 Dollar. Das ist für die Konjunktur nicht unbedingt eine schlechte Nachricht: Je schwächer der Euro dasteht, desto besser sind die Exportaussichten für die deutsche Industrie. Europas Schwäche der 2010er Jahre ist ein Grund für Deutschlands Stärke.

Der schnelle Aufstieg Chinas nach der Jahrtausendwende ist ein weiterer Glücksfall für die deutsche Wirtschaft. Die Volksrepublik bewältigt die Finanzkrise durch ein entschiedenes staatliches Investitions- und Konsumprogramm ausgesprochen zügig, die Bestellungen füllen vor allem die Auftragsbücher der deutschen Autohersteller, Maschinen- und Anlagenbauer. Dazu kommen die niedrigen Zinsen. In einem Land, in dem die Wirtschaft gut läuft, wirkt eine Nullzinsphase wie ein Turbo. Sie ist eine Subvention für die Schuldner – und für den Staat. Dass sich Deutschland bis 2019 von seinen in der Finanzkrise aufgehäuften Schulden befreien kann, hat weniger mit eiserner Haushaltsdisziplin zu tun als mit der Tatsache, dass die Finanzminister Wolfgang Schäuble und Olaf Scholz jahrelang bei jeder Umschuldung alter Verbindlichkeiten ein Geschäft machen. Die Gläubiger bezahlen dafür, dass sie dem Staat Geld leihen dürfen. Für seinen Schuldendienst muss der Bundesfinanzminister im Jahr 2020 nur noch rund zehn Milliarden Euro im Jahr reservieren – im Gegensatz zu mehr als vierzig Milliarden im Jahr 2008.

Außerdem profitiert die Kanzlerin von der konjunkturellen Erholung, die sich schon vor ihrem Amtsantritt bemerkbar macht. Deutschland hat die finanziellen Lasten der deutschen Einheit zum größten Teil bewältigt. Die rot-grüne Bundesregierung hat in einer beispiellosen wirtschafts- und sozialpolitischen Kehrtwende die Steuern gesenkt, die Unternehmen entlastet und den Arbeitsmarkt reformiert. Das zahlt sich nun aus – für Angela Merkel, nicht für die SPD. Trotzig reklamiert Altbundeskanzler Schröder den Erfolg für sich: «Die heutige Regierung hat mit dem Aufschwung nicht viel zu tun»,[6] doch die stabile Wirtschaftsentwicklung wird zugunsten der Kanzlerin gebucht.

16 Jahre und nur Glück gehabt? So könnte man die Sache zusammenfassen, wenn es nicht ein paar Krisen gegeben hätte, in denen es eben doch auf die Regierung ankommt. Dann entscheidet die Exekutive nahezu allein, der Souverän und auch die Gerichte können die Beschlüsse erst im Nachhinein legitimieren oder verwerfen. Einige dieser Krisen hat Angela Merkel zu Erfolgen gemacht, in anderen hat sie unglücklich und fehlerhaft agiert. Dennoch hat sie einen Ruf erworben: Die Kanzlerin kann Krise. Erfolgreich ist sie deshalb in der Europa- und der Klimapolitik gewesen, nicht so gut gelaufen ist es

bei der Steuerung der Migration, für die Corona-Pandemie steht die Bewertung noch aus. Konzentriert man sich aber nur auf die externen Schocks – die Finanz- und Euro-Krise, Fukushima, die Migration und die Pandemie –, übersieht man eine weitere Stärke der Kanzlerin: die langen Jahre dazwischen.

Langeweile

Angela Merkels erfolgreichste Waffe ist die Langeweile. Journalisten und Politikbeobachter klagen gern über die unglaubliche Ödnis, die sich im Berliner Politikbetrieb in den Jahren nach einer Krise und vor einer Bundestagswahl einstellt. Denn dann gilt der Koalitionsvertrag, und der wird Punkt für Punkt abgearbeitet. Nicht mehr und nicht weniger als geplant, Buchhalter im Kanzleramt haken die erledigten Punkte ab. Die Kanzlerin widmet sich in diesen Phasen der Außenpolitik, lässt ihre Minister arbeiten, zieht im Hintergrund die Fäden. Nur die CSU sorgt in diesen Phasen für Drama, doch auch Horst Seehofers Unterhaltungswert nimmt mit der Zeit ab.

Niemanden zu überraschen, keinen zu erschrecken – mit Routine erstickt Angela Merkel jeden Anflug von Phantasie. Für die Wähler ist das eine Beruhigung. Die Horrorvokabeln vom «kranken Mann Europas»,[7] von Renten- und Gesundheitskrise, von Schulversagen und Massenarbeitslosigkeit, jahrzehntelangem Rückstand beim technischen Fortschritt, bei Digitalisierung und alternativer Mobilität verschwinden aus dem Bewusstsein des Wahlvolks. Hingebungsvoll widmet man sich der Diskussion über gesellschaftliche Spaltung, die Benachteiligung einzelner Gruppen. Nicht, um beherzt einzugreifen oder um etwas zu ändern. Erst einmal reicht es, Fehlentwicklungen festzustellen und behutsam anzugehen. Mehr steht selten im Koalitionsvertrag.

Zur Bildung der ersten Großen Koalition in Deutschland, von

1966 bis 1969, brauchte man gar keinen Vertrag. Kanzler Kurt-Georg Kiesinger (CDU), Außenminister Willy Brandt (SPD), Finanzminister Franz Josef Strauß (CSU) und Wirtschaftsminister Karl Schiller (SPD) verständigten sich erst später auf wenigen Seiten darüber, wie man regieren wollte. In späteren Regierungen verhandelte man zwar über die Bündnisbedingungen, das Ergebnis aber teilte in aller Regel das Schicksal von Parteiprogrammen: Papier ist geduldig, der Kanzler regiert. Man muss es ja nicht übertreiben mit der Regeltreue.

Bei Angela Merkel ist das anders. Koalitionsvereinbarungen sind Verträge, und Verträge sind einzuhalten. Von Mal zu Mal werden die Papiere dicker, detaillierter, die Verhandlungen dauern immer länger. Das Ziel ist größtmögliche Berechenbarkeit. Kanzleramtsminister Thomas de Maizière ist in der ersten Amtszeit der Kanzlerin berühmt für seine ausführlichen Farb-Schemata, in denen abgetragen wird, welche Punkte bereits abgehakt sind, was in der Bearbeitung ist, wo noch Handlungsbedarf besteht und wo der Koalitionsausschuss eingreifen muss.

Dem Bürger gefällt das viel besser als dem Berliner Aufregungsbetrieb. Wenn die Meinungsumfragen zur Zufriedenheit mit den Bundestagsparteien über Wochen stabil bleiben, kein großes Reformprojekt in Aussicht steht, keine berührende Rede zur Lage der Nation zu erwarten ist, werden nur die Beobachter nervös. Jetzt wäre die Zeit, Dinge in Angriff zu nehmen, die erledigt werden müssten, mahnen sie. Die Reform der Rente zum Beispiel, von der alle Regierungsparteien wissen, dass sie seit Jahren überfällig ist. Oder Programme, um die Digitalisierung von Wirtschaft und Gesellschaft voranzutreiben. Oder eine Unternehmenssteuerreform, die es Firmen erlaubt, in Forschung und Entwicklung zu investieren. Oder eine Bildungsoffensive, die das Knäuel zwischen Bundes- und Länderverantwortung im Interesse der Schüler entwirren könnte. Oder der Klimaschutz. Doch es passiert nicht viel. Es steht ja nicht im Koalitionsvertrag.

Die Kritiker haben recht. Doch sie verkennen, dass Extras im Koalitionsvertrag nicht vorgesehen sind. Würde ein Parteivorsitzender, eine Ministerin oder die Kanzlerin auf die Idee kommen, einen der liegengebliebenen Fäden ohne Not aufzunehmen, wäre der Koalitionsfrieden gestört. Deshalb geschieht es nicht. Das ist gut für die Stabilität der Merkel'schen Regierungen und schlecht für die politischen Beobachter, weil es so langweilig ist.

Angela Merkel aber hat die Erfahrung gemacht, dass der Bürger Langeweile liebt und Reformen hasst. Schließlich ist sie 2005 ins Amt gekommen, weil der Agenda-2010-Schock die Wähler so tief verunsichert hat, dass sie sich gegen die Fortsetzung der Regierung Gerhard Schröders entscheiden. Dass auch ihre Partei schockierend schlecht abgeschnitten und im Bundestag nur einen hauchdünnen Vorsprung hat, führt sie auf die von der CDU geplanten Wirtschafts- und Sozialreformen zurück. Offenkundig haben die Bürger sie nicht als Versprechen, sondern als Bedrohung des eigenen Lebensstils verstanden, so lautet ihre Analyse. «Lasst uns mehr Freiheit wagen»,[8] ruft sie dem Land in ihrer ersten Regierungserklärung am 30. November 2005 zu und zitiert damit ausgerechnet Willy Brandt und dessen erste Regierungserklärung als Bundeskanzler. Für Brandt – «Wir stehen nicht am Ende der Demokratie, wir fangen erst richtig an!»[9] – ist es der Beginn eines demokratischen Abenteuers, für Angela Merkel ist es schon das Ende. Sie klappt die Reformakte entschlossen zu. Die Kanzlerin macht sich auf den Weg in die gesellschaftliche Mitte, die gar nicht wach werden, sondern ihre Ruhe haben will – und sie nun auch bekommt.

Wenn Angela Merkel sich Illusionen gemacht haben sollte, dann belehren die Verhandlungen über die notwendige Gesundheitsreform, die am Anfang ihrer Regierungszeit steht, sie eines Besseren. Sie mischt sich nicht nur ein, sie macht Gesundheit zur Chefsache. Nächtelang verhandelt sie im Sommer und Herbst 2006 mit der SPD-Gesundheitsministerin Ulla Schmidt, mit deren Parteivorsitzendem Kurt Beck, rechnet eigenhändig die prognostizierten Versicherungsbeiträge und Familienzuschüsse nach, überwacht im Morgengrauen persönlich das Abfassen der Verhandlungsprotokolle und lädt zu Spitzentreffen wie Arbeitsgruppensitzungen ein. Sie benimmt sich nicht wie eine Regierungschefin, sondern «wie eine Abteilungsleiterin», spottet Jahre später ein ehemaliger Ministerpräsident. Sie will einen Erfolg, und sie will ihn unbedingt.

Es hilft ihr nicht. Denn erstens lässt der Koalitionspartner SPD sie übel auflaufen. Zweitens nutzen ihre eigenen Verbündeten, die Ministerpräsidenten Edmund Stoiber (CSU) aus Bayern und Günther Oettinger aus Baden-Württemberg, den nach einem Jahr zusammengestoppelten Kompromiss zur Abrechnung mit der Karrierepolitikerin, die jetzt in der siebten Etage im Kanzleramt sitzt – dem Platz, der ihr doch eigentlich gar nicht zusteht. Sie wollen nicht mitmachen und sehen die Große Koalition (und die Kanzlerin) kurz vor dem Aus. Drittens verlangt dann auch noch SPD-Fraktionschef Peter Struck ein Machtwort der Kanzlerin, ein «Ich will haben, dass ... ». Abgesehen davon, dass ihr das überhaupt nicht liegt: Das Letzte, was sich Merkel nach einem Jahr im Kanzleramt leisten kann, ist, die Machtfrage zu stellen.

Nicht einmal die abendlichen Kartoffel- und Linsensuppen, die die Kanzlerin auftragen lässt, beruhigen die Gemüter. Mit Müh und Not wird im März 2007 ein Gesetzentwurf durch Bundestag und Bundesrat gepaukt, der den Namen Reform nicht verdient – und der dafür sorgt, dass das Thema in drei weitere Koalitionsverträge geschrieben werden muss. Angela Merkel ist «brutal enttäuscht», erzählt einer, der in dieser Zeit zu ihren engen Vertrauten im Kanzleramt gehört. Normalerweise nimmt sie Misserfolge nicht persönlich. Diesen aber schon.

Nach dieser Erfahrung ist sie geheilt. Sie wird zwar abends immer noch die Akten der politischen Arbeit mit nach Hause nehmen, sie lesen und sich alle Details merken, von der Rente mit 67 bis zur Bundeswehrreform, von Elterngeld bis Euro-Rettungsschirm. Aber sie lässt sich nicht mehr ins innenpolitische Alltagsgeschäft verwickeln. Persönlich verbindet sie sich mit keinem Projekt des Regelbetriebs mehr. Sie weiß nun: Mischt sich die Chefin ein, wird eine Sachfrage automatisch zur Machtfrage. Wenn man der Kanzlerin eine Niederlage zufügen, sich selbst in einem Wahlkampf profilieren oder ein Tauschgeschäft in Gang setzen kann, gerät das politische Ziel schnell aus dem Blick. Dieses Risiko geht sie nur noch in Ausnahmesituationen ein.

Im Normalfall verfolgt Angela Merkel die Arbeitsabläufe in den Ministerien, sie bildet ihre Auffassung oft im Austausch mit ihrem Kabinett. Das hat es vorher nicht gegeben. SPD-Minister, die auch schon unter Gerhard Schröder mitregierten, stellen verblüfft und erfreut fest, dass neuerdings in der Regierung diskutiert werde. Hatten die wöchentlichen Mittwochs-Termine bisher eher den Charakter notarieller Verlesungen – es wird abgehakt, was längst entschieden ist –, «finden (nun) tatsächlich Aussprachen statt», staunt Merkel-Biograph Gerd Langguth.[10]

Eine Regierungschefin, die für alle politischen Bündnisse der politischen Mitte offen sein will, verhält sich anders als ein Kanzler, der nach einem Lagerwahlkampf an die Macht gekommen ist. Solange es im Bundestag nur fünf Parteien gibt – von denen eine, die Linke, lange Zeit als nicht koalitionsfähig gilt –, liegt es nahe, dass politische Lager gegeneinander antreten. Rot-Grün gegen Schwarz-Gelb. Doch nach der Finanzkrise kommt die Alternative für Deutschland (AfD) dazu. Für die Parteien der Mitte heißt das: Um regierungsfähig zu bleiben, muss jeder mit jedem können. Die CDU als Ankerpartei in der Mitte hat sich in diesem Wandel die Kanten abgeschliffen, und Angela Merkel hat dabei Regie geführt.

Der Preis für dieses bürokratische, aber effiziente Regieren ist die Monotonie. «Merkels größtes Verdienst ist letztlich jene lang anhaltende Phase der Langeweile, an der Intellektuelle gerade wieder lautstark leiden», lobt der «Zeit»-Journalist Jochen Wegner.[11] Der

Philosoph Peter Sloterdijk, einer der prominentesten Merkel-Kritiker, weist dagegen auf die trügerische Sicherheit hin, die ein solcher Regierungsstil schafft: «Die sprunghaften Momente in Frau Merkels Verhalten stützen die Vermutung, es werde in Berlin resolut regiert (...). Die langweiligen Momente wecken indessen den Eindruck, man müsse sich keine unnötigen Sorgen machen, weil sich die Unwilligkeit der Bevölkerung, essenzielle Veränderungen zu dulden, in der scheinbaren Trägheit der Regierung widerspiegelt.»[12]

Europa, ach, Europa

Was ihr die Innenpolitik nicht bietet, holt die Kanzlerin sich im Ausland: Respekt, Anregung, Austausch. Sie hat Glück und ein paar Monate Zeit, sich einzuarbeiten, bevor die internationalen Krisen rufen. Deutschland übernimmt im ersten Halbjahr 2007 die Ratspräsidentschaft in der Europäischen Union und ist gleichzeitig Gastgeber des G8-Treffens der Staats- und Regierungschefs der acht wichtigsten Industriestaaten der Welt in Heiligendamm. Das sind wichtige Gradmesser für den Einfluss und die Reputation des Gastgeberlandes in der internationalen Gemeinschaft.

Die Kanzlerin hat schon einmal persönlich erlebt, dass eine erfolgreiche Präsidentschaft auch das eigene Image mächtig aufpoliert. 1995, als Umweltministerin, schwimmt sie sich von ihrem mächtigen Vorgänger Klaus Töpfer frei, als sie mit persönlichem Einsatz, Verhandlungsgeschick und dem Willen zum Kompromiss die Berliner Umweltkonferenz zum Erfolg führt. Das «Berliner Mandat» bahnt den Weg zum historischen Klimaschutzabkommen von Kyoto.

Diese Erfahrung prägt sie. Akribisch bereitet sie sich auf ihre Rolle in der EU vor. Anders als Helmut Kohl ist sie nicht von Beginn an eine geborene Europäerin, sie wird es erst nach und nach. Und anders als Gerhard Schröder, der sich kurz nach seinem Wahlsieg 1998 laut-

Die globale Kanzlerin: der Gipfel in Heiligendamm 2007.

stark darüber beschwert, dass die Deutschen «mehr als die Hälfte der Gelder, die in Europa verbraten werden, zahlen»,[13] sucht sie die leisen Töne. In der Europa-Politik kommt es nämlich, anders als in vielen innenpolitischen Themenfeldern, auf die Person an. Wenn Chemie und Verhandlungsklima stimmen, werden Fortschritte gemacht. Ist das Gegenteil der Fall, droht die Blockade. Angela Merkel wird das im Jahr 2015 an eigenem Leib erfahren.

Die ersten Jahre aber werden für die Kanzlerin ein einziger Triumph. Sollte sie zwischenzeitlich ein bisschen verzweifelt gewesen sein, weil im Inland so viel schiefgeht, so wird sie jenseits der deutschen Grenzen in doppelter Weise entschädigt, als Ratspräsidentin in Brüssel genauso wie als Gastgeberin des G8-Gipfels. Unter den Europäern wird sie schnell die erste Ansprechpartnerin für Partner wie US-Präsident George W. Bush und Gegenspieler wie Wladimir Putin. Das liegt weniger an ihr als an den Umständen. Der britische Premierminister Tony Blair tritt im Juni 2007 zurück und übergibt sein Amt dem bisherigen Schatzkanzler Gordon Brown. Der französische Präsident Jacques Chirac tritt ebenfalls ab und wird durch Nicolas Sarkozy ersetzt. Merkel ist im Frühjahr 2007 also schon fast eine etablierte Spielerin, gegenüber ihren neuen europäischen Kollegen aus Großbritannien und Frankreich hat sie mehr als ein Jahr Erfahrungsvorsprung. Bush und Merkel haben einen Draht zueinander, mit ihrem Amtsantritt verbinden die Amerikaner große Hoffnungen, die transatlantische Partnerschaft wieder auf Vordermann zu bringen. Schon als Oppositionspolitikerin hat sie sich im Konflikt zwischen Bush und Gerhard Schröder um eine deutsche Beteiligung am Irak-Krieg auf die Seite des amerikanischen Präsidenten geschlagen. Das vergessen ihr beide nicht, Bush nicht und Schröder erst recht nicht.

Bei Putin ist die Sache genau umgekehrt. Hier muss sie auf Abstand gehen. Die engen Beziehungen ihres Vorgängers zum russischen Präsidenten werden in Washington und Brüssel, aber auch in Budapest und Warschau, im Baltikum und der Ukraine sorgenvoll beargwöhnt. Über den deutschen Regierungswechsel ist man erleichtert, zumal mit der Kanzlerin eine Frau nachrückt, die wie die Osteuropäer persönlich unter der russischen Dominanz im Ostblock gelitten hat.

Außenpolitisch bekommt Angela Merkel, was ihr im Inland verwehrt bleibt: Flitterwochen mit dem Amt. Sie reist viel, spricht viel, hört zu – auch in den kleinen Ländern Europas, die ihre Vorgänger Gerhard Schröder und Helmut Kohl nicht so interessant fanden.

Die Europäische Union steckt im Herbst 2005 in einer institutionellen Krise. Die geplante politische Vertiefung der Union ist gründlich schiefgegangen. Zwar haben sich die Mitgliedsländer im Jahr 2003 auf einen Verfassungsvertrag geeinigt, der den Weg zu einer eigenständigen europäischen Staatlichkeit bahnen soll. Das Vertragswerk wird im Jahr 2004 an symbolträchtigem Platz, dem Gründungsort der Europäischen Gemeinschaft in Rom, feierlich unterzeichnet.

Doch die Ernüchterung kommt schnell. Die Franzosen und die Holländer sollen den Vertrag durch eine Volksabstimmung legitimieren. In beiden Ländern bekommt das neue Europa keine Mehrheit. Der ganze Prozess steht vor dem Aus.

Das ist mehr als eine schwere Blamage. Auch die Arbeitsfähigkeit der Europäischen Union steht in Frage. Je mehr Länder der Union beigetreten sind, desto schwieriger werden einstimmige Vereinbarungen, die selbst bei geringfügigen Entscheidungen vorgeschrieben sind. Zu Recht beschwert sich das Europäische Parlament, zu wenig Kompetenzen zu haben, und ebenso gerechtfertigt sind die Klagen über das demokratische Defizit der Staatengemeinschaft, die Vorbehalte gegenüber den intransparenten Beschlüssen der Staats- und Regierungschefs auf ihren regelmäßig stattfindenden Gipfeln. Das alles sollte die neue europäische Verfassung heilen, die nun gescheitert ist.

Eine Reform der Reform muss her, es herrscht große Ratlosigkeit. Geht ein Experiment schief, fängt man eben von vorne an, sagt sich die Naturwissenschaftlerin Merkel und beginnt mit den Gesprächen. Ihr sicherheits- und außenpolitischer Berater Christoph Heusgen kennt sich anders als sie bestens aus. Der Mann hat in Paris und Brüssel gearbeitet, war stellvertretender Büroleiter des früheren Außenministers Klaus Kinkel. Die Irrungen und Wirrungen der Europäischen Union sind sein Metier. In den kommenden Monaten werden die «innenpolitischen Konstellationen all ihrer Mitspieler» studiert, ein «Spielplan» für die Ratspräsidentschaft ausgeheckt, eine «Matrix» entwickelt.[14]

Die Vorbereitungen der deutschen Ratspräsidentschaft laufen reibungslos, ein paar Monate später sind sie fertig: Es gibt einen neuen

Vertrag. Alle pompösen Titel und Ambitionen sind aus dem Regelwerk verschwunden, die europäische Nationalflagge, die europäische Nationalhymne, der europäische Außenminister mussten wachsweichen Verabredungen und unverbindlichen Bezeichnungen weichen. Nach außen sichtbar darf das Recht der Nationalstaaten in der Union nicht angetastet werden. Dafür aber werden Mehrheitsbeschlüsse möglich, das Europäische Parlament wird aufgewertet, die Europäische Union bekommt mehr Transparenz und Verbindlichkeit. Es wird einer der wichtigsten Erfolge Angela Merkels.

Wie einst Helmut Kohl greift auch Merkel tief in die Tasche, um die Voraussetzungen für diesen Fortschritt zu schaffen. Die Briten behalten ihre Rabatte, die Niederländer bekommen einen Nachlass, den Franzosen sichert sie zu, die gemeinsame Agrarpolitik fortzusetzen – von der vor allem die französischen Bauern profitieren. Die Sache tiefer zu hängen, pragmatisch zu handeln und Belastungen auf die deutsche Rechnung zu nehmen, ist ein Schachzug der Kanzlerin, der ihren Ruf als ehrliche Maklerin europäischer Interessen begründet.

Ihr Licht strahlt umso heller, als sich die personelle Szenerie in Europas Hauptstädten nach und nach verdunkelt. In Frankreich regiert nun der quirlige Staatspräsident Nicolas Sarkozy, der als Innenminister die benachteiligten Jugendlichen in den Pariser Vororten «wegkärchern» lassen wollte – und nach seiner Wahl erst mal ausgiebig Urlaub macht, auf der Yacht eines schwerreichen Freundes im Mittelmeer. Unterhaltungen mit ihm seien «abwechselnd amüsant und zum Verzweifeln (…) wie bei einem Zwerghahn», erinnert sich Barack Obama in seinen Memoiren.[15]

Italien wird in diesen Jahren von dem schrillen Medienmilliardär Silvio Berlusconi dominiert, der – auch wenn er gerade einmal nicht Ministerpräsident ist – seine Kollegen in Europa an den Rand des Nervenzusammenbruchs treibt. Die Zwillinge Lech und Jarosław Kaczyński in Polen, der eine Präsident, der andere Premierminister, sind gerade deutschen Regierungsvertretern gegenüber so hartleibig, dass Angela Merkel bei ihrem Besuch im März 2007 sogar ihren Ehemann Joachim Sauer zur Klimaverbesserung mitnimmt. Beim als privat inszenierten Wochenende im Sommerhaus des polnischen Präsidentenpaares gibt Sauer den freundlichen Gatten, damit man quasi von Familie zu Familie sprechen kann. Sauer steht für solche Ausflüge normalerweise nicht zur Verfügung.

Kurz: Europa wird in diesen Jahren von einer bunten Politiker-Truppe regiert, neben der sich Merkel ausnimmt wie eine Finanzbeamtin, die sich in einen Sauna-Club verirrt hat. Sie verbringt ihre Wochenenden in der Uckermark auf der Datsche, liebt Königsberger Klopse und Kartoffelsuppe und geht in den Ferien nach Südtirol zum

Obligatorisch: der alljährliche Wanderurlaub in Südtirol, hier mal mit dem Freund Reinhold Messner.

Wandern – wo sie Jahr für Jahr dasselbe karierte Hemd aufträgt. In dieser Fremdheit und Bescheidenheit beeindruckt und amüsiert sie die anderen. In ihrer Unverbundenheit mit der westdeutschen Nachkriegsgeschichte kann sie «die Führungsrolle in Europa auch innerlich annehmen», wie einer ihrer eigentlich schärfsten Kritiker im Nachhinein einräumt. Das unterscheidet sie von Helmut Kohl, der sein eigenes und Deutschlands Europa-Engagement nur zusammen mit Frankreich vorantreiben konnte.

Die ruhige Hand in der Finanzkrise

In den folgenden Jahren wird Merkel den gesamten Kredit brauchen, den sie in ihren ersten Jahren erwirbt. Am Ende der ersten Amtszeit bricht die Finanzkrise aus, die in Europa alles verändern und die Existenz der Europäischen Union in Gefahr bringen wird. Vor allem die Eurozone, die damals fünfzehn Länder umfasst, gerät an den Rand des Zusammenbruchs, als dem Krach an den Börsen die Eurokrise folgt.

Am 15. September 2008 muss die Investmentbank Lehman Brothers Insolvenz anmelden. Eine Bank nach der anderen muss nun offenbaren, wie tief sie in das Casino von Derivaten und Optionen, von strukturierten Papieren und faulen Krediten verstrickt ist. Die Geldhäuser trauen sich untereinander nicht mehr, der Geldkreislauf droht zum Erliegen zu kommen. Die Aktienkurse brechen weltweit ein. Jetzt wird offensichtlich, wie weit sich das Finanzsystem in den vergangenen Jahren von der realen Wirtschaft entfernt hat. Finanzprodukte, von denen zuvor noch niemand etwas gehört hat, reißen zuerst die Banken, dann die Weltwirtschaft und dann beinahe die Staaten selbst in den Abgrund.

In diesem Chaos die Nerven zu behalten, gelingt nicht jedem. Die Journalistin Margaret Heckel, die Angela Merkel in diesen Monaten häufig begleitet, beschreibt, wie die Kanzlerin scheinbar gelassen an ihrem lange geplanten Terminkalender festhält, um den Eindruck zu vermeiden, auch die Regierung sei in Panik. Ruhe ist die erste Kanzlerinnenpflicht; Angela Merkel beweist ihre stählernen Nerven. Da wird noch die Seniorenunion in Wiesbaden mit einem Besuch beehrt, die Gäste einer Unternehmerkonferenz des Springerkonzerns werden umgarnt, und auch für die Einweihung eines kleinen Museums in der französischen Provinz zu Ehren des Staatsmanns Charles de Gaulle findet Angela Merkel noch Zeit.[16] In der Zwischenzeit wird bis zum frühen Morgen gearbeitet, telefoniert und recherchiert.

Jetzt zahlen sich all die Gespräche aus, die die Kanzlerin in den drei Jahren zuvor – den langweiligen Zeiten in Berlin – mit ihren europäischen Kollegen, mit Wirtschafts- und Bankenvertretern geführt hat. Den damaligen Deutsche-Bank-Chef Josef Ackermann hat sie vor der Krise oft getroffen, sie vertraut ihm. Ackermann koordiniert nun den Beitrag der privaten Banken zur Rettung der untergehenden Institute.

Er selbst aber macht die gefundene Einigung über die milliardenschwere Lastenteilung mit dem Staat kurz später fast zunichte: Seine arrogante Bemerkung vor den eigenen Mitarbeitern, er würde sich «schämen, Staatsgeld anzunehmen»,[17] droht zwischenzeitlich den Rettungsplan zu zerstören – weil die anderen Banker nun nicht zugeben können, Geld aus dem Rettungsschirm zu brauchen. Und als er noch später damit prahlt, die Kanzlerin habe im Kanzleramt ein Abendessen für ihn und seine Freunde zu Ehren seines 60. Geburtstags spendiert, kühlt das gute Verhältnis in Sekundenschnelle ab. Denn wer sich privater Nähe zur Kanzlerin rühmt, muss damit rechnen, aus ihrem Adressbuch gestrichen zu werden. Darin ist sie eisern. Zudem ist die vermeintliche Champagner-Sause für den Manager vom Aufwand dann doch überschaubar: An dem Abend gibt es Kalb, das Kilo zu 16,79 Euro, und Spargel für 15,11 Euro.[18]

Krisen spielen sich für Politiker auf mehreren Ebenen ab. Die Mandatsträger wollen das Problem lösen, in diesem Fall die Finanzkrise entschärfen. Sie müssen dafür sorgen, dass sie für ihre Pläne eine Mehrheit in der eigenen Partei und im Parlament bekommen. Sie müssen die Angelegenheit europäisch abstimmen. Sie wollen wiedergewählt werden, brauchen also die Zustimmung der Öffentlichkeit. Es gibt unterschiedliche Zeithorizonte, Logiken, Sachzwänge. Auf längere Sicht kann es beispielsweise dumm sein, eine Bank zu retten. Man hat danach womöglich ein Institut wie die Commerzbank am Hals, das zwar lebt, aber nicht überlebensfähig ist. Kurzfristig aber überwiegen die Vorteile: Die akute Krise wird entschärft, man hat etwas getan, und der Wähler wird es belohnen, wenn ein deutsches Unternehmen vor dem Untergang bewahrt wird.

Angela Merkel ist bei solchen Entscheidungen besser als andere. Erstens, weil sie in den langweiligen Zeiten die Akten liest und ungefähr weiß, was man wissen kann, wenn es ernst wird. Auch kann sie warten, bis es wirklich ernst wird, ihre große Stärke. Das hat sie den meisten ihrer eher ungeduldigen Politikerkollegen voraus. Zweitens ist sie schlau, und sie lernt schnell. Im Studium haben die Elektroschaltkreise, die sie im Fach experimentelle Physik zusammenlöten musste, zwar meistens nicht funktioniert. Doch sie hat erkannt, dass es in der Politik anders als beim Strom nicht so schlimm ist, wenn etwas nicht auf Anhieb klappt. Das ist der dritte Vorteil, den sie hat: Man kann korrigieren, wenn man sich vorher nicht allzu festgelegt hat.

So ist die Bundesregierung mit ihren Konjunkturpaketen zur Wiederbelebung der Wirtschaft zwar viel später dran als die Regierungen der Partnerländer, dafür zündet die Abwrackprämie für alte Autos besser als so gut wie jedes andere Konjunkturprogramm. Angela Merkel lässt über zweieinhalb Jahre hinweg offen, ob Griechenland am Ende in der Eurozone bleiben kann. Sie mutet damit Europa und dem Mittelmeerland eine fürchterliche Hängepartie zu. Warten, zögern, weiter warten. Doch am Ende hat sie Erfolg. «In Europafragen hat sie recht behalten», räumen inzwischen auch diejenigen ein, die 2012 und 2015 der Meinung waren, die Operation «Griechenland bleibt im Euro» sei ein Fehler.

Bis in den Sommer 2012 entscheidet sich Angela Merkel nicht. Die Kollegen aus Griechenland, Italien, Spanien setzen ihr zu. Ohne die Übernahme ihrer Staatsschulden sei es mit dem Euro bald vorbei, warnen sie auf einem dramatischen Euro-Rettungsgipfel im Juni in Brüssel. Doch noch schlägt Merkels Herz im Gleichtakt mit dem des jungen Bundesbankpräsidenten Jens Weidmann, der bis vor wenigen Monaten als Wirtschaftsabteilungsleiter im Kanzleramt einer ihrer engsten Mitarbeiter war. Beide sind sich einig, Merkel spricht es aus: Es wird keine europäischen Gemeinschaftsschulden geben, «solange ich lebe».[19] Die Frau, die sich sonst nie festlegt, lässt auf einmal alle Vorsicht beiseite.

Ist sie wirklich überzeugt von dem, was sie sagt? In ihrem engsten Umfeld wird dieser Satz, den sie auf einem Abend mit dem Koalitionspartner FDP fallen lässt, anders gelesen. Die Kanzlerin habe in Europa, in der Regierung und in der eigenen Partei so unter Druck gestanden, dass sie ein klares Signal für den Regierungspartner und die CDU/CSU-Bundestagsfraktion habe geben müssen. So gesehen war ihre Festlegung eher ein taktisches Bekenntnis als eine Überzeugungstat. Immerhin wird dieses Versprechen acht Jahre lang halten – mit kleineren Abstrichen.

Irgendwann aber muss sie sich entscheiden. Ende August 2012 reist Angela Merkel nach China. Ganz großer Bahnhof. Fünf Minister reisen mit, Vorstandschefs, Familienunternehmer. Die deutsch-chinesischen Regierungskonsultationen haben sich für Deutschland längst zur Exportmesse für Airbus-Flugzeuge, Schienenfahrzeuge, Autos, Maschinen und Anlagen entwickelt, Chinas Scheckbuch ist der wichtigste Konjunkturmotor für Deutschland.

Der chinesische Ministerpräsident Wen Jiabao muss gar nicht

deutlich werden, als er die Kanzlerin trifft. Nichts sei für Europa wichtiger als «Zuversicht und Vertrauen», sagt er nur.[20] Merkel versteht sofort. Die Chinesen haben Euro-Reserven in dreistelliger Milliardenhöhe im Keller. Würden sie sich davon trennen, weil es ihnen an «Zuversicht und Vertrauen» fehlt, wäre der Euro schnell am Ende. Denn: Verlieren die Chinesen die Geduld, verliert die Welt sie auch. Die Zinsen für die Krisenländer der Eurozone würden wieder steigen, am Ende würden vermutlich nicht nur Griechenland und Zypern, sondern auch das ungleich größere Italien den Anschluss verlieren.

Was die versammelten Europäer über Monate nicht schaffen, bringt Wen Jiabao in wenigen Minuten zustande. Die Kanzlerin entscheidet sich, den Euro zu halten. «Whatever it takes», werde man unternehmen, um den Euro zu verteidigen, hat der Chef der Europäischen Zentralbank ein paar Wochen zuvor gesagt. Jetzt unterschreibt auch Merkel diesen Satz. Als dann auch noch das Bundesverfassungsgericht im September die bisherigen Rettungsvereinbarungen für rechtmäßig erklärt, wechselt sie die Seiten.

Merkel trägt von nun an die Politik der Europäischen Zentralbank mit und wendet sich gegen die strenge Linie von Schäuble und Weidmann. Sie riskiert die weitere Zerrüttung mit dem mächtigen bayerischen Ministerpräsidenten Horst Seehofer und überwirft sich mit der eigenen Bundestagsfraktion. Nachdem die Griechen im Jahr 2015 die Sparprogramme nicht mehr umsetzen wollen und trotzdem noch einmal frisches Geld brauchen, findet Finanzminister Wolfgang Schäuble – und mit ihm alle Finanzminister der Eurozone –, das Land solle die Gemeinschaftswährung verlassen, wenn es nicht nach deren Regeln spielen wolle.

Auch Merkel ist entnervt und zermürbt, hat das ewige Wiederaufflammen der Krise satt. Doch während Schäuble alles vorbereitet, um das Kapitel Griechenland zu schließen, ist Merkel auf einem anderen Kurs. Für sie ist nur der Druck wichtig, den die vermeintlich entschlossenen Finanzminister für Griechenland entfachen. Die Griechen und alle anderen sollen glauben, nun sei wirklich Schluss. In der entscheidenden Verhandlungsnacht vom 12. auf den 13. Juli 2015 aber ist sie es, die die Gespräche eisern fortsetzt, als alle anderen übermüdet und hoffnungslos aufgeben wollen.

Merkel gewinnt. Der griechische Ministerpräsident Alexis Tsipras knickt ein, stimmt den Vorgaben zu, tritt allerdings ein paar Wochen später zurück. Merkel hat ihn durch ihre Umarmung in Brüssel gestürzt. Auch ihre eigene Partei ist in Aufruhr. Ihren Finanzminister hat sie ein drittes Mal verraten. Aber von jetzt an geht in Europa nichts mehr ohne sie; Angela Merkel ist die entscheidende Figur im europäischen Spiel geworden.

Für den Erfolg, Griechenland in der Eurozone gehalten zu haben, bezahlt sie einen hohen Preis. Ihre Art zu regieren, das Parlament durch «alternativlose» Entscheidungen zu bedrängen, den europäischen Partnerländern einen erbarmungslosen Sanierungskurs abzuverlangen, verschiebt die Gewichte im politischen System Deutschlands und Europas. Aus der freundlichen Moderatorin wird die eiserne Kanzlerin. Sie verhärtet, innerlich und äußerlich. Ihr Misstrauen gegenüber allen, die nicht zum engsten Kreis im Kanzleramt gehören, wächst.

Im diesem Sommer 2015 wird deutlich, wie stark das System Merkel in der Eurokrise erodiert. Sie scheint das Gespür für die Stimmung im Land, in der Regierung und in ihrer Partei verloren zu haben. Im Inneren wird die Kanzlerin in der Halbzeit der Wahlperiode als abgehoben, müde und verbraucht wahrgenommen. Man sieht ihr an, wie sehr sie diese dritte Amtszeit schafft. Die regelmäßigen Sitzungen der Bundestagsfraktion am Dienstag fürchtet sie, seitdem ihr dort wegen ihres Eurokurses immer offener Feindseligkeit entgegenschlägt. Auf den Fluren grüßen sich die Abweichler mit dem gemurmelten Erkennungszeichen «Mmw» (Merkel muss weg) und denken gern laut darüber nach, ob Angela Merkel 2017 noch einmal antreten sollte. Das Ergebnis dieses angestrengten Nachdenkens ist zuverlässig «Nein».

Auch der Koalitionspartner SPD wird komplizierter. Die Sozialdemokraten erkennen mit Entsetzen, dass ihnen die Regierungsbeteiligung in der Großen Koalition immer tiefere Wunden zufügt. In Umfragen liegen die Grünen jetzt regelmäßig vor ihnen. Was gut läuft, wird der Regierungspartei und ihrer Vorsitzenden zugeschrieben, was schlecht läuft, landet bei der SPD.

Dass Merkel so dominant geworden ist, gibt im Ausland wenig Grund zur Freude. Mit dem neuen französischen Präsidenten François Hollande kommt sie eher schlecht als recht klar. Der europäische Süden hasst sie wegen ihrer harten Haltung in der Euro-Krise, der Norden kritisiert sie, weil sie zu weich sei. Man habe im Kanzleramt oft darüber gesprochen, warum Deutschland nicht, ähnlich wie die Niederlande, einfach hart bleiben könne, erzählt ein Teilnehmer dieser Runden. Doch spätestens in der Krise sei allen klar geworden, dass Deutschland der Maßstab in Europa geworden ist. Die deutsch-französische Achse ist unter dem tapsigen François Hollande noch weniger belastbar als zu Zeiten Nicolas Sarkozys. Es gibt keinen großen Nachbarn mehr, mit dem Deutschland sich verbünden oder hinter dem es sich verstecken kann. Sagt Deutschland nein, scheitert der Rettungsschirm. Der Chef der Europäischen Zentralbank, Mario Draghi, habe jeden einzelnen Schritt der Notenbank mit Merkel besprochen, berichten Insider. Die anderen musste er gar nicht erst anrufen.

Es ist kein Wunder, dass Merkel nicht beliebter wird. Erstmals zeigt sie Nerven. Überall wittert sie, die sich doch als Europäerin fühlt und auch so handelt, nun Heckenschützen. Sie zieht sich ins Kanzleramt zurück, berät sich mit dem immer kleiner werdenden Kreis von Vertrauten. Die vielen externen Ratgeber der ersten Krisenmonate melden sich nach und nach ab. Die internen Bezugspersonen Weidmann und Regierungssprecher Ulrich Wilhelm sind schon weg. Wilhelm geht 2010 als Intendant des Bayerischen Rundfunks nach München, Weidmann 2011 zur Bundesbank.

Kanzleramtsminister Ronald Pofalla wird ihnen bald folgen, für Merkel einer der schwersten Verluste dieser Legislaturperiode. Pofalla hat ihr nicht nur viel Ärger erspart. Er hat gegenüber den Ministern und dem Parlament den Blitzableiter gegeben, und er ist auch zur Stelle, wenn spätabends bei einem Glas Rotwein noch einmal der vergangene Tag besprochen und der kommende vorbereitet wird.

Doch nun reicht es ihm. Nicht, weil er nicht mehr mit der Kanzlerin könnte. Es ist einfach zu viel, zu lang, zu aufreibend. Im engsten Umfeld Angela Merkels zu arbeiten, verlangt ihren Mitarbeitern nahezu denselben Einsatz und denselben Zeitaufwand ab, den die Kanzlerin selbst aufbringt. Pofallas zweite Ehe scheitert in dieser Zeit.

Nun will er endlich eine stabile Partnerschaft führen und deshalb 2013 das Kanzleramt verlassen, so habe er es der Kanzlerin gesagt. Angela Merkel verstehe das. Und doch schleicht sich ein leiser Ton des Unverständnisses ein, wenn wieder einer geht. Pofalla soll sie vorgehalten haben, man müsse sich auch über die eigene Kraft hinaus für das Land engagieren, sie tue das ja auch, berichtet die «Rheinische Post».[21]

Trotz des großen Erfolgs, die Eurozone am Ende zusammengehalten zu haben: Es wird einsam um sie.

Die globale Kanzlerin

Deutschland kann so schön sein. Seine Küsten, seine Berge! Die Kanzlerin wünscht ein Idyll. Nach den schönen Strandkorb-Bildern ihres ersten G8-Gipfels in Heiligendamm an der Ostsee sollen es nun die bayerischen Berge sein. Das Luxushotel Schloss Elmau liegt in einem lieblichen Tal, umgeben von Almen. Darüber türmen sich die Spitzen des Wettersteingebirges und Estergebirges, die «Wank» heißen oder «Schafkopf». Kühe mit bimmelnden Glocken um den Hals trotten über die Berge, Gebirgsschützen marschieren auf, blasen den Defiliermarsch. Aus diesem Stoff ist die Kulisse für den zweiten internationalen Gipfel in Deutschland Anfang Juni 2015.

Es geht nicht so sehr um die Inhalte, obwohl es gerade nicht gut steht in der Welt: der Euro wackelt, der russische Präsident wird wegen des Ukraine-Konflikts ausgeladen, der IS-Terror hat mit dem Anschlag auf die französische Satire-Zeitschrift «Charlie Hebdo» einen Höhepunkt in Europa erreicht, die Verhandlungen um das europäisch-amerikanische Handelsabkommen TTIP kommen nicht voran.

Doch von Elmau soll vor allem das Bild eines neuen, sympathischen und erfolgreichen Deutschland ausgehen, das seine Rolle in der Welt auf Augenhöhe findet, ohne bedrohlich oder dominierend zu werden. Wie in einer Operettenkulisse sitzen Merkel und der amerikanische Präsident Barack Obama mit dem gemeinen Volk bei Brezn und Weißbier zum Frühschoppen. Die Einheimischen tragen Tracht und gewaltige Gamsbärte auf den Hüten, es ist frühsommerlich warm, Alphornbläser sind zugegen. Das Verhältnis der Kanzlerin zu Obama ist eine Arbeitsbeziehung, aber immerhin: Küsschen rechts, Küsschen links für «my great friend» (Obama) zur Begrüßung sind schon drin.

Das ist nicht abzusehen, als Obama 2009 ins Amt kommt. Erst einmal fremdelt die Kanzlerin. Junge Männer, die gut aussehen, brillant zu reden verstehen und das auch wissen, sind ihr suspekt. Mit seinem offenen Charme blitzt Obama bei ihr ab. Sie verwehrt dem Wahlkämpfer im Jahr 2008 die geplante Rede am Brandenburger Tor, das Verhältnis zum gewählten Präsidenten beginnt ausgesprochen kühl. «Ihr Team gab später zu, dass sie mich zunächst skeptisch betrachtet habe, gerade wegen meiner Fähigkeiten als Redner. Ich nahm ihr das nicht übel, denn ich dachte mir, bei einer deutschen Regierungschefin war eine Abneigung gegen mögliche Demagogie vermutlich eine gesunde Einstellung», erinnert sich Obama.[22] Inhaltlich

Auf dem Gipfel: Barack Obama und Angela Merkel in Elmau.

könnten die Erwartungen nicht gegensätzlicher sein: Obama verlangt von Deutschland und Europa teure Konjunkturprogramme, Merkel gibt die schwäbische Hausfrau, die einen Hallodri an der Haustür abwimmeln muss. Noch ist nicht abzusehen, dass diese Beziehung am Ende eine der engsten sein wird, die der amerikanische Präsident international pflegt.

Die schönen Bilder von Elmau tragen erheblich dazu bei, das Verhältnis zu verbessern – genau so, wie die Bilder des Jahres 2007 aus Heiligendamm die Freundschaft zwischen Angela Merkel und George W. Bush festigten. Und am Ende gibt es tatsächlich so etwas wie ein Ergebnis: Die Staats- und Regierungschefs einigen sich auf ein konkretes Klimaziel, das der Pariser Klimagipfel am Ende des Jahres beschließen wird. Um keinesfalls mehr als zwei Grad soll sich die Erde bis zum Ende des Jahrhunderts erwärmen.

Es ist das zweite Mal, dass Merkel ihre Rolle als Gastgeberin bei G7/G8-Treffen nutzt, um den Klimaschutz voranzubringen, und sie ist zum zweiten Mal erfolgreich. 2007 überzeugt sie in Heiligendamm George W. Bush, der verbindlichen Reduktion von Treibhausgasen zuzustimmen. Diesmal wird das Zwei-Grad-Ziel vereinbart. Das ist nicht viel – gemessen an dem gesellschaftlichen Wandel, der in Europa spürbar ist und der wesentlich mehr verlangt als lauwarme Erklärungen. Doch es ist ein Fortschritt. Angela Merkel akzeptiert, dass der Weg zu einer verbindlichen Klimavereinbarung beschwerlicher ist, als die Globalisierungsskeptiker sich das wünschen. Sie wolle «zum Machbaren kommen», hat sie dem Journalisten Günter Gaus schon 1991 gesagt. Als Kanzlerin nimmt sie hin, dass das Machbare manchmal eben verdammt wenig ist.

Die Finanzkrise zeigt ihr, wie begrenzt der politische Spielraum ist, in dem sich eine deutsche Regierungschefin bewegt. Die Erwartungen der internationalen Partner, die Verantwortung für die Stabilität Europas, die schwierige Gemengelage in Europa und im eigenen Land machen es ihr unmöglich, «vor die Lage zu kommen». Sie kann nur hinterherregieren, und sie akzeptiert, dass dabei die Regelhaftigkeit unter die Räder kommt. Das «alternativlos», mit dem sie die Parlamentarier zur Zustimmung zu ihrem Kurs der Euro-Rettung erpresst, ist nicht das Verschweigen von Handlungsoptionen, die es doch gegeben hätte. Es ist der Rest, der übrig bleibt, wenn der Druck von allen Seiten gemessen, gewichtet und bewertet worden ist. Um diese Gefangenschaft zu verschleiern, erträgt sie den Hass im europäischen Süden und die Warnungen aus Washington und Peking schweigend. Immerhin: Es geht vorerst gut.

Beim Klimaschutz ist es noch schlimmer. Denn hier gerät die Methode Merkel endgültig an ihre Grenzen. Wie adressiert man ein weltweites Problem, wenn es von den wichtigsten Partnern zeitweise bestritten wird? Wie sorgt man für Mehrheiten, wenn entschlossenes Handeln Zumutungen für die eigenen Bürger bedeutet? Wie regiert man in einer Krise, in der man definitionsgemäß gar nicht vor die Lage kommen kann? Normalen Politikern steht dafür die große Rede, das Werben für einen politischen Entwurf zur Verfügung. Dieses Mittel hat die Kanzlerin in ihren ersten Jahren aus der Hand gegeben. Sie hat verlernt zu reden und zu erklären. Das rächt sich in der Klima-Krise, und es rächt sich in der Corona-Pandemie.

Angela Merkel wird Weltmeisterin

Auf einem anderen, völlig unwahrscheinlichen Feld dagegen macht Angela Merkel Boden gut: auf dem Fußballplatz. Im «Sommermärchen» des Jahres 2006, der Fußballweltmeisterschaft in Deutschland, probt auch die Kanzlerin eine neue Rolle. Nicht nur, dass sie zur Überraschung aller auf der Tribüne mitjubelt. Sie schreckt nicht vor einem Besuch in der Kabine zurück, lässt sich von Bundestrainer Jürgen Klinsmann persönlich im Kanzleramt die Erfolgsaussichten der Truppe erläutern – und feilt schließlich, nach dem Ausscheiden der

Mannschaft im Halbfinale, mit an dem neuen, jungen und freundlichen Bild Deutschlands in der Welt. Die Geschichte: Deutschland ist wie der neue deutsche Fußball, wie der Teamchef Klinsmann, wie die neue deutsche Kanzlerin Merkel, leistungsfähig, sympathisch, humorvoll, patriotisch und bescheiden.

Bei Helmut Kohl hat die Kanzlerin lernen können, wie man das macht. Der Kanzler der Einheit, 1990 in Rom, mit der Weltmeistermannschaft in der Kabine, ein Männerfest. Die Fußballer glückselig und spärlich bekleidet, der Kanzler im Anzug mit dem Colabecher. Kanzlerseitig ist das ein Bild der Freude, aber keines des Überschwangs.

Ganz anders Angela Merkel. Sie taucht in das Spiel ein, jubelt wie Millionen Deutsche, und wenn die Mannschaft verliert, ist sie traurig wie Millionen Deutsche. Sie steht nicht am Rand eines Amateurfilms wie Helmut Kohl, sondern richtig positioniert, in der Mitte der Kabine.

Die Botschaft ist immer dieselbe, nach dem dritten Platz in der Weltmeisterschaft 2006 noch deutlicher als nach dem Sieg 2014: Das wiedervereinigte Land ist zwar größer als alle anderen in Europa, aber keineswegs herrschsüchtig. Es kommt gestärkt aus der Wirtschaftskrise, drückt jedoch niemanden an die Wand. Es ist selbstbewusst und kann sich dennoch am Erfolg der anderen freuen. Wenn es verliert, verliert es fair.

Die Nationalmannschaft soll zur Projektionsfläche für das neue Deutschland werden. Die Frau, die sich von nun an regelmäßig auf die Bilder der Nationalmannschaft schmuggelt, profitiert auch davon. Vorbei die Zeit von Rumpelfußball und Basta-Kanzler «Acker» Schröder, von jetzt an regiert das Motto «Dieses Leben bietet so viel mehr» aus der inoffiziellen Mannschaftshymne – im Sport und im wirklichen Leben.

Mit Klinsmann verbindet die Kanzlerin vieles. Beide teilen die Erfahrung, als Außenseiter in ein Spitzenamt gekommen zu sein und

Die Fußballweltmeisterin: mit Joachim Gauck in Rio de Janeiro, 2014.

darin trotz allen Erfolgs fremd zu bleiben. Beide sind USA-begeistert. Beide pflegen eine «Armutsästhetik» der öffentlichen Bescheidenheit,[23] mit der sie sich von der Kraftmeierei und den überzogenen Versprechungen ihrer Vorgänger absetzen.

Beide wissen um die Macht der Bilder und setzen dieses Wissen ein, um ihre Arbeit freundlich auszuleuchten: Auch die so uneitle Bundeskanzlerin poliert nun ihr öffentliches Bild. Vorsichtig, aber entschlossen arbeitet die Bildregie im Kanzleramt. Eine Visagistin bezieht in der siebten Etage Posten, richtet täglich Make-up und Frisur.

Der Kanzlerinnenlook – farbiger Blazer, schwarze Hose – wird entwickelt. Der Modeschöpfer Wolfgang Joop attestiert ihr dafür «modische Intelligenz» und «Stil».[24] Rednerpulte, an denen die Kanzlerin steht, sollen vorne geschlossen und an der Vorderseite nicht höher als 1,10 Meter sein. Fotografen bekommen klare Anweisungen, wie die Kanzlerin abgelichtet werden möchte. Wer bei Terminen und Reisen regelmäßig dabei sein will, hält sich besser daran: «nicht von der Seite, nicht von unten, nicht beim Gehen» und ohnehin nicht beim Essen.[25] Das Ergebnis kann sich sehen lassen. Freundliche Aufnahmen der Kanzlerin erscheinen, sie lächelt, die Frisur sitzt. Der vorher allgegenwärtige Spott über ihr Aussehen, ihre Kleidung, ihre Haare verstummt. «Die modische Annäherung kam (…) sehr, sehr vorsichtig», sagt sie, noch als Oppositionsführerin.[26]

Die Macht der Bilder und der Geschichten erkannt zu haben, die dazu erzählt werden können, ist lange eins der Erfolgsgeheimnisse der Kanzlerin. Die Sache wendet sich, als sie für wenige Minuten die Kontrolle aufgibt: Als sie im September 2015 ein Flüchtlingsheim in Berlin besucht, zischt der Sicherheitsbeamte noch: «Keine Fotos», wie die «Bild»-Zeitung beobachtet. Doch die Kanzlerin habe «schon in Ordnung» gesagt, und Anas Modamani macht das berühmteste Selfie des Jahres 2015: Er schaut ernst, Angela Merkel im türkisen Jackett, lächelt, hält den Daumen hoch.[27] Das Foto hat sie nicht kontrolliert, die Geschichte dazu bekommt sie nicht unter Kontrolle.

Jürgen Klinsmann, längst nicht mehr Nationaltrainer, ist beim Staatsbankett im Rosengarten des Weißen Hauses dabei, als Angela Merkel im Jahr 2011 von Barack Obama mit der Freiheitsmedaille ausgezeichnet wird. Sie mag ihn. Auch Klinsmanns Nachfolger Joachim Löw ist öfter zum Mittagessen in der siebten Etage des Kanzleramts. Meist gibt es Löws Lieblingsgericht, eine Art Kinderteller: Cordon bleu mit Bratkartoffeln. Man tauscht sich über die Mannschaft aus, seine und ihre.

Das berühmteste Selfie des Jahres 2015: Angela Merkel und Anas Modamani, geflüchtet aus Syrien.

Der Kanzlerin gelingt im Jahr 2006, den Aufbruch im deutschen Fußball zu ihrem zu machen. Ihr größtes Verdienst ist, für Deutschland einen selbstbewussten und dennoch zurückhaltenden Platz in der Welt gefunden zu haben. Es entsteht eine Verbindung, die im Jahr 2014 in Brasilien ihren Höhepunkt erreicht. Deutschland wird Weltmeister. Und Merkel die einflussreichste Frau der Welt.

Danach beginnt der Abstieg. Seiner und ihrer. 2021 werden beide ihr Amt niederlegen.

FEHLER

In der Gesamtbilanz einer über sechzehn Regierungsjahre amtierenden Kanzlerin nach Fehlern zu suchen, ist ein Kinderspiel. Die Mängelliste reicht von diplomatischen Versäumnissen beim Brexit, falschen Einschätzungen in der Energiepolitik oder Versagen bei der Corona-Pandemie bis zu unterlassener Zukunftsarbeit bei den Themen Rente und Gesundheit. Solche Fehler und Irrtümer unterscheiden die Kanzlerin aber kein bisschen von ihren Vorgängern und den Kollegen Regierungschefs in anderen Ländern. Bei allen läuft etwas schief, bei den meisten bleibt etwas liegen, oft mehr als bei ihr. Es wirkt außerdem kleinlich, die Haare in einer Suppe zu zählen, die den Deutschen offensichtlich lange geschmeckt hat.

Deshalb sollen hier nur Fehler beschrieben werden, die über den Regierungsalltag hinausweisen, die symptomatisch für die Person und die Zeit Angela Merkels sind und die die Zukunft möglicherweise belasten werden. Es sind Fehler, die mit der prägenden Kraft einer Regierungschefin zusammenhängen, vielleicht sogar mit persönlichen Einstellungen, die sie in die Irre leiten.

Fehler unterscheiden sich von Irrtümern dadurch, dass derjenige, der sie macht, es eigentlich besser weiß. Wer sich irrt, geht von falschen Grundannahmen aus. Viele Menschen im Mittelalter beispielsweise waren ziemlich sicher, dass die Erde eine Scheibe sei. Natürlich haben sie jede Schiffsreise vermieden, die sie an den Rand dieser Scheibe gebracht hätte. Sie mussten Angst haben herunterzufallen. Sie haben sich geirrt. Persönlich aber würde man ihnen nicht vorwerfen, Amerika nicht entdeckt zu haben.

Wer sich irrt, richtet möglicherweise denselben Schaden an wie derjenige, der Fehler macht. Es hat an der nötigen Erkenntnis gefehlt.

Wer aber danebenhaut, obwohl er es besser könnte oder weiß, trägt eine größere Verantwortung für die weitere Entwicklung. Hier sollen vor allem die Fehler, weniger die Irrtümer beleuchtet werden.

Genauso wenig, wie Angela Merkel «Ich will haben, dass …» sagt, gesteht sie: «Ich habe einen Fehler gemacht.» Als sie, am Ende ihrer Kanzlerschaft, ein einziges Mal von diesem Prinzip abweicht, löst sie geradezu ein mediales Beben aus, sogar «historisch» wird ihr Eingeständnis eines persönlichen Fehlers kurz vor Ostern 2021 genannt werden; darüber später mehr. Wie alle gewieften Politiker hält sie sich ansonsten all die Jahre die Verantwortung für Misserfolge nach Kräften vom Leib. Innenpolitisch überlässt sie die praktische Politik ohnehin den Fachministern: Wenn die Fehler machen, müssen sie dafür geradestehen. So immunisieren sich die Regierung als Ganzes und speziell die Kanzlerin gegen den Vorwurf der Stümperei. Als zum Beispiel Bundeswirtschaftsminister Peter Altmaier im Winter 2020/21 die Coronahilfen für die Wirtschaft zu spät auszahlt, gilt der Ressortchef als der Schuldige. Die schleppende Impfkampagne des Frühjahrs muss sich dagegen Merkel anrechnen lassen, weil der europäische Vakzin-Einkauf genau wie der Lockdown als «Chefsache» eingestuft wird – auch wenn das den Tatsachen nicht entspricht und außer dem Kanzleramt der Gesundheitsminister, die Ministerpräsidenten der Länder und vor allem die Europäische Union mitreden.

In der Corona-Pandemie wird deutlich, wie schwer es oft ist, politische Verantwortung richtig zuzuordnen. In Berlin regiert eine Koalition: Hat CDU-Minister Peter Altmaier, der die unzulängliche Software beschafft hat, bei der Novemberhilfe versagt? Oder ist SPD-Finanzminister Olaf Scholz der Schuldige, weil das Geld nicht rechtzeitig bereitsteht? Die Durchführung des Infektionsschutzgesetzes obliegt weitgehend den Ländern: Ist also CSU-Ministerpräsident Markus Söder für die Lockdown-Politik im Winter 2020/21 haftbar zu machen? Wie viel Tadel hat der thüringische Links-Politiker Bodo Ramelow für das Eingeständnis verdient, sich während der quälend langen Runden gelegentlich ein Daddelspiel auf dem iPad zu gönnen, statt konzentriert mitzuarbeiten? Welche Rolle spielt der baden-württembergische Landesvater Winfried Kretschmann von den Grünen, wenn es vor Landtagswahlen in seinem Sprengel um die Öffnung von Schulen geht? Welche der CDU-Vorsitzende Armin Laschet, als um die Öffnung von Friseursalons gerungen wird? Macht nicht in Wahrheit längst der Chef des Robert Koch-Instituts Lothar Wieler die Politik?

So ist es bei vielen Gesetzen. Die Regierungsparteien müssen sich einigen, das Parlament soll zustimmen, der Bundesrat wird befragt, der Vermittlungsausschuss legt Hand an. Am Ende bestätigt sich in der Regel das «Struck'sche Gesetz», das nach dem früheren SPD-Fraktionsvorsitzenden und ehemaligen Verteidigungsminister Peter Struck so heißt: «Es kommt kein Gesetz so aus dem Bundestag heraus, wie es eingebracht worden ist.»[1]

Politische Entscheidungen haben viele Quellen. Wer als Erster zugibt, einen Fehler gemacht zu haben, begibt sich in Gefahr: Er wird auch für die Fehler der anderen in Haftung genommen. Ein Eingeständnis eines Einzelnen entlastet die anderen Beteiligten. Der CSU-Innenpolitiker Hans-Peter Friedrich etwa warnt 2013 während der Koalitionsverhandlungen die SPD, ihr Nachwuchstalent Sebastian Edathy auf einen einflussreichen Posten zu befördern. Er sei im Zusammenhang mit dem Herunterladen anstößiger Kinderbilder aus dem Internet aufgefallen, die Ermittler haben das Innenministerium darüber informiert. Am Ende muss Friedrich wegen Geheimnisverrates zurücktreten. Die ebenfalls beteiligten SPD-Politiker Sigmar Gabriel und Thomas Oppermann haben die Information zwar auch weitergegeben, sich sogar auf dem kleinen Dienstweg beim Bundeskriminalamt nach dem Stand der Ermittlungen erkundigt – doch weil Friedrich den Fehler einräumt, muss er gehen.

Fehler nicht zuzugeben, ist deshalb ein Instrument zum Erhalt von Macht und Autorität. Merkel hat es dabei besonders weit gebracht, indem sie «als Physikerin» politisches Handeln wieder und wieder naturwissenschaftlich begründet. Denn ein Experiment, so geht ihre Erzählung, ist neutral. Es ist dazu da, eine Annahme zu überprüfen. Bestätigt sich die Arbeitshypothese nicht, ist das kein Fehler, sondern ein nützliches Ergebnis. Der Wissenschaftler macht den nächsten Versuch – so lange, bis die Annahme entweder bestätigt oder endgültig verworfen wird. Nach diesem Prinzip betreibt Merkel auch ihre Regierungsgeschäfte: Bringt eine Maßnahme nicht das gewünschte Ergebnis, versucht man es mit einer anderen. «Auch wenn man in der Politik keine Experimente macht, so gibt es doch eine Parallele (zur Wissenschaft): Bei politischen Vorgängen bedarf es oft sehr vieler Anläufe, um ein politisches Ziel zu erreichen. (...) Auch Fehlversuche gehören zum Leben», formuliert die Kanzlerin ihr Verständnis der politischen Arbeit.[2]

Das Problem ist nur, dass Politik – anders als Wissenschaft – nicht nach Erkenntnis, sondern nach Ergebnissen strebt. Werden sie verfehlt, hat der Politiker ein Problem, ganz gleich, wie viel Einsichten seine Versuche zuvor zutage gefördert haben. Zudem läuft er Gefahr, beim ewigen Experimentieren das eigentliche Ziel aus dem Auge zu verlieren. Sie wird zu einer Getriebenen des Tagesgeschäfts.

«Die Dinge vom Ende her zu denken», ist eine der großen Stärken der Kanzlerin – sie nicht zu Ende zu bringen, ist ihre eklatante Schwäche. Das ist beim Atomausstieg genauso wie beim Aussetzen der Wehrpflicht, in der Griechenlandfrage ebenso wie beim Umgang mit der Migrationskrise. Kurzfristiges Agieren entspannt die Lage für den Augenblick. Doch nur in den seltensten Fällen löst es auch das Problem.

Über das Verhältnis Angela Merkels zum Parlament, zur CDU und zum deutschen Parteiensystem ist viel nachgedacht worden. Ihr Verhältnis zum Staat und zu seinen Institutionen hat bei diesen Überlegungen merkwürdigerweise nur selten eine Rolle gespielt. Doch in der mühselig nach außen demonstrierten Neutralität gegenüber Polizei, Geheimdiensten und Bundeswehr liegt die Ursache für die schwersten Fehler, die Angela Merkel während ihrer Regierungszeit macht.

Nachdem die Wehrpflicht ausgesetzt ist, vernachlässigt sie die Bundeswehr – und riskiert den schweren Bündniskonflikt mit den USA, den Präsident Donald Trump später auf die Spitze treiben wird. Sie meidet den Kontakt zum Nachrichtendienst, dem Bundeskriminalamt und dem Verfassungsschutz – und überwirft sich mit allen drei Behörden, als sie während ihres größten innenpolitischen Problems auf sie angewiesen ist: der Migrationskrise.

Sie ignoriert die Gefahr rechtsterroristischer Anschläge im eigenen Land – und muss sich nach dem Mord am Kasseler Regierungspräsidenten Walter Lübcke, dem Angriff auf die Synagoge in Halle und den rassistisch motivierten Morden von Hanau den Vorwurf gefallen lassen, die innere Sicherheit vernachlässigt zu haben. In solchen Situationen würde es der Regierungschefin nicht einmal helfen, auf die Verantwortung der Verteidigungsministerin und des Innenministers zu verweisen und die Fehler den Ressortchefs zuzuschreiben. Denn die initialen Entscheidungen fallen im Kanzleramt. Und es ist offensichtlich, dass die Kanzlerin sich damit hätte befassen müssen – und es nicht getan hat.

Wer einmal gesehen hat, wie schnell ein Staat zerbrechen kann, wie eine Mauer fällt, die für die Ewigkeit gebaut ist, hält Stabilität danach für eine Illusion. So oder ähnlich begründet Angela Merkel, warum sie ein anderes Verhältnis zu den Institutionen des Staates hat

Verhärtete Fronten: Angela Merkel und Donald Trump auf dem G7-Gipfel in La Malbaie, Kanada.

als viele ihrer westdeutschen Kollegen. Sie hält nichts für gegeben, nichts für endgültig.

Den Sicherheitsdiensten steht sie distanziert gegenüber, manchmal in einer atemberaubenden Naivität («Ausspähen unter Freunden, das geht gar nicht»).[3] Ihre frühe Entscheidung, sich nicht mit der DDR-Staatssicherheit einzulassen, wirkt auch in der freiheitlichen Demokratie des vereinigten Deutschland nach: Auch dessen Geheimdienste hält sie nach Möglichkeit auf Distanz und beraubt sich damit wichtiger Informationen. Und: Sie verharrt in Passivität, wo sie hätte handeln müssen.

Angela Merkel erlebt in ihrer Partei- und Regierungskarriere nach der deutschen Einheit, dass mit den intransparent operierenden Diensten politisch nicht viel zu gewinnen ist. Sie überlässt den Kontakt zu den Präsidenten zunächst Wolfgang Schäuble, der das Führungspersonal bestens kennt, es oft sogar in seiner Rolle als Innenminister persönlich gefördert und berufen hat.

Im Gegensatz zu der Zeit des Kalten Krieges, in dem die Schlapphüte sich im Wesentlichen mit Grenzangelegenheiten und Spionagefragen des Ostblocks beschäftigen, richtet sich die Arbeit seit der Jahrtausendwende vor allem gegen die Gefahr islamistischen Terrors. Nun entscheiden Erfolg oder Misserfolg dieser Arbeit darüber, ob sich in den Partnerländern oder im eigenen Land Terroranschläge ereignen oder ob sie verhindert werden können. Trotzdem nimmt die Kanzlerin kaum Anteil an der fälligen Neuausrichtung und Neuorganisation der Dienste, im Gegenteil. Sie hält sie sich vom Leib.

Auch Helmut Schmidt und Helmut Kohl haben von den deutschen Geheimdiensten nicht viel gehalten. Sie verlassen sich mehr oder weniger darauf, dass der Bündnispartner USA die deutschen Ämter schon alarmiert, wenn etwas schiefläuft. Schmidt brüstet sich sogar damit, in seiner gesamten Amtszeit nicht einen der Berichte des Nachrichtendienstes gelesen zu haben. «Ich war dreizehn Jahre lang Mitglied einer Bundesregierung. Ein einziges Mal habe ich den Chef des BND für zehn Minuten empfangen; das war einer, den ich kannte», erzählt er dem Journalisten Giovanni di Lorenzo.[4]

Die Geheimdienste fühlen sich nicht nur ungeliebt, sie sind es auch. Sie nennen die Dienstagstermine, zu denen sie wöchentlich im Kanzleramt berichten müssen, «Kulttag», wobei offenbleibt, wer oder was da gewürdigt werden soll. Gelegentlich beschwert man sich über das Essen, das während der mittäglichen Sitzungen gereicht wird.[5]

Mehr als ein staubiges Ritual ist es selten. Als Angela Merkel im Oktober 2014 den Verfassungsschutz in Köln besucht, passt die

Botschaft der Bundesregierung anschließend auf eine knappe Seite: Danke für die geleistete Arbeit, steht auf dem Sprechzettel der Kanzlerin, und: «abschließend noch einmal ein herzliches Dankeschön».[6] Gemessen an der Wertschätzung ihrer Vorgänger für das Amt, ist das schon viel. Merkel ist die zweite Regierungschefin, die der Behörde überhaupt einen Besuch abstattet. Gegründet wurde das Haus im Jahr 1950.

Spätestens der Anschlag auf das World Trade Center in New York am 11. September 2001 aber hat bewusst gemacht, wie wichtig Nachrichtendienste sind – und welche Fehler sie machen können. Dass einer der Attentäter vom 11. September unbehelligt in Hamburg leben konnte, dass der Weihnachtsmarkt-Terrorist Amri den Behörden zwar bekannt war, aber als nicht relevant erschien, dass die meisten Informationen über potenzielle Gefährder von befreundeten ausländischen Diensten kommen? Das nährt die Zweifel an der Effizienz der Dienste, führt aber nicht zu einer Neubestimmung der Arbeit.

Die Attentäter der rechten Terrorgruppe NSU fallen erst auf, nachdem sich Uwe Mundlos und Uwe Böhnhardt nach einem Banküberfall aus Angst vor Entdeckung im Jahr 2011 das Leben nehmen. Aus Ausländerhass haben sie seit 1998 zehn Menschen ermordet und 43 Mordversuche begangen. Am 2. Juni 2019 wird der Kasseler Regierungspräsident Walter Lübcke von einem rechtsextremistischen Täter erschossen, den die Sicherheitsbehörden nicht mehr beobachtet haben. Lübcke hatte öffentlich für die Flüchtlinge des Jahres 2015 Partei ergriffen. Im Oktober desselben Jahres versucht ein antisemitischer Täter, in die Synagoge von Halle einzudringen, und tötet, nachdem das misslingt, zwei Menschen. Im Februar 2020 schießt im hessischen Hanau ein rechtsgerichteter Mann um sich und tötet neun Menschen mit Migrationshintergrund, seine Mutter und sich selbst. All diese Attentäter hatten die Geheimdienste nicht auf dem Schirm – und wenn sie sie kannten, haben sie die Männer aus den Augen verloren.

Der Kanzlerin ist Rechtsextremismus verhasst wie weniges, und unvergessen bleibt, dass sie die Freundschaft zu Israel zur «Staatsräson» der Bundesrepublik erklärt hat.[7] Aber Handlungen folgen nicht daraus, sie sieht zu, wie rechtsextreme Strömungen stärker, antisemitische Vorfälle häufiger werden. Gerade weil sie erlebt hat, dass Staaten zusammenbrechen können, würde man von ihr Wachsamkeit und entschiedenes Handeln erwarten. Doch nicht einmal das Auftreten der AfD lockt sie vom Spielfeldrand. Der hilflose Umgang mit dem Rechtsextremismus ist einer ihrer Fehler.

Äußere Sicherheit und Partnerschaft in der Nato

Die Gleichgültigkeit gegenüber der Bundeswehr hat eine andere Ursache. Als Oppositionspolitikerin gehen ihr Bekenntnisse zum westlichen Verteidigungsbündnis noch leicht von den Lippen: Unter der Überschrift «Schroeder doesn't speak for all Germans» veröffentlicht sie im Februar 2003 einen Gastbeitrag in der «Washington Post», in dem sie den SPD-Kanzler schroff kritisiert.[8] Die rot-grüne Bundesregierung will sich der «Koalition der Willigen» zum Einmarsch im Irak nicht anschließen.

Merkel muss ihre Position bald räumen, und zwar nicht nur, weil sich die Begründung dieses Krieges im Nachhinein als unhaltbar erweist – der Irak hatte keine Massenvernichtungswaffen. Sie hat im Bundestagswahlkampf des Jahres 2002 erkennen müssen, dass die Stimmung in Deutschland mehrheitlich gegen Kriegsbeteiligungen ist. Sie lebt – zu ihrer Überraschung – in einem grundsätzlich pazifistisch gestimmten Land, dem die Ruhe an der Heimatfront wichtiger ist als die Festigung der transatlantischen Achse. Nicht nur Ökopaxe und Friedensbewegte hängen dem Motto «Frieden schaffen ohne Waffen» (Westdeutschland) oder «Schwerter zu Pflugscharen» (Ostdeutschland) an.

Schon der Kosovo-Krieg 1999 und der Afghanistan-Einsatz 2001, den Gerhard Schröder mit der Vertrauensfrage im Bundestag durchsetzen muss, haben die Bevölkerung tief gespalten. Zum ersten Mal seit dem Zweiten Weltkrieg beteiligt sich Deutschland an militärischen Aktionen, zum ersten Mal bewegt sich das Land außerhalb seiner verteidigungspolitischen Komfortzone.

Auch eigentlich konservative Väter und Mütter, Großeltern, politikferne Schwestern und Freundinnen wollen die jungen Männer nicht im Krieg sehen. Diese Frage müssen sie sich erst jetzt vorlegen. Die Antwort darauf macht selbst einst überzeugte kalte Krieger zu friedfertigen Hausvätern. Diese Haltung strahlt auf alle gesellschaftlichen Schichten aus. Das Land schickt sich zwar gern und zunehmend selbstbewusst in die Rolle einer international anerkannten Führungs-, Vermittlungs- und Vorbildnation. Den militärischen Preis dafür bezahlen möchte es aber lieber nicht.

Als nun 2002 die dritte Aufforderung zum Einsatz eintrifft, weigern sich Gerhard Schröder und sein grüner Außenminister Joschka Fischer. Merkel dagegen stellt sich an die Seite des US-amerikanischen Präsidenten und mag nicht ausschließen, dass sich eine CDU-geführte Bundesregierung an einer Intervention im Irak beteiligen würde. Es ist Wahlkampf, Rot-Grün gewinnt nach einer beispiellosen Aufholjagd noch einmal. Vor allem wegen der Flutkatastrophe in Ostdeutschland und des Gummistiefel-Einsatzes des Kanzlers an der Elbe. Aber auch wegen des klaren Neins zum geplanten Irak-Krieg.

Die CDU-Parteivorsitzende lernt daraus: Sie wechselt das Lager und schließt sich den Tauben an. Als Kanzlerin bleibt sie dabei. Von nun an wird sie versuchen, den Einsatz militärischer Mittel möglichst auszuschließen. «Gedämpfte(n) Pragmatismus» nennt der Journalist Stefan Kornelius das.[9]

Deutschland bleibt zwar in Afghanistan, ist jedoch nicht dabei, als Frankreich im Frühjahr 2011 dem UN-Sicherheitsrat die Zustimmung zu einem Militäreinsatz in Libyen abringt. Deutschlands Außenminister Guido Westerwelle (FDP), der das Land zu der Zeit auf einem der nicht ständigen Sitze im Sicherheitsrat vertritt, enthält sich der Stimme. Das führt zu einem Skandal – denn die USA, Großbritannien und Frankreich stimmen zu. Im Kanzleramt und im Außenministerium war man davon ausgegangen, dass auch die USA diesem Einsatz nicht zustimmen würden. Die Begründung Westerwelles für die Enthaltung dagegen ist innenpolitisch eigentlich zwingend: Wenn Deutschland mitgestimmt hätte, hätte die Bundeswehr in Libyen mitkämpfen müssen. Eine solche Entscheidung dem Bundestag vorzulegen, traut sich die schwarz-gelbe Koalition nicht zu.

Auch als Frankreich im September 2015 Bombardements gegen Syrien fliegt, stellt die Bundeswehr zwar eine Fregatte zur Absicherung des Flugzeugträgers «Charles de Gaulle». Am Kampfeinsatz selbst beteiligt Deutschland sich nicht. Spähen, tanken, sichern. So lautet der Auftrag. Der freundliche Hegemon Europas wird bis zum Ende der Amtszeit Angela Merkels zwar in zwölf Auslandseinsätzen dabei sein. Aber militärisch wird er – außer anfangs in Afghanistan – seinen Verbündeten im Kampf gegen den Terror nicht beistehen.

Die Bundeswehr wird in der Regierungszeit Angela Merkels zu einer Art Heilsarmee mit schwerem Gerät. Sie rettet Flüchtlinge, baut Brunnen, errichtet Schulhäuser. Sie schützt Ebola-Krankenhäuser, sichert Seewege für Hilfstransporte, bewacht Corona-Impfkampagnen. Ihre Missionen im Irak und in Mali, Potsdam und Wanne-Eickel, am Horn von Afrika wie in Hamburg-Horn zeigen, dass die Soldaten hilfsbereit sind. Doch einsatzbereit sind sie nicht. Dazu fehlt nicht nur die allgemeine Zustimmung der Bürger. Es fehlen auch Schiffe und Flugzeuge, Hubschrauber und Waffen und vor allem: die richtigen Leute.

Als Angela Merkel Kanzlerin wird, existiert die Wehrpflicht noch, jedenfalls auf dem Papier. Neun Monate sollte jeder junge Mann in der Bundeswehr dienen müssen. Diese Pflicht ist allerdings schon zur

Jahrtausendwende keine echte allgemeine Wehrpflicht mehr. Weniger als die Hälfte der wehrtauglichen und -willigen jungen Männer wird einberufen, von Wehrgerechtigkeit kann keine Rede sein. Dazu kommt, dass die Wehrpflicht teuer und personalintensiv ist. Wird sie außerdem noch, wie von der FDP im Koalitionsvertrag durchgesetzt, demnächst auf sechs Monate verkürzt, können die Wehrpflichtigen erst recht keinen vernünftigen Beitrag mehr leisten.

Wenn die Bundeswehr weiter sparen müsse, argumentiert Verteidigungsminister Karl-Theodor zu Guttenberg, könne die Wehrpflicht nicht mehr gehalten werden. Einen Plan zu ihrer Abschaffung hat der Minister nicht, als er die Idee während der Haushaltsklausur des Kabinetts im Juni 2010 aus dem Hut zaubert. Zu Guttenberg glaubt nämlich, mit dieser Drohung den verlangten Sparbeitrag seines Hauses von mehr als acht Milliarden Euro vermeiden zu können. Schließlich gelten CDU und CSU als die Gralshüter der Wehrpflicht, die doch vielen aufmüpfigen jungen Männern so gutgetan hat. Dieses Ritual der Erwachsenwerdung wird doch nicht ausgerechnet die Union opfern. Und auf das friedfertige Gegenstück dazu, den Zivildienst, können doch die Altenheime, Krankenhäuser und Behinderteneinrichtungen, die Pförtnerlogen der Studentenwohnheime und die verrauchten Jugendclubs auf dem Land keinesfalls verzichten. Der Verteidigungsminister ist sich seiner Sache ziemlich sicher.

«Helmut Kohl hätte die Sache hier gestoppt. Bei Angela Merkel aber fängt sie hier erst an», erzählt ein Teilnehmer der Kabinettsklausur. Die Kanzlerin verkündet «keine Denkverbote» und lässt den jungen Star ihres zweiten Kabinetts mit neuem Marschbefehl loslaufen. Die Sache entwickelt die Merkel-typische Eigendynamik und wird zum Überfallkommando auf den Sicherheitskonservatismus der Unionsparteien. Denn jetzt gibt es eine breite öffentliche Diskussion über die Gefahr, die Wehrpflichtigen bei Auslandseinsätzen drohen könnte. Nachdem im April des Jahres bei zwei Gefechten sieben deutsche Soldaten in Afghanistan fallen, gibt es das Momentum für eine Großreform. Außerdem gibt es nun eine Person, die die Sache vorantreiben kann, ohne die Unionsparteien zu spalten. Und es gibt eine Geschichte, die erzählt werden soll: Eine Bundeswehr, die die gewachsene Verantwortung Deutschlands im Ausland wahrnimmt, muss auf Freiwilligkeit setzen.

Die «Bundeswehr-Strukturkommission» unter Leitung des obersten deutschen Verwaltungssanierers Frank-Jürgen Weise (Arbeitsagentur, später auch Bundesamt für Migration und Flüchtlinge) kommt ein paar Monate später zum gewünschten Ergebnis: Die Aussetzung der Wehrpflicht wird empfohlen. Nur ein erfolgreicher Behördenchef und Reserveoffizier wie Weise kann eine solche Expertise glaubwürdig vorlegen. Nur ein CSU-Mann und ehemaliger Gebirgsjäger wie zu Guttenberg kann sie in die politische Realität bringen. Ein halbes Jahr später steht sogar die Wehrpflichtpartei CSU hinter dem Plan.

Ein schöneres Geschenk kann man den jungen Männern im Land, ihren Eltern, Freundinnen und Großeltern kaum machen. Die Sache hat allerdings einen Haken. Mit der Wehrpflicht verschwindet das Thema Bundeswehr aus der öffentlichen Wahrnehmung. Die kritische Haltung zu den Auslandseinsätzen weicht einer vollkommenen Gleichgültigkeit – die nur noch gelegentlich und sehr kurz durch Trauer und Betroffenheit unterbrochen wird, wenn in Afghanistan deutsche Soldaten fallen. Was die Bundeswehr tut, wie sie bewaffnet ist, wie es die Einheiten mit der Verfassungstreue halten – diese Fragen stellt sich außerhalb der Kasernen kaum jemand, und drinnen genießen sie offenbar auch keine besondere Beachtung. Die wache und kritische Öffentlichkeit, die die Soldaten in der Vergangenheit oft genug herausgefordert hat, fehlt der Bundeswehr von nun an. Und wenn sich niemand mehr über ein Thema aufregt, befördert auch die Bundeskanzlerin die Sache in die Ablage und kümmert sich nicht weiter darum.

Solange im Inneren die gesamte politische Aufmerksamkeit auf die Bewältigung der Eurokrise konzentriert ist, fällt niemandem auf, dass die Bundeswehr gerade im Chaos versinkt. Nur, als im November 2010 auf dem historischen Segelschulschiff «Gorch Fock» eine junge Offiziersanwärterin aus der Takelage fällt und tödlich verunglückt, wird noch einmal öffentlich über Auftrag, Ausbildung und Arbeit der Soldaten gesprochen. Allerdings ausschließlich für die «Gorch Fock», die danach, auch geradezu symbolisch für die Bundeswehr, mit kurzen Unterbrechungen für mehr als zehn Jahre ins Dock gelegt sowie teuer und skandalumwittert repariert wird.

Die Generalreform der Bundeswehr dauert noch länger als die Denkmal- und Rostsanierung auf der «Gorch Fock». Der junge Minister liefert keine belastbare Entscheidungsgrundlage, und die Kanzlerin erzwingt sie nicht. Sie lässt die Sache schleifen, obwohl der Erfolg entscheidende Bedeutung für die sicherheitspolitische Handlungsfähigkeit des Landes hat, obwohl die konservativen Kräfte in der eigenen Partei nun doch Verrat am Traditionsbestand von CDU/CSU wittern.

Über den Zustand der Bundeswehr weiß man im Kanzleramt durchaus Bescheid. Zum Jahreswechsel 2010/11 stellt man fest, dass das Ministerium eine unübersichtliche, zerstrittene und ineffiziente Armee betreue, in der «ungesteuerte Reformarbeit» die Ressourcen fresse. «Nicht erfolgsfähig», attestiert die Weise-Kommission.[10]

Erst nachdem zu Guttenberg wegen seiner plagiierten Doktorarbeit zurückgetreten ist und Thomas de Maizière das Amt übernimmt, bekommt die Reform eine Richtung. Aus dem Militär, das «zur Zeit nicht zu führen (ist), auch nicht von mir»[11] (de Maizière), soll jetzt endlich eine professionelle Berufsarmee werden, die wenigstens in der Theorie die Bündnisverpflichtungen erfüllen kann. Der Wehrbeauftragte der Bundesregierung stellt in den Jahren danach allerdings in schöner Regelmäßigkeit fest, dass die Truppe weder effizienter noch schlagkräftiger wird, dass die geplanten Strukturen nicht zum

Budget passen, die Bewaffnung und Ausrüstung hinter den Aufgaben zurückbleiben. Die Verteidigungsminister de Maizière, von der Leyen und Kramp-Karrenbauer arbeiten viel, doch erfolglos.

Schnell wird klar: Ohne die aktive Unterstützung der Kanzlerin, ohne zusätzliches Geld aus dem Finanzministerium wird sich nichts ändern. Beides bleibt aus. Es gibt keinen übergeordneten politischen Willen mehr, die Truppe für das 21. Jahrhundert zu rüsten und die Bundeswehr aus ihrer zunehmend selbstgerechten Isolierung zu zwingen. Deutschland gibt die Friedensdividende nach dem Ende des Kalten Kriegs lieber für soziale Zwecke aus.

Als die Kanzlerin im September 2014 beim Nato-Gipfel in Wales wie alle anderen Mitglieder des Verteidigungsbündnisses verspricht, den Wehretat auf zwei Prozent des Bruttoinlandsproduktes zu erhöhen, muss sie keine Angst haben, dass irgendjemand sie beim Wort nimmt. Die Vereinbarung ist aus Merkels Sicht eher eine symbolische Geste, um Russland einzuschüchtern, das gerade die Krim besetzt hat. «Binnen einer Dekade» werde man das Ziel schon erreichen, murmelt sie. Der ehemalige General (und Kanzlerberater) Erich Vad vergleicht die deutsche Haltung mit der Strategie, «nachts in der U-Bahn einem bedrängten Fahrgast zur Hilfe (zu) eilen (…) und gleichzeitig den Rowdys (zuzusichern), nicht die Polizei zu rufen».[12]

Die Transporthubschrauber zum Beispiel. Sie sind das Rückgrat der Auslandseinsätze – ohne sie geht nichts. Aber nur ein Drittel der Flotte fliegt, was kein Wunder ist. Die CH-53-Maschinen wurden 1972 angeschafft. Damals hieß der Kanzler Willy Brandt, die aktuelle Verteidigungsministerin besuchte die Grundschule im saarländischen Püttlingen. Die Beschaffung neuer Hubschrauber scheitert 2020 spektakulär, dann wird die Ausschreibung ausgesetzt, dann verweigert der Finanzminister dem Verteidigungsministerium die ausreichende Finanzierung. Wie die Bundeswehr künftig Soldaten, Munition, Waffen transportieren soll, bleibt unklar.

Im Jahr 2014 gibt Deutschland gerade einmal 1,3 Prozent seines BIP für die Verteidigung aus, und die Kanzlerin hat ein doppeltes Problem. Im Inneren gibt es keine Sympathie für einen Ausbau der Bundeswehr. Und: Würde sie den Wehretat tatsächlich bis 2024 auf zwei Prozent der Wirtschaftsleistung hochprügeln, müsste sie ihn wegen des zu der Zeit starken Wirtschaftswachstums geradezu verdoppeln: von rund 30 auf fast 60 Milliarden Euro. Das traut sie sich, der Bundeswehr und dem überaus friedlich gesinnten Land nicht zu.

Als die Fregatte «Augsburg» 2015 den Auftrag erhält, den französischen Flugzeugträger «Charles de Gaulle» auf dem Weg zum Einsatz vor Syrien zu begleiten, hat der Kahn nicht einmal die nötigen Hubschrauber an Bord. Die hat er im Heimathafen Wilhelmshaven zurücklassen müssen, damit er die zivile Mission, Flüchtlinge aus dem Meer zu retten (für die er nicht geeignet ist) und den Schleusern das Handwerk zu legen, erfüllen kann. Die Bewaffnung muss nachgeliefert werden. Dafür gehen jetzt die Feldbetten, Decken und Kuscheltiere für die Flüchtlinge und ihre Kinder von Bord. Über den weiteren Verbleib der zivilen Ausrüstung gibt es keine Nachrichten.

Ausgerechnet der populistische amerikanische Präsident Donald Trump zwingt die Kanzlerin in ihre Verantwortung. Die niedrigen Verteidigungsausgaben Deutschlands sind sein Argument in der Auseinandersetzung mit der Europäischen Union um Stahl- und Autozölle, für den geplanten US-Truppenabzug aus Deutschland, für ein reduziertes Engagement der USA in der Nato. Mit seiner Drohung, Deutschland schulde der Nato «Abermilliarden an Dollar»,[13] bringt er den deutschen Wehretat etwas in Bewegung.

Mehr allerdings auch nicht. Allein die Tatsache, dass bei einer straffreien Sammelaktion vorher unterschlagener Munition bei der Elitetruppe «Kommando Spezialkräfte» im Jahr 2020 Zehntausende Patronen abgeliefert werden, zeigt, dass die inneren Probleme der

Bundeswehr bis heute nicht gelöst sind. Die KSK-Truppe ist nur 1100 Mann stark. Dass viel weniger Munition vermisst als zurückerstattet wurde, wirft ebenfalls ein scharfes Licht auf die skandalösen Organisationsdefizite.

Das gilt erst recht für die Aufgaben der Streitkräfte. Einsätze im Inland werden – obwohl sie verfassungsrechtlich bedenklich sind – gerne gesehen: Bei Flut- und Naturkatastrophen, bei der Corona-Hilfe eilen die Soldaten mit Schaufeln, Sandsäcken und lieben Worten zu Hilfe. In der Corona-Pandemie stellen ABC-Spezialkräfte, die auf die Abwehr atomarer, biologischer und chemischer Bedrohungen spezialisiert sind, Desinfektionsmittel für Pflegeheime her. Gebirgsjäger spielen mit den Senioren «Mensch ärgere Dich nicht», Matrosen arbeiten die Einkaufszettel von Wilhelmshavener Rentnern ab. Statt zum Manöver auszurücken, telefonieren Panzergrenadiere in Gesundheitsämtern an der Corona-Front.

Für etwaige Kampfeinsätze der Bundeswehr im Ausland aber gibt es auch nach sechzehn Jahren CDU-Regierung in keiner denkbaren Regierungskonstellation eine Mehrheit. Deutschlands Position an der Seite seiner militärischen Bündnispartner, die Angela Merkel als Oppositionspolitikerin noch beschwört, ist noch fragiler als unter Gerhard Schröder. Am Ende ihrer Kanzlerschaft kommt Angela Merkel ziemlich genau da an, wo sie 2005 begonnen hat. Sie wird das Thema Bundeswehr unerledigt übergeben. Die «letzte Verteidigerin der freien Welt», wie die «New York Times» die Kanzlerin im November 2016 nach der Wahl von Donald Trump feiert,[14] hat ihren Stahlhelm nur als Oppositionsführerin getragen. Vom ersten Tag im Amt an hat sie ihn in der hintersten Schreibtischschublade verstaut – neben dem legendären Schlapphut, der das Erkennungsmerkmal der Geheimdienste ist.

Besonders deutlich wird das Merkel-Prinzip bei einem über den Tag hinaus weisenden Problem: der Rente. Rund einhundert Milliarden schießt der Staat jedes Jahr zu, Tendenz steigend. Angesichts (nicht nur) des demographischen Wandels war bereits bei ihrem Amtsantritt klar, dass hier Handlungsdruck besteht. Der undankbaren Aufgabe nimmt sich ihr Vizekanzler und Arbeitsminister Müntefering an und setzt die schrittweise Einführung der Rente mit 67 durch; die Wähler danken es der SPD, um das mindeste zu sagen, nicht.

Der zweite Glücksfall für die Kanzlerin: In den Jahren bis zur Corona-Pandemie geht es der Wirtschaft gut, die Sozialausgaben können leicht geschultert werden. Die Merkel-Jahre sind goldene Jahre für die Rentner. Der Erfolg der Volkswirtschaft, Hunderttausende neuer sozialversicherungspflichtiger Stellen, spülen viel mehr Geld in die Rentenkasse, als Sozialpolitiker sich erträumt hatten. Die Regierung gibt es mit vollen Händen aus.

Nicht nur, weil sie den Rentnern selbst in der Finanzkrise, als die Löhne der Erwerbstätigen zurückgehen, den Verzicht erspart. Sie verspricht den Müttern Extrageld für ihre Lebensleistung, und den besonders Fleißigen gestattet sie den frühzeitigen Abschied aus dem Erwerbsleben. Die besonders Armen sollen zudem nicht auf andere Hilfssysteme verwiesen werden, wenn die Rente nicht zum Leben reicht. Deshalb wird die Grundrente erfunden. Die neue Formel der Bundesregierung lautet: Die Versicherungsbeiträge sollen nicht über zwanzig Prozent des Lohns steigen, das Rentenniveau darf nicht unter 48 Prozent sinken. Schon ab 2022 muss der Bundeshaushalt den sozialen Frieden mit einer zusätzlichen Finanzspritze von einer halben Milliarde Euro jährlich sichern.

Jedem ist klar, dass es in der Rentenpolitik zu grundsätzlichen Änderungen kommen muss, spätestens ab der Mitte der zwanziger Jahre. Doch die Regierung tut, was sie in solchen Fällen immer tut:

nichts. Sie beruft eine Kommission, die im März 2020 ihren Abschlussbericht mit dem erwartbaren dramatischen Befund vorlegt: «Unter geltendem Recht steigt der Beitragssatz und sinkt das Sicherungsniveau. In den zehn Jahren nach 2025 vollzieht sich diese Entwicklung vergleichsweise schnell.»[15] Doch die Legislaturperiode ist schon fortgeschritten, und Probleme, die nicht sofort gelöst werden müssen, sind nicht «reif». Die nächste Politikergeneration soll sich darum kümmern, jeder Generation ihre eigenen Aufgaben. Das Erbe, das die Kanzlerin in der Rentenpolitik hinterlässt, ist kein Erbe. Es ist eine Altlast.

Die Migrationskrise

Die Flüchtlingskrise des Jahres 2015 hat in der Amtszeit der Bundeskanzlerin eine besondere, manche meinen entscheidende, Bedeutung. Viele ihrer politischen Freunde – und Feinde – sind überzeugt, sie habe an dieser Stelle wie nirgends sonst gezeigt, dass sie von tiefen politischen Überzeugungen geprägt und im Notfall auch bereit ist, sie persönlich gegen eine anders gestimmte Öffentlichkeit zu vertreten.

Seit Sommer 2015 kommen rund eine Million Migranten ins Land, die auf eine bis dahin beispiellose Hilfsbereitschaft zählen können. Nie zuvor und nie danach gleicht die Zivilgesellschaft in Deutschland so bereitwillig und ausdauernd die wachsende staatliche Überforderung aus. Nie zuvor erfährt die Kanzlerin so viel Zustimmung – und in anderen Kreisen der Bevölkerung eine so dramatische Ablehnung.

Die Entwicklung der Angelegenheit zeigt, dass, abgesehen von dem ersten Entschluss, den auf dem Budapester Bahnhof unter unwürdigsten Bedingungen campierenden Flüchtlingen Anfang September die Einreise nach Deutschland zu gestatten, nur wenig politischer Gestaltungswillen erkennbar wird. Der Journalist Robin

Alexander hat die politische Lage im August und September 2015 in einem Buch mit dem Titel «Die Getriebenen» akribisch nachgezeichnet. In der entscheidenden Nacht vom 12. auf den 13. September 2015, in der es darum geht, die deutschen Grenzen zu schließen, erkennt Alexander vor allem eines: Angst vor der Entscheidung. Lange Zeit werfen Angela Merkels Gegner ihr vor, die «Grenze geöffnet» zu haben, ihre Unterstützer loben sie dafür. Beide liegen falsch.

Am Ende wird die deutsche Grenze nur nicht geschlossen. Das passiert nicht, weil jemand dagegen gesprochen hätte. «Es findet sich in der entscheidenden Stunde schlicht niemand, der die Verantwortung für die Schließung übernehmen will», schreibt Alexander.[16]

Es sind Bilder, die die Herzen der Menschen bewegen und den Bahnhofsflüchtlingen den Weg nach Deutschland öffnen: das Foto eines Geflügelwurst-Lasters mit ungarischem Kennzeichen, der am 28. August 2015 verlassen auf dem Standstreifen einer österreichischen Autobahn entdeckt wird. Im Inneren des Kühllasters sind 71 Flüchtlinge qualvoll erstickt. Das Schicksal des dreijährigen syrischen Kindes Alan Kurdi, das am 2. September ertrunken am Strand des türkischen Ferienortes Bodrum liegt.

Dagegen stehen die Bilder der Hoffnung und Hilfsbereitschaft. Die «Ausnahme», die Bahnhofsflüchtlinge aufzunehmen, erinnert nicht nur Angela Merkel an die Bilder der deutschen Botschaft in Prag. So, wie die Ausreise der Botschaftsflüchtlinge Anfang Oktober 1989 in einer direkten Linie zum Mauerfall am 9. November und zum Ende der DDR führt, beginnt mit den Bahnhofsflüchtlingen ein revolutionärer Prozess für das vereinigte Deutschland. Als sich die Züge mit den Bahnhofsflüchtlingen Richtung Deutschland in Bewegung setzen, wirken die Bilder auf die Betrachter zunächst wie ein hoffnungsvolles spätes Zitat der Geschichte.

Sie alle unterschätzen die Macht dieser Bilder, die auf sie selbst so überwältigend wirken. Über Mobiltelefone, Messenger-Dienste und andere soziale Medien werden die Fotos der Züge aus Budapest und

Die Macht der Bilder: Afrikanische und osteuropäische Flüchtlinge kommen mit Zügen aus Ungarn im Münchner Hauptbahnhof an, Münchner jubeln ihnen zu.

ihre Ankunft in München geteilt. Die Botschaft, dass Deutschlands Grenzen offen sind, jeder willkommen geheißen wird, verbreitet sich mit rasender Geschwindigkeit unter den Flüchtenden, den Schleusern und den noch Unentschlossenen. Sie setzt immer mehr Menschen in Bewegung.

Diesmal droht die Massenmigration nicht nur die Herkunfts-, sondern auch die Zielregion zu destabilisieren. Die Kanzlerin setzt dem nichts entgegen.

Sie glaubt, aus langer Erfahrung zu wissen, dass Krisen eine eigene Dynamik haben. Zuerst regen sich alle auf, haben Angst, verlangen nach Taten und bewegenden Ansprachen. Panik droht. Die Bundesregierung stiftet Vertrauen, stabilisiert die soziale und wirtschaftliche Lage und verspricht, dass für alles genug Geld da sein wird. Nach ein paar Wochen schleichen sich Verdruss und Gewöhnung ein. Die erste Angst ist verflogen, aber die Krise ist noch da. In diesen Phasen wächst die Kritik an der Kanzlerin und an der Bundesregierung – das ist in der Finanzkrise so, beim Migrationsproblem, und auch während der Corona-Pandemie stellt sich dieselbe Dynamik ein. Den Politikern wird vorgeworfen, sie nähmen Chaos in Kauf, schauten nur zu, wie die krisenhafte Entwicklung Fahrt aufnehme, hätten selbst keine Ideen und keine politische Vorstellung. Aber am Ende, das ist jedenfalls die Erfahrung Merkels, läuft dann doch alles ganz gut. Deutschland wird für sein Krisenmanagement gelobt, das Volk ist empörungsmüde, die Wirtschaft wächst, der Wohlstand steigt, und alles erscheint wieder ganz genau so wie vor der Krise, nach dem Motto: Wir in Deutschland schaffen das. Alles passiert wie von Zauberhand. Im eigenen Land gibt es keine martialischen Sanierungsprogramme, keine Blut-Schweiß-und-Tränen-Rede, kein Drama. Dafür wird die Kanzlerin geachtet.

In der Flüchtlingskrise läuft es etwas anders. Die Willkommenskultur legt sich, die Empörung aber nicht. Es gelingt Angela Merkel auch nach Jahren nicht, in Europa oder auch nur im eigenen Land eine einheitliche Linie zum Umgang mit den Migranten auszuhandeln. Sie bringt ihre Partei und die Gemeinschaft mit der bayerischen CSU an den Rand des Zusammenbruchs, überwirft sich endgültig mit ihrem Innenminister, dem früheren bayerischen Ministerpräsidenten Horst Seehofer. Sie liefert sich einem immer autokratischer regierenden türkischen Ministerpräsidenten Erdoğan aus, der gegen viel Geld den größten Teil der Flüchtlinge aufnimmt und sich immer abfälliger über seine Partner in Europa äußert. Großbritanniens

Entscheidung, die Europäische Union zu verlassen, wird von den Ereignissen der Jahre 2015 und 2016 in Deutschland stark beeinflusst. «Die einfache Wahrheit ist: Egal, welche Argumente wir auf der Remain-Seite vorbrachten, die Immigration war über einen zu langen Zeitraum zu hoch gewesen.»[17]

Es passiert zu viel gleichzeitig auf zu vielen Ebenen, als dass Angela Merkel sich auf die übliche Krisenkonjunktur verlassen könnte. Und vielleicht will sie das in diesem Fall auch nicht.

Die deutsche Gesellschaft spaltet sich. Es gebe ein «helles Deutschland, das sich hier leuchtend darstellt», sowie «ein Dunkeldeutschland, das wir empfinden, wenn wir von Attacken auf Asylbewerberunterkünfte oder gar fremdenfeindlichen Aktionen gegen Menschen hören», so formuliert es der ehemalige Bundespräsident Joachim Gauck.[18] In der Silvesternacht 2015/16 wird klar, dass in diesem «Dunkeldeutschland» nicht nur Ausländerfeinde, Rassisten und Rechtsextreme zu Hause sind, sondern auch gewalttätige Ausländer. Am Kölner Hauptbahnhof belästigen Hunderte junge Migranten feiernde Frauen. Öffentlich werden die Vorfälle erst Tage später. Die Stimmung kippt. Nicht nur der Kanzlerin, auch den Medien wird vorgeworfen, Erkenntnisse über Kriminelle unter den Migranten zu unterdrücken, skeptische Stimmen zu unterschlagen und stattdessen eine Willkommenskultur zu pflegen, die sich längst überholt habe. Die innere Sicherheit rückt ganz nach oben auf der Tagesordnung.

Eigentlich müssten nun Polizei, Verfassungsschutz und Bundesnachrichtendienst gemeinsam mit der Regierung unter Hochdruck daran arbeiten, das Vertrauen der Bevölkerung wiederherzustellen. Doch wie in allen anderen Krisen zeigt sich, dass Deutschland zwar einen großen Apparat von Beamten und Behörden unterhält, um für Krisen gerüstet zu sein. Nur, wenn es ernst wird, sind die gerade nicht vorbereitet: In der Finanzkrise erweist sich die bisherige Bankenaufsicht als untauglich, in der Flüchtlingskrise streckt das Bundesamt für Migration und Flüchtlinge die Waffen, in der Corona-Pandemie machen die Gesundheitsämter schlapp. Jedes Mal regiert anschließend die Vergesslichkeit: Ist die Krise vorbei, veranstalten die Dienstherren zwar große Kongresse zur Modernisierung der Verwaltung. Es findet sich nur kein Innenminister, keine Kanzlerin, die die Erkenntnisse konsequent und übergreifend in den Ämtern umsetzen.

In der Migrationskrise rächt sich, dass die Kanzlerin auch zu den Geheimdiensten ängstlich Abstand gehalten hat. Die Präsidenten des Bundeskriminalamtes, der Bundespolizei, des Verfassungsschutzes und des Bundesnachrichtendienstes machen halböffentlich und sogar öffentlich keinen Hehl aus ihrer Sorge, im Zuge der Flüchtlingspolitik könnte die Sicherheit Deutschlands massiv beeinträchtigt werden – und arbeiten sich später in einer Vehemenz an der Kanzlerin ab, als sei nicht der Schutz der Republik, sondern der Sturz der Regierung ihre Aufgabe.

Wie schnell sich die Kanzlerin und die Chefs ihres Sicherheitsapparats entfremden, lässt sich an der Person des damaligen Verfassungsschutzchefs Hans-Georg Maaßen am deutlichsten demonstrieren. Im September 2015 sieht Maaßen noch keine Anzeichen dafür, dass sich mutmaßliche Gefährder in den Flüchtlingsstrom mischen. Wenige Wochen später alarmiert er die Öffentlichkeit, weil Islamisten nun nach Erkenntnissen des Verfassungsschutzes versuchen, Flüchtlinge in den Sammelunterkünften anzuwerben. Zu diesem Zeitpunkt ist der Chef des Verfassungsschutzes schon so auf Distanz zur Kanzlerin, dass er keine Rücksichten mehr nimmt. Später, als klar ist, dass einige der Terroristen die Fluchtbewegung tatsächlich genutzt haben, um nach Deutschland, Frankreich, Dänemark und Österreich zu gelangen und dort Anschläge zu verüben, sagt er, er habe das von Anfang an befürchtet.

Als im August 2018 in Chemnitz ein Deutscher am Rand eines Stadtfestes von einem syrischen Asylbewerber erstochen wird, kocht die Stimmung über, nicht nur in der einstigen «Karl-Marx-Stadt». Amateurvideos zeigen Rechtsextreme und normale Bürger, die auf der Straße Migranten attackieren. Die Bundes- und die Landesregierung sprechen von einer «Hetzjagd».[19] Hans-Georg Maaßen tut es nicht. Er bezweifelt sogar die Echtheit der Videoaufnahmen. Nun muss Maaßen gehen, seine Ablösung verläuft mehr als turbulent. Seine Kritik der Flüchtlingspolitik wird er von jetzt an laut vertreten, und ebenso laut wird er die Schuld für die Misere bei der Kanzlerin abladen.

Maaßen ist nur das Gesicht für eine breite Absetzbewegung, die die Kanzlerin zu spät erkennt. Im Herbst 2015 fühlt sie sich noch im Einklang mit der Mehrheit der Bürger ihres Landes. Sie steht wie niemand sonst für das «helle» Deutschland, wird im eigenen Land und international gefeiert. Menschen, die bisher bei einer Wahl niemals die CDU gewählt hätten, bekennen sich begeistert zur Kanzlerin. Auch ihr Kabinett zieht mit: Verteidigungsministerin Ursula von der Leyen lobt die fabelhafte Ausbildung der Flüchtlinge, der SPD-Politiker Sigmar Gabriel lässt sich mit einem «Refugees-Welcome»-Anstecker fotografieren.

Für wenige Wochen gibt sich Angela Merkel der Hoffnung hin, die Bundesbürger seien in ihrer Mehrheit doch anders, als sie sie in den vergangenen zehn Jahren kennengelernt hat: Sie eilen zu Hilfe, organisieren für die Kriegsflüchtlinge Sprachkurse und Kleiderkammern, Unterkünfte und Integrationskurse. Wieder, wie bei der Weltmeisterschaft 2006 im eigenen Land, verbreitet sich in Teilen der Bevölkerung demütiger Stolz: Nicht nur, dass die Deutschen gar nicht so schlimm sind, sie sind viel besser! Sie haben aus der Geschichte die richtigen Lehren gezogen. Wieder einmal überraschen sie sich selbst auf angenehmste Weise.

Der Kanzlerin schlägt eine Verehrung und Verklärung entgegen, die sie sich in ihren kühnsten Träumen nicht hat vorstellen können. Sie, die Uneitle, die schlechte Rednerin, die schwäbische Hausfrau, wird zur deutschen Idealperson. Selbst die sonst strenge «Zeit»-Journalistin Jana Hensel bemerkt später, als die Kanzlerin wegen ihres Migrationsmanagements den Parteivorsitz aufgeben muss, hymnisch: «Ich bin mir (...) sicher, dass wir eines Tages feststellen werden, dass sie recht hatte. Dass ihr ‹Wir schaffen das›-Satz das größte Kompliment gewesen ist, das sie uns machen konnte. Sie hat uns Deutschen damit ein Stück ihrer Größe und Würde als Auftrag zurückgegeben. Und wir werden es schaffen, nun auch ohne sie.»[20]

Fünf Jahre nach der Aufnahme der Flüchtlinge vom Bahnhof in Budapest brennen im griechischen Flüchtlingslager Moria die Zelte. Das gesamte Lager wird zerstört, Bilder des Elends und der Verzweiflung werden veröffentlicht. Doch die Not der Menschen kümmert diesmal niemanden mehr sonderlich. Die deutsche EU-Ratspräsidentschaft des Jahres 2020 schafft zwar vieles – einen Handelsvertrag mit den Briten, ein Corona-Hilfsprogramm in Höhe einer Dreiviertelbillion, einen EU-Haushalt, der Zahlungen an die Rechtstaatlichkeit der Mitgliedsstaaten bindet –, doch in der Flüchtlingsfrage gibt es keinen Fortschritt. Die Osteuropäer nehmen Angela Merkel ihre Rolle in der Flüchtlingskrise immer noch übel. Sie erkennen in dem vermeintlich freundlichen und harmlosen Hegemon die alte herrschaftliche Attitüde, ihre jungen Demokratien belehren und kujonieren zu wollen. Einen europäischen Geist, der auch sie einschließt, können sie nach sechzehn Jahren mit Angela Merkel nicht mehr sehen. Allenfalls ist es das deutsche Geld, das sie an Europa bindet.

Ist das nur der Fehler der Kanzlerin? Sicher nicht. Einen Konflikt um die Migration hätte es auch ohne ihr Zutun gegeben. Die Engländer haben schon lange über ein Ausscheiden aus der Europäischen Union diskutiert. Ein Präsident wie Donald Trump war nicht vorhersehbar, und die Länder Osteuropas haben sich nicht nur von den Deutschen, sondern auch von Franzosen und Briten schlecht behandelt gefühlt. Doch das Entscheiden und das folgende Nicht-Entscheiden der Kanzlerin in der ersten Septemberhälfte des Jahres 2015 ist ein Fehler – wenn es auch viele gibt, die das anders sehen.

Dass aber ausgerechnet die Kanzlerin, die den Meinungsforschungsetat in ihrem Haus von Jahr zu Jahr wachsen lässt und Stimmungsumschwünge normalerweise sehr früh wahrnimmt, sich von der gut gelaunten Hilfsbereitschaft davontragen lässt, ist ein Phänomen: Das ist vorher noch nicht vorgekommen. Für ein paar Wochen verlässt sie der Instinkt, der ihr sonst so oft signalisiert hat, wann die Welle bricht. Für ein paar Wochen hat es den Anschein, als wolle sie über die Gegenwart hinausregieren.

Vor Ausbruch der Corona-Pandemie hat jeder Dritte der in den Jahren 2015 und 2016 zugewanderten Migranten einen Job oder befindet sich in der Ausbildung. Kaum jemand rechnet damit, dass Flüchtlinge aus Syrien, dem Irak oder Afghanistan in absehbarer Zeit in großer Zahl in ihre Heimatländer zurückkehren. Aus der Flucht ist längst Einwanderung mit der mittelfristigen Perspektive auf Einbürgerung geworden. Ein Einwanderungsgesetz, das die Union jahrzehntelang verhindert hat, soll die Wirtschaftsmigration regeln und kanalisieren. Die Aufregung hat sich gelegt. Haben wir es geschafft?

Für dieses Mal ja, aber es ist nur eine Frage der Zeit, bis sich wieder Hunderttausende auf den Weg nach Europa machen werden, sagen Migrationsexperten. Angela Merkel wird dann nicht mehr Kanzlerin sein. Für diesen Fall Vorsorge zu treffen, hat sie abgelehnt. Sie ist überzeugt: Jede Politikergeneration muss die Probleme ihrer Zeit selbst lösen. Man kann das Realismus nennen – oder Reformverweigerung.

Atomausstieg und Energiewende

Vom technischen Fortschritt hält Angela Merkel eine Menge, vom Klimaschutz sowieso. Da ist es eine schöne Sache, wenn eine Technologie existiert, die beides offensichtlich zusammenbringt: die Atomkraft. Sie liefert zuverlässig Strom und erzeugt dabei kein CO_2.

Diese Eigenschaften machen sie zum Herzstück der konservativen Energie- und Klimapolitik unter Helmut Kohl. Kernkraftwerke sind nicht das Problem, sie sind die Lösung. Mit dieser Überzeugung stellt sich die CDU/CSU gegen die Studenten, die Alternativen, die Spontis – genauer: gegen einen Großteil ihrer eigenen Kinder. In diesen Generationenkonflikt geht die Regierungspartei mit offenem Visier. 1998 wird sie auch dafür abgewählt.

Als Angela Merkel im Jahr 2005 Bundeskanzlerin wird, hat sich die Lage grundlegend geändert. Der Ausstieg aus der Atomenergie ist von der rot-grünen Bundesregierung beschlossen, an ihre Stelle sollen erneuerbare Energien in ganz großem Stil treten. Zu diesem Zweck wird gerade ein gewaltiges Förderprogramm hochgefahren. Angela Merkel verspricht, den Ausstieg rückgängig zu machen. Die Förderprogramme aber werden beibehalten und ausgebaut. Das Ergebnis der deutschen Energiepolitik unter Angela Merkel ist niederschmetternd. Am Ende stehen der erneute Einstieg, kurz später der wohl endgültige Wiederausstieg aus der Atomkraft, das teuerste Energiesystem der Welt, und kaum weniger Treibhausgasemissionen. «Es wird zwar viel für die erneuerbaren Energien getan, jedoch – paradoxerweise – wenig für den Klimaschutz», stöhnt der Wettbewerbsökonom Justus Haucap.[21]

Angela Merkels Politik der kleinen Schritte hat ein Labyrinth von Ge- und Verboten, Zuschüssen und Förderprogrammen, Steuern, Abgaben und Verschmutzungszertifikaten, Ausnahmen und Auflagen wachsen lassen, gegen das das Busliniennetz der indischen Hauptstadt Delhi wie die Bastelanleitung für ein Kleinkind aussieht. Wer sich darin auskennt, profitiert ordentlich. Über dreißig Milliarden Euro werden jährlich umverteilt – bezahlt werden diese Umlagen vom Verbraucher, der sich nicht auskennt.

Die Kernenergie ist das politische Symbolthema der jüngeren westdeutschen Geschichte. Im Widerstand gegen die Atomkraft findet die 68er-Generation ihren Weg in die Politik, die Parlamente und Regierungen. Der Slogan «Atomkraft? – Nein danke» ist Teil der DNA der Grünen. Die alte SPD dagegen schöpft aus der Entwicklung der Nukleartechnologie lange Zeit ihren Fortschrittsoptimismus. Für die CDU/CSU ist die Kernenergie nach der Ölkrise der siebziger Jahre die Basis für eine sichere und unendliche Kraftquelle im eigenen Land.

Mit dem Atomunfall von Tschernobyl im April 1986 ändert sich alles. In der DDR beginnen die meist kirchlichen Umweltgruppen im Verborgenen mit der Diskussion über die Folgen des Unfalls. «Von da an engagierten sich viele dauerhaft», erinnert sich Katrin Göring-Eckardt.[12] Schließlich sind auch die beiden Atomkraftwerke des Landes, Rheinsberg und Greifswald, sowjetischer Bauart. Sie sind der ganze Stolz der DDR-Wirtschaft, getreu dem Motto von Revolutionschef Wladimir Iljitsch Lenin «Kommunismus ist Sowjetmacht plus Elektrifizierung». Die SED und die Staatssicherheit bekämpfen die Umweltgruppen mit Verhaftungen, Durchsuchungen und Spitzelei. Doch die Gruppen gehen nicht unter, im Gegenteil: Sie werden später Triebkraft der friedlichen Revolution. Beide DDR-Atomkraftwerke müssen noch vor der Wiedervereinigung wegen gravierender Mängel vom Netz genommen werden.

In der alten Bundesrepublik ändert sich nach der Reaktorkatastrophe in Tschernobyl die Haltung zur Atomkraft bis weit in die bürgerlichen Kreise. Die Einstellung zur Atomenergie wird eine soziale Markierung – genauso wie im neuen Jahrtausend die Meinung zum Klimawandel die wahrscheinliche Zugehörigkeit zu einer gesellschaftlichen Gruppe anzeigt: Wer für Atomkraft ist, ist eher konservativ, eher verheiratet, lebt eher auf dem Land oder in einer mittelgroßen Stadt. Wer dagegen ist, steht politisch eher links, lebt möglicherweise unverheiratet mit anderen zusammen, wohnt tendenziell in einer westdeutschen Großstadt oder in Berlin.

Als CDU-Umweltministerin steht Angela Merkel natürlich auf der Seite der Befürworter. Aus tiefer Überzeugung hält sie die Kernenergie für «beherrschbar».[23] Seit 1994 kämpft sie für die Castor-Transporte nach Gorleben – und macht nebenbei eine der prägendsten Erfahrungen ihrer weiteren politischen Laufbahn: Glaube nie einem Wirtschaftslenker, der dir sagt, alles sei in Ordnung. Es könnte dich dein Amt kosten.

Die niedersächsische Landesregierung mit ihrem Ministerpräsidenten Gerhard Schröder will den Atomausstieg und nutzt die Blockade der Atommülltransporte nach Gorleben, um ihn auch bundespolitisch zu erzwingen. Angela Merkel hat das Recht, ihre Partei und die Energieunternehmen auf ihrer Seite, die Zustimmung der Bevölkerung aber schon lange nicht mehr. Als 1998 enthüllt wird, dass die Castoren entgegen den Angaben aus der Industrie an ihrer Außenseite radioaktiv strahlen, reißt auch bei Merkel der Geduldsfaden. Bisher hatte sie alle Kritik mit der Schnoddrigkeit der Physikerin im Gespräch mit blutigen Laien zurückgewiesen: «In jeder Küche kann beim Kuchenbacken mal etwas Backpulver danebengehen.»[24] Jetzt stoppt sie die Atommülltransporte. Ihre Karriere hängt an einem seidenen Faden. Nur weil sie nachweisen kann, dass sie die Öffentlichkeit frühzeitig informiert hat, kann sie Ministerin bleiben.

Ihr Verhältnis zur Wirtschaft ist danach empfindlich gestört. Sie fühlt sich belogen und im entscheidenden Moment verraten. «Ich fühlte mich hinters Licht geführt», sagt sie im Jahr 2004 im Gespräch mit dem Journalisten Hugo Müller-Vogg. Sie findet ohnehin, dass sich die Unternehmen und ihre Verbände ihrer Partei gegenüber zu viel herausnehmen: «Teile der Wirtschaft sind gegenüber einer von der Union geführten Bundesregierung oft unnachgiebig – gerade auch in ökologischen Belangen.»[25] Dass ausgerechnet der damalige Präsident des Bundesverbandes der Deutschen Industrie (BDI), Hans-Olaf Henkel, in der Wahlnacht 1998 mit der Bemerkung «Ich bin immer bei den Siegern»[26] mit der SPD feiert, vergisst sie nicht.

Als sie Kanzlerin ist, umgibt sie sich zwar mit Beratern aus der

Wirtschaft: Der Deutsch-Banker Josef Ackermann, die Medienunternehmerinnen Friede Springer und Liz Mohn, der McKinsey-Chef Jürgen Kluge, der SAP-Manager Henning Kagermann oder die Familienunternehmerin Nicola Leibinger-Kammüller sind immer wieder zu Gesprächen im Kanzleramt, mit einigen ihrer Beraterinnen verbindet Angela Merkel zumindest zeitweilig auch eine private Freundschaft.

Seit dem Castor-Debakel aber weiß sie, dass sie sich auf die Manager im Zweifelsfall nicht verlassen kann. «Komm mir nicht mehr mit der Wirtschaft», soll sie in kleinem Kreis nach dem Hickhack um eine große Unternehmenssteuerreform in der CDU/FDP-Regierung gestöhnt haben, als die Unternehmer sich nicht einig wurden, was der richtige Weg sei, und die Schuld dafür im Kanzleramt abluden. Es ist eine schleichende Entfremdung, die sich bis zum Ende ihrer Amtszeit nicht mehr heilen lässt und die sich auch in der offenen Zustimmung vieler Unternehmer und Manager für den Rivalen Friedrich Merz ausdrückt.

«Die Kanzlerin liebt mich», soll der frühere Volkswagen-Chef Martin Winterkorn einmal gesagt haben.[27] Tatsächlich sieht es danach aus: Nach der Finanzkrise hilft die Bundesregierung der Autoindustrie mit einem gigantischen Abwrackprogramm, auf europäischer Ebene setzt sich die Kanzlerin des Autolandes Deutschland wiederholt dafür ein, es mit den Grenzwerten für Abgase nicht zu übertreiben.

Gegenliebe gibt es dafür allerdings nicht. Volkswagen manipuliert die Abgasmessungen seiner Autos mit so viel krimineller Energie, dass nach dem Aufdecken des Skandals im September 2015 milliardenschwere Strafzahlungen fällig werden, Manager ins Gefängnis wandern und Autokunden in Sammelklagen versuchen, einen Teil des Schadens ersetzt zu bekommen.

Nach ihren Erfahrungen mit der Castor-Affäre ist Merkel gegen übergroße Erwartungen eigentlich immunisiert. Dennoch betrachtet sie als CDU-Parteivorsitzende staunend, wie geschmeidig sich ihre ehemaligen Verbündeten nach 1998 mit der neuen rot-grünen Bundesregierung arrangieren. Ohne großes Getöse kommt der Vertrag über den Atomausstieg zustande, und die ehemalige Umweltministerin und Atomkraft-Verteidigerin steht auf einmal ziemlich alleine da.

Nach außen kritisieren die Strom-Manager den rot-grünen Kurs immer noch scharf. Doch intern können sie mit den gefundenen Regelungen sehr gut leben. Bis 2022 dürfen sie ihre Kraftwerke weiterbetreiben. Ein neues Atomkraftwerk zu bauen, hat ohnehin niemand mehr vor – die Strompreise sind zu niedrig, als dass solche Investitionen sich lohnen könnten, die Bevölkerung würde einen Neubau nicht mehr akzeptieren. Die Endlagerung der radioaktiven Abfälle ist ungeklärt. Und außerdem sind die Aussichten bei der Förderung der erneuerbaren Energien so rosig, dass sich selbst die verkniffensten Großanlagenbetreiber diesem Charme nicht mehr dauerhaft verschließen wollen.

Nur Angela Merkel kommt aus der Sache nicht mehr heraus. Die CDU hat sich festgelegt. Kommt sie wieder an die Macht, soll der Ausstieg vom Ausstieg stattfinden. Solange die atomkritische SPD noch mitregiert, bekommt Angela Merkel eine Gnadenfrist: In ihrer ersten Legislaturperiode muss sie das Thema nicht anfassen. Als jedoch 2009 die «Traumkoalition» mit der FDP möglich wird, steht es ganz oben im Koalitionsvertrag.

Inzwischen herrscht in der deutschen Energiepolitik ein heilloses Durcheinander. CDU und FDP fügen der verrückten Geschichte noch ein Kapitel hinzu: Im Herbst 2010 steigen sie wieder ein, die Laufzeiten für die Atomkraftwerke werden verlängert. Der Öffentlichkeit verkaufen sie die Entscheidung als eine Brückentechnologie für den Klimaschutz. «Weil wir mit den erneuerbaren Energien noch nicht so weit sind, können wir auf die Kernenergie noch nicht verzichten», erläutert der damalige bayerische Ministerpräsident Horst Seehofer seinen Bürgern die neue Energiewende.[28]

All die Mühe ist umsonst. Der Bürger versteht es nicht. Die Regierungsparteien sacken in den Meinungsumfragen dramatisch ab, die Anti-Atomkraft-Partei, die Grünen, gewinnen zweistellig hinzu.

Am 11. März 2011 bebt in Japan die Erde, ein gewaltiger Tsunami überflutet die Küsten. Auch das Kernkraftwerk von Fukushima wird erfasst. Es kommt zur Kernschmelze. Mindestens 100 000 Menschen müssen die Region für immer verlassen, die Aufräumarbeiten dauern bis heute an. Die Kanzlerin, die am Morgen des Tages noch eine überzeugte Befürworterin der Kernkraft ist, sagt am Abend: «Die Geschehnisse in Japan, sie sind ein Einschnitt für die Welt. Wenn schon in einem Land wie Japan mit sehr hohen Sicherheitsstandards nukleare Folgen eines Erdbebens und einer Flutwelle augenscheinlich nicht verhindert werden können, dann kann auch ein Land wie Deutschland nicht einfach zur Tagesordnung übergehen.»[29]

Es dauert keine zwei Tage, bis der Fahrplan für den Wiederausstieg steht: Moratorium sofort, Expertenkommission für die kommenden Wochen, Gesetzentwurf im Herbst. Gegen den Mainstream kann man sich nicht wehren. Besser, man macht einen Haken dran, wie gewohnt ist Angela Merkel unsentimental.

Aber auch die Wähler in Baden-Württemberg, einem der Stammländer der Union, sind bemerkenswert unsentimental. Bei der Abstimmung Ende März verbindet sich die alte Skepsis gegenüber dem nassforschen jungen Ministerpräsidenten Stefan Mappus und seiner Leidenschaft für die Atomkraft mit der neuen Wut gegen den geplanten Großbahnhof Stuttgart 21. Die CDU findet kein Rezept dagegen und fürchtet zu Recht, dass ausgerechnet im schwarzen Baden-Württemberg der erste grüne Ministerpräsident in Deutschland ins Amt kommt: Winfried Kretschmann. Es ist ein Erdrutsch im politischen Gefüge der Republik. Erstmals wird deutlich, dass die Grünen die CDU nicht nur als Kraft der bürgerlichen Mitte, sondern auch als geborene Regierungs- und Staatspartei herausfordern.

Das Merkel-Lager aber tut so, als sei nichts geschehen. Statt die

Aufräumarbeiten fortzusetzen und die Energiepolitik insgesamt neu auszurichten, passiert kaum etwas. Neue und sinnvolle Instrumente wie eine Steuer auf Kohlendioxid werden zwar mit jahrelanger Verzögerung beschlossen und eingeführt. Doch alte Förderinstrumente werden dafür nicht abgeschafft. Sie werden nur verändert, der Teilnehmerkreis wird beschränkt oder ausgeweitet, oder die Fördersummen werden angepasst.

Mehr als ein Drittel der elektrischen Energie im Land kommt inzwischen von Windrädern und Photovoltaikanlagen. Doch gefördert wird immer noch so, als müssten sture Bauern am Niederrhein überredet werden, mal einen Propeller auf ihr Land zu setzen und eine Solarzelle aufs Kuhstalldach zu nageln. Dreiunddreißig Milliarden Euro bringen die Stromverbraucher jährlich für die Förderung der Erneuerbaren auf, deren Eigentümer reich geworden sind. Außerdem bezahlen sie die Reservekapazitäten, wenn die Sonne mal nicht scheint oder der Wind nicht weht. Auch die Transportkosten des Stroms aus dem windreichen Norden in den industriereichen Süden erscheinen auf ihrer Rechnung. Und über die progressive CO_2-Steuer bezahlen sie seit Januar 2021 dazu noch die Emission des Treibhausgases.

Gebraucht wird eine Bundesregierung, die den Schalter umlegt und dem zwanzigjährigen Wildwuchs von Förderung, Belastung, Direkthilfen und Investitionsförderung ein Ende macht. Eine, die beispielsweise ausschließlich auf den Emissionspreis und Grenzwerte für Motoren, Fabriken und Heizungen setzt. Diese Regierung aber gibt es mit Angela Merkel nicht.

Ihr Fehler besteht nicht darin, nach Fukushima die Zeit der Kernenergie für Deutschland erst einmal beendet zu haben. Der Fehler liegt darin, die Energiewende nicht konsequent zu Ende geführt zu haben. Nur deshalb wird im Jahr 2020 ein milliardenschwerer Beschluss zum Kohleausstieg notwendig, müssen Elektroautos vom Sommer 2020 an mit 9000 Euro Kaufprämie pro Stück in den Markt gedrückt werden.

ENTTÄUSCHUNGEN

An einem Freitagabend im Januar 2021 kämpft Annegret Kramp-Karrenbauer mit den Tränen. Die scheidende CDU-Vorsitzende steht in der verwaisten Berliner Messehalle «Hub27», die kalten Augen der Hightech-Kameras sind auf sie gerichtet. Auf dem digitalen Wahlparteitag hält «AKK» die Abschiedsrede vor einer Partei, deren Delegierte und Mitglieder wegen der Corona-Pandemie zu Hause vor ihren Computerbildschirmen sitzen. AKK kommt ihnen dennoch nahe. «Euren Erwartungen und meinen eigenen Ansprüchen nicht immer gerecht geworden zu sein, das schmerzt, auch heute noch»,[1] sagt sie mit belegter Stimme.

Annegret Kramp-Karrenbauer hat enttäuscht. Als CDU-Vorsitzende, als mögliche Nachfolgerin der Kanzlerin. Sie macht Platz.

AKK und die Kunst, Merkel zu werden

Später spricht Angela Merkel, zugeschaltet aus dem Kanzleramt, das gewohnte Bild: Europaflagge, Deutschlandflagge, Tisch, Wasserglas. Sie zieht die Bilanz ihrer Amtszeit als Kanzlerin und skizziert die Aufgaben der Zukunft. Nüchtern. Analytisch. Trocken. Kein Wort zu AKK, keine persönliche Bemerkung an die Parteifreunde. Wenn es ein Bild für das gibt, was die beiden Frauen unterscheidet, dann ist es hier in aller Schärfe gezeichnet. Die eine zu Tränen gerührt, entzündet zum Abschied ein wärmendes Lagerfeuer für die Partei, der sie viel verdankt, mit deren Führung sie jedoch überfordert war. Die andere, der die Partei viel zu verdanken hat, wirkt wie ein Staatsgast, der ein Grußwort hält. «An diesem Freitagabend hat sie gezeigt, wie

wenig ihr die CDU bedeutet», sagt einer ihrer langjährigen Weggefährten und bestätigt ein letztes Mal den Generalverdacht, unter dem
Merkel von Anfang ihrer Parteikarriere steht: Sie ist eine begabte Ma-
nagerin der Macht, aber rein kopfgesteuert, sie fühlt nicht viel für die
CDU, für ihre Mitglieder, ihre Politiker. «Sie hat die Partei verstanden, aber nicht erreicht», urteilt eine ihrer Wegbegleiterinnen zum
Ende ihrer Amtszeit.

Annegret Kramp-Karrenbauer wird 2018 als merkelähnlichste aller konservativen Bewerberinnen zu ihrer Nachfolgerin gewählt, weil
sie in den Augen einer knappen Mehrheit der Delegierten ein Extra
mitbringt: Sie ist wie Merkel, aber mit Gefühl. Als neue Parteivorsitzende geht sie, wie einst Angela Merkel selbst, auf «Zuhörtour». Sie
sammelt Punkte an der Basis wie Merkel damals auch. Sie veranstal-
tet ein «Werkstattgespräch» zur Flüchtlingspolitik und versöhnt im
Februar 2020, fünf Jahre nach der Migrationskrise, die CSU mit dem
Adenauer-Haus. Sie kopiert den Weg ihrer Vorgängerin, geht dabei
auf Distanz zu ihr und hofft – auch wenn sie das öffentlich demen-
tiert –, dass die ihr den Platz im Kanzleramt frei macht. Doch Angela
Merkel bleibt.

Parteivorsitz und Kanzleramt, Gefühl und Macht, zu trennen, ist
nie eine gute Idee, schon gar nicht in der CDU. Kommt es hart auf
hart, sagt die Kanzlerin, wo es langgeht. Es kommt, wie es kommen
muss: Nicht die Regierungschefin verlässt ihren Posten, sondern die
Parteivorsitzende.

Das Alte behält die Oberhand, weil die Neue die Nerven verliert.
Bei ihrem einsamen Auftritt in der Berliner Messehalle begründet
AKK ihre Kapitulation nach dem AfD-Debakel in Thüringen im Februar 2020 mit dem Satz: «Es ging um die Seele der Partei.»[2] Einen
solchen Begriff hatten die Christdemokraten von einer Vorsitzenden
schon jahrelang nicht mehr gehört. Die Seele der Partei?

In Wahrheit war es eine fatale Verwechslung: Wie Kramp-Karrenbauer mit den rechtslastigen Parteifreunden in Erfurt umgegangen

Die Nachfolgerin, die es nicht konnte: Annegret Kramp-Karrenbauer mit Angela Merkel auf dem Parteitag 2018.

ist, die mit der AfD zusammen einen Ministerpräsidenten von der FDP gewählt haben, hat mit der Seele der CDU nichts zu tun. Dafür umso mehr mit Taktik, Autorität, Misstrauen. Annegret Kramp-Karrenbauer ist natürlich nicht entgangen, dass sie bei der Wahl zur Vorsitzenden nur gut die Hälfte der Delegiertenstimmen bekommen hat. Sie weiß auch, dass die Basis mehrheitlich für den Sauerländer Friedrich Merz votiert hätte, wenn man sie gefragt hätte. Doch als AKK in die thüringische Landeshauptstadt eilt, um die Ordnung wiederherzustellen, vergisst sie das. Sie verteidigt eine Autorität, die sie nie hatte. Die thüringischen Parteifreunde lachen sie aus. Stattdessen mischt sich nun Merkel ein: Die Kanzlerin, gerade auf Auslandsreise, regelt die Angelegenheit von Südafrika aus mit einem kurzen klaren Machtwort: «Man (muss) sagen, dass dieser Vorgang unverzeihlich ist und deshalb auch das Ergebnis wieder rückgängig gemacht werden muss. Zumindest gilt für die CDU, dass sie sich nicht an einer Regierung unter dem gewählten Ministerpräsidenten beteiligen darf.»[3]

Es geht eben nicht um die Seele der Partei, es geht um Macht. AKK hat die Ebenen durcheinandergebracht. Hätte sie aus dem Desaster gelernt, ein paar Wochen durchgehalten – wie FDP-Chef Christian Lindner beispielsweise, dessen Partei in Thüringen mindestens genauso versagt –, wäre sie vielleicht tatsächlich die merkelähnlichste aller CDU-Politikerinnen geworden. Doch ganz offensichtlich fehlt ihr dazu zu viel: der Machtinstinkt, die analytische Intelligenz, die Geduld, der Biss. Vor allem aber die Fähigkeit, auch die Dinge und Demütigungen, die persönlich gemeint sind, nicht persönlich zu nehmen. Darin unterscheidet sie sich nicht nur von der Kanzlerin, sondern auch von ihrem Nachfolger im Parteivorsitz, Armin Laschet.

Politische Fehler sind schlimm. Enttäuschungen aber sind schlimmer. Sie tragen eine Kränkung in sich, die sich nicht korrigieren lässt. Die Enttäuschung zwischen den beiden Frauen ist mit Händen zu greifen.

Die Volksparteien CDU, CSU und SPD verstehen sich bis heute nicht nur als politische Zweckverbünde zur Gewinnung und Ausübung von Macht, sondern als Sinn- und Wertegemeinschaften. Die SPD propagiert auch nach fast 160 Jahren noch die Hoffnung auf eine bessere Welt, eine gerechte Gesellschaft. Für die CDU lauten die Leitbegriffe Freiheit, Sicherheit, soziale Marktwirtschaft, Westbindung. Darin zeigen sich die fundamentalen Unterschiede zwischen den beiden Parteien: Die DNA der SPD ist unbestimmt und anschlussfähig. Die Sozialdemokraten haben zwar das Pech, dass sie damit nicht mehr alleine im politischen Wettbewerb sind, dass andere sie schöner polieren und klüger auslegen. Die Seele der CDU aber erscheint verstaubt, irgendwann um das Jahr 1990 herum eingefroren – obwohl sich die Partei in der Zwischenzeit zweimal mit einem neuen Grundsatzprogramm beschenkt und ein drittes in Arbeit hat.

Mit dem Ende des Kalten Krieges, der Epoche der radikalen Globalisierung, der Beschleunigung des technischen Wandels beginnt für die Konservativen das neue Leiden an der Welt. Sie schaffen es nicht mehr, ihre Werte schonend dem Zeitgeist anzupassen. Wo ist ihr Markenkern? Der Mainzer Historiker und CDU-Mann Andreas Rödder meint zwar: «Der Konservatismus kennt keine ewigen Wahrheiten. (…) Das Bewusstsein, dass das, was wir heute für richtig halten, morgen als falsch gelten kann, schützt Konservative vor rigorosem Dogmatismus.»[4] Doch es gelingt der CDU kaum noch, das Heute und das Morgen zu unterscheiden, der Wandel ist zu schnell geworden, um ihm noch folgen zu können. Die Sehnsucht des Friedrich Merz und seiner Gefolgschaft nach einer «Leitkultur» ist der Versuch, in der rasenden Gegenwart einen Zeitanker zu werfen, damit man wenigstens einmal innehalten und sich nach der Seele der Partei umschauen kann.

Keine Überzeugung, nirgends

Angela Merkel hat einen anderen Zugang: Sie fragt nicht, warum eine Partei da ist, sondern wozu sie gut ist. Eine Partei ist für sie weder eine politische Glaubensgemeinschaft noch ein Safe für unumstößliche Gewissheiten, sondern eine Agentur für vernünftiges Regieren. In ihrem Verständnis braucht die CDU keine Seele. Sie braucht die Macht, um regieren zu können, sie braucht das Kanzleramt.

Dafür nimmt sie in Kauf, ihre Beinahe-Nachfolgerin Annegret Kramp-Karrenbauer, die Partei und die Wähler tief zu enttäuschen. Sie nimmt der Partei jede Bestimmung, die über den Machterhalt hinausgeht. Die Wagner-Verehrerin Angela Merkel hat in der politischen Gegenwart für Romantik nichts übrig. Die CDU ist keine Herzensangelegenheit, sondern eine Verstandessache. Je mehr Überzeugungen, Profil, vermeintlich unumstößliche Positionen eine Partei mit sich herumschleppt, desto schneller verliert sie die Fähigkeit, in einer Koalition die erforderlichen Kompromisse zu schließen, und desto größer wird die Gefahr, in einer Krise nicht schnell und entschlossen genug zu reagieren.

Das ist der Grund, warum Merkel den Traditionsbestand der CDU, wenn er sich nicht mehr verteidigen lässt, gnadenlos beiseiteschiebt. Weggeräumt wird er übrigens nur dann, wenn sich jemand daran stört. Der Rest darf herumstehen wie Burgruinen im Rheintal. Wenn sich jemand am Anblick der Zeugnisse vergangener Zeiten erfreuen will, bitte schön!

In der demokratischen Gesellschaft des 21. Jahrhunderts gibt es beispielsweise keine Rechtfertigung, Homosexuellen Rechte zu verwehren, die Heterosexuelle haben. Nicht nur, weil das Verfassungsgericht das mehrfach festgestellt hat, muss die CDU ihre traditionelle Auffassung von Ehe und Familie als Verbindung von Mann und Frau korrigieren. Sondern auch, weil die Parteivorsitzende keinen Sinn darin sieht, politische Energie in eine Schlacht zu investieren, die verloren ist.

Den Träumen der Traditionalisten, mit einem Angriff auf die «Ehe für alle» im Bundestagswahlkampf 2017 frühere Unionswähler von der AfD zurückzuholen, begegnet sie kühl: In der Mitte habe die CDU mehr zu verlieren, als sie am rechten Rand gewinnen kann, rechnet sie vor. Damit das niemand missverstehen kann, nimmt sie das Thema eigenhändig aus dem Spiel. Im Berliner Maxim-Gorki-Theater, einer der innovativsten deutschen Bühnen, diskutiert sie im Frühsommer des Wahljahres 2017 auf Einladung der Zeitschrift «Brigitte» über ihre Arbeit, ihre Politik, die Vereinbarkeit von Familie und Beruf. Das Übliche eben. Nur dass es hier, wie schon geschildert, doch ungewöhnlich wird. Nach einer Stunde meldet sich nämlich ein Mann, CDU-Wähler, und fragt, warum er seinen Partner nicht so heiraten darf, wie das heterosexuelle Paare tun. Es ist deutlich zu sehen und zu hören, wie es in der Kanzlerin arbeitet, wie sich der Entschluss während des Redens formt, bis sie nach endlosen Wiederholungen und verquasten Nebensätzen endlich das Wort «Gewissensentscheidung» hervormurmelt.[5]

Mit dieser Empfehlung, dem Parlament das Thema zur Abstimmung vorzulegen und den Fraktionszwang aufzuheben, ist klar, dass die «Ehe für alle» kommen wird. Denn außer einem guten Teil der CDU/CSU ist die überwältigende Mehrheit der Abgeordneten dafür, alle Paare gleichzustellen.

Hier geht es tatsächlich um den nicht mehr aufzulösenden Konflikt zwischen Seele und Kopf der Partei. Die große Enttäuschung der Konservativen in der CDU ist nachvollziehbar: Was sie im Seelenkontor der Partei für werthaltig und beständig ansehen, ist nicht nur in den Augen einer breiten Öffentlichkeit langweiliger oder sogar gefährlicher Trödel, der möglichst umstandslos entsorgt werden muss. Auch zwei der wichtigsten Instanzen im Land – Bundeskanzlerin und Verfassungsgericht – schließen sich dieser Auffassung an.

So leert sich der Vorrat an konservativen Gewissheiten, ohne dass die Kanzlerin und Parteivorsitzende Nachschub in Aussicht stellen kann oder es auch nur will. Dass ausgerechnet die Jungen in der CDU, der Mittelstandspolitiker Carsten Linnemann und der Vorsitzende der Jungen Union Tilman Kuban, im Februar 2021 vorschlagen, «Leistungsbereitschaft, Eigenverantwortung und die Freiheit des Einzelnen»[6] als neue Leitbegriffe zu setzen, muss Merkel wie ein bitteres Déjà-vu vorkommen. Genau das hat sie dem Parteitag in Leipzig im Jahr 2003 empfohlen. Damals hat sie eine Mehrheit dafür bekommen, danach nie wieder, weder in der Partei noch im Land. Sie hat auch nicht dafür gekämpft, sondern ihre Lektion gelernt. Das Thema ist abgehakt.

Die Welt als Wille und Vorstellung

Der Hirnforscher Wolf Singer spricht zu ihrem fünfzigsten Geburtstag im Jahr 2004 in Berlin. Angela Merkel ist zu dieser Zeit noch Oppositionspolitikerin und führt – damals noch – das große Wort, wenn es um Reformen und die Gestaltung der Zukunft geht. Singer ist ein Wissenschaftler, der nicht nur am freien Willen des Menschen zweifelt, sondern auch an seiner Gestaltungsmacht: «Wir müssen uns begreifen als Teile eines evolutionären Prozesses, den wir nicht lenken können. Wir müssen Irrtum als Notwendigkeit verstehen. Es kann keine übergeordnete Intelligenz geben. Wir müssen uns von der Utopie der Planbarkeit der Zukunft verabschieden. Wir müssen die Einsicht in diese Begrenzungen aushalten.»[7]

Klar, der Neurowissenschaftler spricht nicht über die Politik, sondern über seine Forschung, über die Unterschiede zwischen den Gehirnzellen eines Menschen und denen einer Schnecke. Doch manche in der Partei wünschen sich heute, sie hätten damals besser zugehört. Denn während der größte Teil des Publikums an diesem Abend entschlummert, findet Angela Merkel die wissenschaftliche Begründung ihres späteren Regierungsstils. Noch zieht sie als Programmpolitikerin durch die Säle der schröderisierten Republik. Wenig später wird sie sich neu erfinden. Als Teil des evolutionären Prozesses, der Politik ist.

In der Opposition kostet es nichts, die Seele der Partei zu streicheln. In der Regierung kann es die Macht kosten, wenn man beim Versuch, mit der Befindlichkeit der eigenen Truppe zu kuscheln, den politischen Gegner mobilisiert. Auch deshalb verweigert Angela Merkel seit 2005 jede Festlegung, jede Überhöhung, jede Wärme. Die CDU trägt mehr Verantwortung als andere Parteien, sie muss schließlich regieren. Sich ihren Gefühlen hinzugeben, ihre Seele zu erforschen, kann sie sich nach Überzeugung Angela Merkels nicht leisten – weil sie funktionieren muss. Funktionieren ist wichtiger als Grundsätze. Das ist für die Parteimitglieder eine Zumutung, für die Bürger erst recht. Denn es verlangt, den Verzicht auf politische Inhalte als Tugend und nicht als Laster zu sehen.

So, wie es Singer nahelegt. Sie kennt den Wissenschaftler seit der Wende. Damals besucht sie ihn in seinem Frankfurter Max-Planck-Forschungslabor, beide sind beeindruckt voneinander und sehen sich in den folgenden Jahren öfter. Die spätere Kanzlerin sucht ihre Gesprächspartner im Gegensatz zu den rechts- und politikwissenschaftlich geprägten Mitbewerbern um die Macht nicht nur bei Meinungsforschern, Historikern und Staatswissenschaftlern. Sie pflegt die Nähe zu Naturwissenschaftlern – einer von ihnen, Joachim Sauer, sitzt morgens an ihrem Frühstückstisch. «Sie ist eine Naturwissenschaftlerin, die mit der Wissenschaft lebt», sagt einer ihrer Berater im Rückblick. Mit Singer redet sie über Gehirnforschung, Naturwissenschaften – und über Politik: «Ich glaube, wir haben damals diskutiert, ob man von der Natur lernen kann», erinnert sich Singer Jahre später in einem Interview für den «Spiegel».[8] Die Kanzlerin beantwortet die Frage mit Ja, die meisten ihrer Parteikollegen sind entgegengesetzter Meinung.

Die Beziehung zwischen Angela Merkel und ihrer Partei bleibt auch deshalb eine des äußeren Erfolgs und der inneren Distanz. Helmut Kohl erkennt ihr politisches Talent und ihre Frustrationstoleranz, macht sie zur Ministerin, zur stellvertretenden Parteivorsitzenden. Erst nach der verlorenen Wahl von 1998 wird ihre ostdeutsche Prägung politikentscheidend. Weil mit der Wahl und der folgenden CDU-Spendenaffäre das ganze System Kohls eilig abgewickelt werden muss, steht außer ihr niemand zur Verfügung, um die Partei neu aufzustellen. Ihr Aufstieg ist die Kündigung des wiedervereinigten Deutschlands an die CDU des Westens, ihre Sitten und Gebräuche, ihren Habitus, ihren Kern.

Viele in der Partei hadern bis heute damit. Angela Merkel bleibt bis zum Schluss die Wiedergängerin dieses Traumas, oder um es freundlicher auszudrücken: Sie ist nie mehr als der Gast auf der eigenen Party.

Auch wenn sie niemals über ihre Gefühle spricht und viele glauben, dass sich sie sich jahrelang keine gestattet, ist zum Ende ihrer Amtszeit doch immer öfter zu spüren, dass auch an ihr die Enttäuschung nagt. Die wenigen emotionalen Ausbrüche der vergangenen Jahre zeigen, wie tief der Frust sitzt: «Wenn wir uns jetzt noch entschuldigen müssen, dass wir in Notsituationen ein freundliches Gesicht zeigen, dann ist das nicht mein Land», sagt sie am 15. September 2015, als ihr vorgehalten wird, mit freundlichen Selfies die Migrationswelle losgetreten zu haben.[9] Sie pariert die Anschuldigung typischerweise mit einem Trick und versteckt sich: Nicht das Foto mit ihr und dem Flüchtling, sondern die Bilder der hilfsbereiten Bürger am Münchner Bahnhof hätten der Welt gezeigt, wie Deutschland ist. Sie nimmt das Land in Mitverantwortung: «... wir zeigen ein freundliches Gesicht.»[10] Für jeden ist spürbar, dass es hier, schon wenige Tage nach dem Beginn des Migrationsstroms, nicht nur um einen Ausnahmezustand an den Grenzen, in den Ausländerämtern und in den Notunterkünften geht. Es geht auch um einen Ausnahmezustand im Inneren, einen zwischen ihr und ihrem Land, der beide Seiten aufreibt.

Vielleicht ist es auch ein persönlicher. Im Juli 2015 diskutiert sie mit Schülerinnen in Rostock. Ein palästinensisches Mädchen, Reem Sahwil, erzählt, wie belastend es für sie und ihre Familie ist, keine Zukunftspläne machen zu können, mit der Angst vor Abschiebung leben zu müssen: «Ich möcht studieren. Es ist sehr unangenehm zu sehen, wie andere das Leben genießen können und man selber nicht mitgenießen kann.»[11] Die Kanzlerin sagt einen Satz, den sie später im Sommer in einer historischen Dimension zurücknimmt: Sie erklärt dem Mädchen das Dilemma der Politiker. Den Einzelfall würden sie am liebsten sofort positiv entscheiden. Doch alle Politiker wissen, dass im Libanon, in Afrika «Tausende und Tausende» darauf warten, nach Europa kommen zu können: «Das können wir auch nicht schaffen.»

So weit, so üblich. Doch das Mädchen beginnt zu weinen, Angela Merkel ist bewegt «weil, wir wollen euch nicht in eine solche Situation bringen, und weil du es auch schwer hast». Sie fällt aus ihrer Politikerinnenrolle, geht auf das Mädchen zu, tröstet sie – und macht sich damit zum Gespött. Sowohl Merkel als auch Reem werden in den sozialen Medien niedergemacht. Wie nie zuvor wird schon in diesen Tagen, lange bevor tatsächlich Hunderttausende Flüchtlinge kommen, die sich heißlaufende Polarisierung im Land sichtbar: Die eine wird verhöhnt, weil sie kalt und empathielos wie das Asylrecht sei. Die andere wird beschimpft, weil sie das Land gefälligst verlassen soll. «Es hätte mich noch mehr gekränkt, wenn sie nicht ehrlich gewesen wäre», sagt Reem wenige Tage danach der «Bild am Sonntag».[12]

Es ist diese Situation, die «alles wendet», meint die «New York Times».[13] Etwas nüchternere Beobachter sagen, sie habe etwas bewegt. Sechs Wochen später sagt Angela Merkel in ihrer Sommerpressekonferenz jedenfalls: «Das Motiv, mit dem wir an diese Dinge herangehen, muss sein, wir schaffen das.»[14] Der Satz ist heraus. Er wird das Motto der kommenden Jahre. Für die einen ist er eine Verheißung, für andere eine bittere Enttäuschung.

In diesen Tagen beginnt nicht nur eine weitere Krise, eine von den vielen, mit denen die Kanzlerin doch so blendend zurechtkommt, dass sie immer wiedergewählt wird. Es beginnt die große Bilanz der Kanzlerschaft Angela Merkels – die in der Corona-Krise verblüffende

Parallelen findet. Sie entscheidet sich nicht für einen möglichen Politikpfad – Schließen oder Öffnen –, sondern verlangt das eine und ermöglicht das andere.

Merkel im Auenland

Für die einen bringen die Wochen im Jahr 2015 ihren Aufstieg zur Lichtgestalt, zur Kandidatin für den Friedensnobelpreis. Es ist eine Art Erweckungserlebnis. Angela Merkel erscheint als Person. Endlich offenbart sie ihre wirkliche Überzeugung, endlich stellt sie sich der globalen Klima- und Armutskrise, endlich zeigt sich die Pfarrerstochter als echte Christin, endlich wird einmal nicht gezögert, sondern gehandelt, endlich, endlich, endlich ... endlich verleiht sie ihrer Kanzlerinnenzeit einen Sinn.

Die anderen sind enttäuscht und wütend. Sie werden in diesen Tagen aus «Auenland» vertrieben. Mit dieser Metapher aus dem Roman «Herr der Ringe» von J. R. R. Tolkien beschreibt der Kölner Psychologe Stephan Grünewald das Deutschland vor der Migrations- und der Flüchtlingskrise.[15] Die Hobbits, in Tolkiens Buch die Einwohner Auenlands, sind friedfertige, gemütliche und verfressene Wesen, die sich unter keinen Umständen aus der Ruhe bringen lassen wollen. Sie pflegen ihr beschauliches Leben, nehmen Bedrohungen und Herausforderungen von außen erst wahr, wenn der Feind hinter den Hügeln auftaucht und ihnen die Bierkrüge aus der Hand schlägt. Dann werden sie wütend.

Ein solches Auenland ist, so Grünewald, während der Regierungszeit Angela Merkels entstanden. Sie hat die anstrengende Wirklichkeit nur portionsweise ins Land gelassen. Es ist die große Enttäuschung ihrer politischen Karriere: Die Bewohner des Auenlands wollen keine Veränderung, sie pfeifen auf mehr Leistungsbereitschaft und Eigenverantwortung. Immer wieder ruft die Kanzlerin ihren

Hobbits eine beunruhigende Botschaft in Erinnerung: «Wir sind in der Europäischen Union noch sieben Prozent der Weltbevölkerung. Das ist mit Sicherheit nicht sehr viel. (...) Wir produzieren noch etwa 25 Prozent des Weltbruttosozialprodukts. Aber wir haben auch annähernd 50 Prozent der weltweiten Sozialausgaben. Das zeigt, vor welcher Herausforderung wir stehen.»[16]

Beeindruckende Zahlen, die Merkel einmal sehr ernst gemeint hat, die im Berliner Diskurs mit den Jahren jedoch zur Allzweckwaffe aller politischen Lager verblichen sind. Sie lassen sich für und gegen offene Grenzen ins Feld führen, für und gegen eine mutige Integrationspolitik, pro und contra Freihandel oder eine gemeinsame europäische Wirtschaftspolitik instrumentalisieren. Merkel hat sie ursprünglich zusammenstellen lassen, um Deutschland zu mehr Innovation, Neugier, Fleiß und Investition anzufeuern. Das geht schief. Denn das würde genau das Problembewusstsein erfordern, das sie ihren Wählern in der praktischen Politik in sechzehn Jahren abgewöhnt hat. Den «Wechsel zu klaren Konzepten», den sie ihren Parteifreunden in der Wahlnacht 2005 verspricht,[17] ist sie schuldig geblieben.

Mit ihren Einlassungen zum Verhältnis von Leistung und Umverteilung erscheint sie wie das freundliche Gespenst in der Geisterbahn. Nach dem «Huibuuh» geht's zum Ausgleich für den Schreck schnell an den Stand mit der Zuckerwatte. Nie wieder Leipzig ... «Wenn es darum geht, das Gemeinwesen zu bewegen, ist sie nicht dabei», erklärt eine ihrer Weggefährtinnen. Stattdessen macht sie sich zur Geisel des Mainstreams.

Wie enttäuscht Angela Merkel dennoch von dieser Art der Realitätsverweigerung durch die Bürger ist, verbirgt sie normalerweise in Bürgerdialogen, Town-Hall-Veranstaltungen und Diskussionen sehr sorgfältig. Ihre Augen können sehr klein werden, sie kann sehr genervt schauen, auch wenn sie behauptet, sie sei dann gar nicht ungeduldig, das sehe nur so aus. Man merkt nur an der Länge der Sätze, der Assoziationsketten, dass sie es satthat.

An einem schönen Spätsommerabend des 3. September 2015 erhält sie die Ehrendoktorwürde der Universität Bern, vorgesehen sind Begrüßung, Laudatio, Ehrenpromotion, Dankesrede und eine Diskussion mit den Studierenden. Zu diesem Zeitpunkt spitzt sich die Lage im Bahnhof von Budapest zu, es ist klar, dass es binnen Stunden eine Entscheidung geben muss. Eine mittelalte Frau fragt: «Wie wollen Sie unsere Kultur schützen?»

Die Kanzlerin bekommt kleine Augen, verdreht sie nur ein bisschen und holt aus: «Kulturen und Gesellschaften, die von Angst geprägt sind, werden die Zukunft nicht meistern. Wir haben doch alle Chancen und alle Freiheiten, uns zu unserer Religion zu bekennen», erinnert sie das Publikum an den fundamentalen Unterschied der Bürger Europas zu vielen der Flüchtlinge, die gerade auf dem Weg nach Europa sind.[18] Sie ist noch nicht zu Ende, nun folgt eine der wenigen Standpauken, die von Angela Merkel überliefert sind. Mit Nebensätzen, die, wären sie Hauptsätze, aggressiv wären: «Und wenn ich etwas vermisse, ist es nicht, dass ich irgendjemandem vorwerfe, dass er sich zu seinem muslimischen Glauben bekennt. Dann haben wir doch auch den Mut zu sagen, dass wir Christen sind. Aber auch bitte schön die Tradition, mal wieder in den Gottesdienst zu gehen oder bisschen bibelfest zu sein. Wenn Sie mal Aufsätze schreiben lassen in Deutschland, was Pfingsten bedeutet, dann würde ich mal sagen, ist es mit der Kenntnis über das christliche Abendland nicht so weit her. Und sich anschließend zu beklagen, dass Muslime sich im Koran besser auskennen, finde ich irgendwie komisch. Und vielleicht kann uns diese Debatte auch wieder dahin führen, dass wir uns mit unseren eigenen Wurzeln befassen und ein bisschen mehr Kenntnis darüber haben. (...) Wir haben überhaupt keinen Grund zu größerem Hochmut.»[19]

In dieser Sentenz, die sich erkennbar nicht nur an das schweizerische Publikum richtet, offenbart sich die ganze Frustration nach zehn Jahren im Amt. Noch stehen ihr die härtesten Monate ihrer Amtszeit bevor, doch schon jetzt empfindet sie die lähmende Doppelmoral ihres Landes, das in den nächsten Jahren zum Einwanderungsland werden muss, wenn es sein demographisches Problem lösen will.

Hier stößt die Auenland-Strategie an ihre Grenzen, so wie sie es endgültig während der Corona-Pandemie tun wird. Zwar erwartet die Bundeskanzlerin Beweglichkeit und Toleranz von den Bürgern ihres Landes – aber sie tut selbst nicht viel dafür, sie zur Aufgabe ihrer Bequemlichkeit zu überreden. Im Gegenteil: Jahrelang findet sie sich damit ab, macht die Erhaltung, nicht die Umgestaltung von Auenland zum Ziel ihrer Politik. Sie hat die Deutschen nicht an ihrer eigenen Neugierde und ihrer Begeisterung für die Wissenschaft teilnehmen lassen. Sie kann alle strukturellen Probleme im Land – Klima, Rente, Gesundheit, Breitbandausbau, Bildung, Stadt-Land-Gefälle, Wettbewerbsfähigkeit – aus dem Kopf sehr präzise beschreiben. Doch das Risiko, den Wähler mit konkreten Politikvorstellungen von einem Wandel zu überzeugen, geht sie nicht ein. Wiederwahl geht vor. Nicht einmal das größte Geschenk, das sie selbst mit der Wiedervereinigung erhalten hat, wertet sie so auf, dass es wieder als Verheißung und nicht als Bedrohung empfunden wird: die Freiheit.

Um diejenigen, die sie in diesen sechzehn Jahren als Wähler, Unterstützer und Parteimitglieder verliert, kümmert sie sich nicht. Solange es für die Union zur Regierung reicht, nimmt sie die Erosion ihrer Partei und ihrer Wählerschaft hin. Kritiker innerhalb der eigenen Partei notieren, dass sie selbst über den Aufstieg der AfD einigermaßen gelassen bleibt. Denn: Ist die AfD im Bundestag stark, stabilisiert das paradoxerweise die Union als Regierungspartei. Ausgerechnet die Partei, die sich in scharfer Abgrenzung zur sozialdemokratisierten CDU gegründet hat, sichert nun ihre Machtbasis. Denn solange mit den ganz Rechten niemand kann und will, reichen CDU/CSU auch schlechte eigene Wahlergebnisse zum Regieren, weil ohne sie dann keine Mehrheit zustande kommen kann. Auch das erklärt, warum die Kanzlerin 2020 in Thüringen radikal durchregiert, als die dortigen

Parteifreunde es gar nicht so verheerend finden, auch mal gemeinsame Sache mit der AfD zu machen.

Die eigenen Parteifreunde profitieren von diesem «unbedingten Willen zur Macht», wie ihn Merkel-Biograph Gerd Langguth beschreibt. Doch die Partei, die sich selbst inhaltlich nicht mehr herausfordert und sich nicht mehr herausfordern lässt, versteinert nach und nach. Es ist nur ein junger Mann mit einer blau gefärbten Haartolle nötig, um ihr drastisch vorzuführen, wie sehr.

«Die Zerstörung der CDU»[20] heißt das Video, das der YouTuber Rezo ein paar Tage vor der Europawahl im Mai 2019 veröffentlicht. Es ist eine Abrechnung mit dem Stillstand, eine Verurteilung des Regierungspragmatismus, eine Anklage, dass für die Macht alles geopfert, für die Zukunft dagegen nichts eingesetzt wird. In einem einstündigen Monolog wird Regierungsversagen bei den Themen Ungleichheit, Klima, Digitales diagnostiziert. Innerhalb weniger Tage wird das Video mehr als fünf Millionen Mal angeschaut, nach zwei Jahren haben es achtzehn Millionen Bürger gesehen.

Was die «Fridays-for-Future»-Bewegung mit ihren elternkompatiblen Demonstrationen für mehr Klimaschutz begonnen hat, wird hier als Geschichte des politischen Verrats an den Jungen erzählt. Die CDU verfällt in eine Art Schockstarre. Zuerst soll eine Art Gegenvideo aufgenommen werden mit der CDU-Nachwuchshoffnung Philipp Amthor in der Hauptrolle. Das erscheint der Parteiführung dann doch als zu gewagt. Stattdessen nimmt die CDU in einem seitenlangen PDF Stellung, widerlegt, argumentiert, rechnet auf.

Die eigentliche Sprengkraft des Vorgangs erkennt die CDU-Führung nicht: Ein großer Teil der Generation, die politisch in der Ära Merkel sozialisiert ist, wendet sich angeekelt von ihr ab. Dass sie das Wesen des politischen Kompromisses verachtet, ist ihr Recht. In diesem Punkt dagegenzuhalten, ist die Pflicht der Älteren. Hier drückt sich ein immer wiederkehrender Generationenkonflikt aus. Doch hier geht es nicht um eine Revolution. Rezo beschwert sich scharf über schlechtes Regierungshandwerk, inkompetente Politiker, korrupte Mechanismen, in vielen Punkten hat er recht. Die jungen Leute verlangen keine großen politischen Projekte (außer beim Klimaschutz), keine Visionen und keine neuen Programme. Sie wollen, dass die Arbeit ordentlich, gewissenhaft, kompetent und korrekt getan wird.

So bescheiden waren die Ansprüche des Nachwuchses selten. Ausgerechnet hier die Latte zu reißen, ist für die ewige Regierungspartei CDU nicht nur peinlich. Es ist niederschmetternd. Denn es entlarvt die große Schwäche des Regierungshandelns von Angela Merkel – die Themen zwar anzufangen, aber nicht ordentlich zu Ende zu bringen. Was bei den Insidern der Politik als Fehler erkannt, aber nicht kuriert wird, bewirkt in der jungen Generation vor allem eins: tiefe Enttäuschung. Das «Auenland» der ersten Jahrzehnte des neuen Jahrtausends hat mit ihnen nicht mehr viel zu tun.

Person und Geschichte

Die Kanzlerin reagiert, wie sie es immer tut: Sie verweist auf die Fehler des Adenauer-Hauses, der neuen Parteispitze und ignoriert geflissentlich, dass das Video genauso gut mit «Die Zerstörung der Regierung von Angela Merkel» hätte überschrieben sein können.

So macht sie es auch im Kabinett. Als Nummer eins treibt man die Dinge inhaltlich nicht selbst voran, man schafft nur den Raum für Veränderung. So beschreibt ein früheres Kabinettsmitglied das Führungsverständnis der Kanzlerin. Wer den Freiraum nutzt, gewinnt. Wer patzt, muss gehen.

Damit wirklich etwas passiert, braucht eine Regierungschefin keinen politischen Plan oder einen Parteitagsbeschluss. Sie braucht eine Ermächtigung, die meist im Koalitionsvertrag festgehalten wird oder die sich aus einer Krise ergibt – und den richtigen Moment.

Für die politische Wirklichkeit sind dann zwei weitere Elemente entscheidend: Gibt es eine Person, die sich dafür in die Bresche wirft? Lässt sich eine Geschichte darüber erzählen, die die Bürger verstehen und gut finden?

Der Koalitionsvertrag ist notwendigerweise enttäuschend, weil er immer ein Kompromiss sein muss. Ausgerechnet die CDU/CSU, die meist größte Fraktion im Bundestag, muss inhaltlich die meisten Zugeständnisse machen. Weil sie sich als ständige Regierungspartei begreift, können die Lebensabschnittspartner verlangen, besonders gut behandelt zu werden. Zumal sie damit rechnen müssen, nach vier Jahren ausgetauscht zu werden. Eine Koalition mit der CDU/CSU hat bisher noch keinem Partner gutgetan. Zwei «Große Koalitionen» haben die SPD klein gemacht. Die FDP fliegt 2013 gleich ganz aus dem Bundestag, so sehr hat sie sich in der Regierung selbst beschädigt und sich beschädigen lassen. Das Trauma wirkt auch 2017 noch nach: Der Vorsitzende der Liberalen, Christian Lindner, stoppt den Weg zur Koalition mit CDU und Grünen, weil er Angst hat, «falsch zu regieren»[21] – gemeint ist in Wahrheit: wieder unterzugehen.

Mit dem Vertrag ist noch lange nicht gesagt, was wann wie stark umgesetzt wird. Es wird nur ein Handlungsrahmen beschrieben, in dem sich die Regierung bewegen will, Krisen nicht eingerechnet.

Die Kanzlerin fühlt sich für das Orten und Sondieren der Kraftfelder verantwortlich, den Rest sollen die Fachminister besorgen. Für den Ausstieg aus der Atomkraft gibt es das Kraftfeld, die Geschichte und das Personal. Nach der Atomkatastrophe von Fukushima ist das Momentum eindeutig: Es gibt es nur wenige, die sich einem schnellen Ausstieg aus der Atomkraft widersetzen würden. Der Umweltminister Norbert Röttgen ist die richtige Person, die Sache voranzutreiben. Er hat sich schon wenige Monate zuvor dafür stark gemacht, es beim rot-grünen Atomausstieg zu belassen und nur die Laufzeiten ein bisschen zu verlängern. Damals legt er sich bewusst mit den Konservativen in den Unionsparteien an, für die das Bekenntnis zur Kernkraft auch der Königsweg zum Erreichen der Klimaziele ist. Natürlich setzt auch Röttgen sich jetzt dem ätzenden Spott des Bundestags aus, als er nach Fukushima von einem «Lernprozess» und einer «Revolution» spricht.[12] Doch für ihn ist es leichter als für alle anderen in der Union und bei den Liberalen. Er ist ja vorher schon auf der richtigen Seite der Angelegenheit.

Auch bei der Wehrpflicht stimmen Person und Geschichte, um die Sache voranzubringen. Der schneidige Verteidigungsminister Karl-Theodor zu Guttenberg ist das Gesicht, die Berufs-Bundeswehr des 21. Jahrhunderts das Projekt. Für eine große Steuerreform dagegen, wie sie Angela Merkel beim Leipziger Parteitag noch verspricht, gibt es beides nicht mehr, nicht einmal mehr in einer konservativ-liberalen Regierung. Ausgerechnet in dem Land, das mit der «sozialen Marktwirtschaft» als Erfinderin eines fairen Kapitalismus gilt, interessiert sich kaum noch jemand für ordentliche Wirtschaftspolitik. Das Ministerium wird zwischen unterschiedlichen Koalitionspartnern herumgereicht wie ein Wanderpokal. Kein Politiker, der noch etwas werden will, hat Lust, sich von den Konzernen auf der Nase herumtanzen zu lassen, das politische Kraftfeld hat sich längst ins Finanzministerium verschoben.

Das politische Personal für eine gute Unternehmenssteuerreform verabschiedet sich schnell und umstandslos. Angela Merkels Schattenminister Paul Kirchhof, «der Professor aus Heidelberg», wie ihn Gerhard Schröder verulkt hat, sitzt längst wieder im Elfenbeinturm. FDP-Chef Guido Westerwelle verspricht seinen Leuten zwar immer noch viel zu laut, es werde ganz bald zu Steuersenkungen kommen. Doch nicht einmal die FDP hat in der Koalition noch eine Person, die das Projekt verkörpern könnte. Und, schlimmer noch, der Wind hat gedreht, die Zeit ist über den Plan hinweggegangen. Über zu viel Staat wird nach dem Ende der Finanzkrise in Deutschland, wenn überhaupt, nur noch leise geklagt. Die neue starke Person ist Finanzminister Wolfgang Schäuble, und er hat seine Geschichte schon im

Kopf, bevor er anfängt. Sie heißt «Die Schwarze Null». Die ist stärker als die Erzählung von den Steuersenkungen.

Und Merkel? Zu ihrer Person gibt es in allen vier Legislaturperioden keine Leistung, die der Westbindung unter Konrad Adenauer ebenbürtig wäre, der Ostpolitik Willy Brandts, der Wiedervereinigung unter Helmut Kohl oder auch der Agenda 2010 von Gerhard Schröder. Nur in schweren Krisen wie der Euro- und Finanzkrise wird sie als politische Führungskraft sichtbar – nicht mit der Aussicht auf Veränderungen, sondern mit dem Versprechen, so bald wie möglich wieder zum normalen bisherigen Leben zurückzukehren.

Die Krisen kommen in immer kürzeren Abständen, die Normalität als Konzept gerät unter Druck. Ist es normal, drei- oder viermal im Jahr zu verreisen wie vor Corona? Oder ist es normal, es nicht mehr zu tun wegen des Klimawandels? Ist Im-Büro-Arbeiten die Normalität oder dezentrales Zu-Hause-Sitzen? Sind Unternehmerlohn, bedingungsloses Grundeinkommen, Kurzarbeitergeld nur Notstandsmaßnahmen, oder werden sie auch in einer neuen Normalität noch eine bedeutende Rolle spielen? Solche Fragen werden nicht nur im Wahlkampf gestellt, sie stellen sich in einer Gegenwart mit komplexen Fragestellungen, in denen sich die Krisen überlagern. So skizziert sie Angela Merkel im Januar 2021 bei ihrer leidenschaftslosen Ansprache für den CDU-Parteitag. «Wir müssen immer wieder Handlungsmöglichkeiten finden, um regierungsfähig zu sein»,[23] sagt sie. Da ist es wieder: Regierungsfähigkeit als Wert und Ziel an sich. Sie lässt keinen Zweifel: In solchen Lagen gibt es, jedenfalls in demokratischen Gesellschaften, nur eine Art erfolgreichen Regierens. Sie ist nicht elegant, nicht visionär, oft genug inkonsistent und rumpelig. Es ist ihre und für sechzehn Jahre die der CDU.

KATASTROPHEN

An diesem Mittwoch im März 2021 wird für die Beobachter der Berliner Politikszene deutlich, dass der Kanzlerin etwas entgleitet. Es ist früh am Morgen, als sie aus dem Auto steigt, das sie zum Kanzleramt gebracht hat. Sie ist unfrisiert, ungeschminkt, müde. Sie geht leicht nach vorne gebeugt, den Kopf vorgereckt, wie jemand, der die Balance für den Tag noch sucht. Ihr senfgelber Blazer lässt sie noch blasser erscheinen. Der Fotograf erwischt sie von der Seite, gleich darauf geht das Bild über die Agenturen. Später an diesem Tag wird sich Angela Merkel beim deutschen Volk entschuldigen, ein einmaliger Vorgang.

Seit Beginn ihrer Arbeit als Kanzlerin wird sorgfältig darauf geachtet, wer die Kanzlerin wann, wie und aus welcher Entfernung fotografiert. Unvorteilhafte Bilder sind eine Seltenheit geworden. Jetzt sind sie wieder da. Angela Merkel verliert an diesem Tag nicht nur den Kampf um die «Osterruhe», mit der die dritte Infektionswelle der Pandemie gebrochen werden sollte. Sie verliert die Macht über das eigene Bild. Zu sehen ist eine müde ältere Frau im unglücklich gewählten Businesslook. Das Foto ist ein Sinnbild für den Verfall ihres Einflusses und ihrer Fähigkeit, das Land in der Krise zu steuern.

Von der Krisenkanzlerin zur Kanzlerin in der Krise

Die Kanzlerin kann Krise? Ja, solange sie die Macht hat, die unterschiedlichen Interessen auszugleichen. In der Corona-Pandemie hat sie für eine erfolgreiche Politik anfangs alles, am Ende kaum mehr etwas in der Hand – außer dem Mut der Verzweifelten. Die Krise ist für die Kanzlerinnenschaft Angela Merkels der Höhe-, Tief- und Endpunkt zugleich. Den Höhepunkt erklimmt sie im Frühjahr und Sommer 2020, als sich Deutschland im Ruf sonnt, in Europa am besten durch die Krise gekommen zu sein. Den Tiefpunkt erreicht sie im März des folgenden Jahres nach jener fatalen Ministerpräsidentenrunde, deren Beschlüsse sich als undurchführbar erweisen. Endpunkt wird das selbstgewählte Karriereende nach der Bundestagswahl im September sein.

Erfolg oder Misserfolg im Umgang mit der letzten Phase der Covid-19-Katastrophe werden nicht nur über das Bild der Krisenkanzlerin in der Geschichte entscheiden. Die CDU und ihre bayerische Schwesterpartei, die CSU, die unter Angela Merkel ihren Anspruch als ewige Regierungspartei gefestigt haben, drohen zwischenzeitlich daran zu zerbrechen. Und auch die Frage, ob Deutschland und Europa im Zeitalter der Postpandemie noch eine führende Rolle in der Welt spielen können, wird hier ihre Antwort finden.

Die letzten achtzehn Monate ihrer Zeit als Regierungschefin fördern ihre besten und ihre schlechtesten Eigenschaften noch einmal in aller Schärfe zutage. Zuerst ist sie die besonnene Politikerin, die weiß, was zu tun ist – und das auch durchsetzt. Sie ist die Naturwissenschaftlerin, der niemand erklären muss, wie exponentielles Wachstum verläuft. Mehr als jeder andere Politiker in Deutschland oder Europa hat sie Erfahrung und nutzt sie. Sie ist glaubwürdig, weil ihr niemand mehr unterstellt, sie habe eine eigene politische Agenda oder den Ehrgeiz, die nächste Wahl zu gewinnen. Sie hat Autorität. Die Deutschen sind erleichtert, von einer wie der Kanzlerin «ein Angebot zur Orientierung in der Krise» zu bekommen.[1]

Und sie hat Erfolg. Die erste Welle der Gesundheitskrise wird bewältigt, ohne dass die Krankenhäuser überlastet werden. Die Infektionszahlen gehen zurück, dafür hat ein einziger (im Vergleich zu den europäischen Nachbarn) mittelstrenger Lockdown gereicht. 200 000 Deutsche, die irgendwo auf der Welt unterwegs waren und

Angela Merkel bei ihrer ersten direkten TV-Ansprache in über fünfzehn Jahren Amtszeit anlässlich der Corona-Krise: «Es ist ernst. Nehmen Sie es auch ernst.»

keinen Rückflug mehr bekamen, werden vom Auswärtigen Amt nach Hause geholt. Unternehmen bekommen Soforthilfen, unterbeschäftigte Arbeitnehmer Kurzarbeitergeld. Die Supermärkte haben wieder Toilettenpapier, Hefe und Zucker, Alltagsmasken gibt es zum Schleuderpreis. Die Wirtschaft nimmt Fahrt auf. Deutschland hat es wieder einmal geschafft. In einer Mischung aus Genugtuung und Erleichterung gibt man sich dem Gefühl hin, die Klugheit der Kanzlerin, die Besonnenheit der Ministerpräsidenten und die Disziplin der Bevölkerung hätten einen deutschen Sonderweg zustande gebracht, der in Europa seinesgleichen sucht. Wieder Klassenbester. Das Volk dankt es Angela Merkel mit hohen Zustimmungswerten.

Leider spricht das Virus offenbar kein Deutsch, und den Föderalismus hat es auch nicht verstanden, als es die Grenze zum vermeintlichen Musterland überquert. Angela Merkel wird in den nächsten Monaten zur machtlosen Moderatorin. Im Winter, als die Infektionszahlen wieder steigen, erreicht sie mit ihren Mahnungen die Ministerpräsidenten nicht mehr, die Bundestagsfraktion murrt, das Volk macht, was es will. Es wird hier gelockert, da experimentiert, zu Weihnachten werden Ausnahmen verhandelt, nach Silvester wieder strenger regiert. Die Bürger richten sich nach eigenem Ermessen ein: Immer noch unterstützt eine Mehrheit Maskenpflicht, Abstandhalten und die Hygieneempfehlungen. Gleichzeitig aber sinkt trotz aller Ermahnungen die Zahl derer, die zu Hause arbeiten, die Mobilität nimmt zu, die Familien feiern wieder.

Das Virus verändert sich. Ansteckendere und gefährlichere Varianten breiten sich mit hoher Geschwindigkeit aus. Die allerwichtigste Frage in Deutschland aber scheint die zu sein, wann die Bürger zum Friseur dürfen. Dass es immer noch nicht gelingt, die Alten- und Pflegeheime vor Corona-Ausbrüchen zu schützen, dass Tausende vor allem ältere Menschen schwer erkranken und sterben, dass Kinder, Jugendliche und Studenten nicht ordentlich lernen können, dass die Milliardenhilfen aus der November- und Dezemberhilfe nicht zügig ausgezahlt werden und viele Gesundheitsämter ihre Meldungen immer noch per Fax dem Robert Koch-Institut übermitteln, erscheint dagegen wie eine Nebensache. In der zweiten und zu Beginn der dritten Infektionswelle verliert die Regierung die Kontrolle über das Geschehen.

Der Tiefpunkt ist Ende März 2021 erreicht, als die Regierung auf die drängenden Bürgerfragen zur gerade beschlossenen Osterruhe keine Antworten mehr weiß: Wer sorgt an den Zwangsfeiertagen für die Sicherheit, wer für die Stabilität des Gesundheitssystems? Zahlen die Arbeitgeber oder die Regierung für die Ruhepause – oder müssen die Arbeitnehmer etwa Urlaub nehmen? Können Lastwagenfahrer in kürzester Zeit Windeln, Gemüse und Tiefkühlpizzen in großen Mengen in die Supermärkte schaffen? Keine dieser Fragen lässt sich zufriedenstellend beantworten. Angela Merkel bläst die Sache ab. Zum ersten Mal in sechzehn Jahren bekennt sie in schonungsloser Offenheit, einen Fehler gemacht zu haben: «Dieser Fehler ist einzig und allein mein Fehler. Denn am Ende trage ich für alles die letzte Verantwortung (...). Und dafür bitte ich alle Bürgerinnen und Bürger um Verzeihung.»[2]

In einer der größten Krisen der Nachkriegszeit zeigt sich der föderale Staat überfordert. Eine einheitliche und belastbare Strategie ist nicht mehr möglich. In den Runden mit den Ministerpräsidenten bleibt nichts mehr vertraulich. Niemand weiß, wer außer den Ministerpräsidenten, dem Kanzleramtsminister und der Kanzlerin selbst an den Online-Konferenzen teilnimmt, wer zuhören kann, wessen Handy möglicherweise sogar einen Livestream in die Redaktionen großer Zeitungen sendet. Selbst aus den kleinsten Zirkeln werden Zitate und Vorschläge in Echtzeit durchgesteckt.

«Krisen (erscheinen) gleichzeitig als hochpolitisch und als seltsam entpolitisiert», meinen die Politikwissenschaftler Armin Schäfer und Michael Zürn.[3] Hochpolitisch sind sie, weil sich im Moment der Bedrohung alle Erwartungen auf die Kanzlerin richten. Entpolitisiert wirken sie, weil die demokratischen Mechanismen außer Kraft gesetzt sind. Das Land wird durch die nicht legitimierte Runde der Kanzlerin mit den Ministerpräsidenten regiert. Dem Bundestag als eigentlichem Gesetzgebungsorgan der Republik bleibt nur eine Statistenrolle. Der Föderalismus, der doch eigentlich als deutsche Stärke gilt, erweist sich plötzlich als Problem.

Schon in den guten Jahren des Aufschwungs nach 2009 haben sich die Länder vieler Aufgaben entledigt und sich von der Bundesregierung mit Milliardensummen dafür entschädigen lassen. Der Finanzausgleich zwischen schwachen und starken Bundesländern ist einer Bundesumverteilstelle für Umsatzsteueranteile gewichen. Die Ausstattung der Schulen und Elite-Universitäten hängt von Bundeszuschüssen ab. Der Ausbau von Kindertagesstätten wird immer stärker aus Berlin finanziert, die Unterbringung und Betreuung von Flüchtlingen oder die Grundsicherung im Alter ebenso. Die Länder sitzen zu Beginn der Corona-Pandemie auf milliardenschweren Finanzpolstern. Inhaltlich aber sind sie im Wesentlichen nur noch für einen Teil der Gesundheitsvorsorge, ein bisschen Kultur, die Bildung und die Polizei zuständig. In der Krise zeigt sich, dass die Ministerpräsidenten das Regieren in den goldenen Jahren üppiger Finanzströme bei gleichzeitig schrumpfender Verantwortung gründlich verlernt haben.

Schon wenige Wochen nach Ausbruch der Pandemie beginnt das Gefeilsche um Geld und politische Schadensbegrenzung, angeheizt von dem gleichzeitig einsetzenden Rennen um die Kanzlerkandidatur. Im April 2020 startet der nordrhein-westfälische Ministerpräsident Armin Laschet, der ein paar Monate später Merkels Nachfolger als Parteivorsitzender werden wird, die Zeit der Alleingänge. «Es ist mir (...) alles viel zu virologisch gedacht», sagt er am 19. April im Deutschlandfunk.[4] Die Politiker sollten das Steuerrad wieder übernehmen und jetzt über Lockerungen des ersten Lockdowns entscheiden, verlangt er. Er repräsentiert in den folgenden Wochen die Gruppe derer, die einen Gegenentwurf zum strengen Kurs der Kanzlerin und dem Sprecher der Ministerpräsidentenkonferenz wollen. Der heißt bis September 2020 Markus Söder, ist Ministerpräsident von Bayern und wird in den kommenden Monaten ebenfalls zu einem Kanzlerkandidaten reifen.

Im Sommer noch sieht es so aus, als könnte Laschet recht behalten. Im Herbst dreht die Lage.

Als im Oktober die Infektionszahlen explodieren, weigern sich einige Ministerpräsidenten, schnell und hart gegenzusteuern. Die Kanzlerin mahnt und fleht, lässt Mathematiker noch einmal vorrechnen, wie sich die Ausbreitung einer hochansteckenden Krankheit binnen Tagen beschleunigt, doch vergeblich: Die Ministerpräsidenten sehen die Corona-Müdigkeit der Eltern, die Bildungsrückstände der Kinder, die Verzweiflung der Einzelhändler und der Gastronomen. «Wir haben nicht falsch gehandelt. Wir haben nur zu wenig gemacht», wird Baden-Württembergs Ministerpräsident Winfried Kretschmann ein paar Wochen später zugeben,[5] sein thüringischer Amtskollege Bodo Ramelow wird im Januar von einem «bitteren Fehler» sprechen und den Hut vor Angela Merkel ziehen: «Sie hat recht gehabt, und ich habe unrecht gehabt.»[6]

Jetzt rächt sich, dass die Kanzlerin die Beziehung zu den Ländern in den vergangenen Jahren vernachlässigt hat. Als Präsidialkanzlerin hat sie sich daran gewöhnt, dass sie zum Regieren vor allem die eigenen Leute im Kanzleramt braucht, Kontakte pflegt sie besonders zu den Staats- und Regierungschefs der anderen europäischen Länder, den Präsidenten der USA und Russlands, dem Staats- und Parteichef Chinas.

Nicht nur für die Kanzlerin ist die Corona-Pandemie eine Zäsur. Auch die deutsche Strategie der Krisenbewältigung kommt an ein Ende. In Krisen muss schnell gehandelt werden, das politische System Deutschlands jedoch ist eines, das zur Langsamkeit zwingt: Jedes Gesetz muss im Bundestag durch drei Lesungen, danach ist meist der Bundesrat dran, oft landet die Sache anschließend im Vermittlungsausschuss – bevor sie wieder dem Bundestag zur abschließenden Betrachtung vorgelegt wird.

Deshalb kommt es in kritischen Lagen auf die Regierungschefin an. Wie in der Finanz-, der Tsunami-, der Euro- und der Migrationskrise erhebt die Bundeskanzlerin auch in der Corona-Pandemie den Anspruch, den Takt und die Entscheidungen vorzugeben. Doch im Gegensatz zu den vorherigen Krisen weist das Infektionsschutzgesetz den Ländern die Hauptverantwortung für das Bekämpfen der Pandemie zu. Und diesmal wollen zwei Ministerpräsidenten mehr. Armin Laschet und Markus Söder werden sich später um die Nachfolge Angela Merkels bewerben. Der zunächst verdeckte, später erbittert offen ausgetragene interne Wahlkampf vergiftet die Corona-Debatte zusätzlich.

Erst im November ringen sich Kanzlerin und Ministerpräsidenten zu einem echten Bremsmanöver durch. Die Weihnachtsferien werden verlängert, es gibt keine Striezelmärkte, kein Adventssingen, kein Plätzchenbacken in den Kindergärten, kein Silvesterfeuerwerk. Zu diesem Zeitpunkt sind die Beziehungen zwischen Berlin und den Landeshauptstädten schon schwer gestört. Nach der Regierungserklärung der Kanzlerin am 26. November platzt Ralph Brinkhaus, dem Fraktionsvorsitzenden von CDU/CSU, der Kragen. Er «finde es nicht in Ordnung, wie die Lastenteilung im Bereich Finanzen zwischen Bund und Ländern ist», wettert er im Bundestag. «Die Länder und die Kommunen kriegen über die Hälfte der Steuereinnahmen. Ich erwarte von den Ländern, dass sie sich jetzt endlich mal finanziell in diese Sache einbringen und nicht immer nur Beschlüsse fassen und die Rechnung dann dem Bund präsentieren.»[7] Das Protokoll vermerkt Beifall aus CDU/CSU, von den Sozialdemokraten, den Grünen und den Liberalen.

Die Schlacht ist eröffnet. Die Ministerpräsidenten sind empört. Von nun an wird ganz offen an zwei Fronten gefochten: gegen das Virus – und gegeneinander. Immer noch hat Angela Merkel die erfreulichsten Zustimmungswerte aller Politiker. Doch ihr Stern sinkt. Im Januar laufen die Eltern Sturm gegen die Schulschließungen, die Alten versuchen verzweifelt, Impftermine zu buchen, die meisten Unternehmer haben die Novemberhilfe immer noch nicht auf dem

Konto. Es ist kein Wunder, dass die Länder öffnen wollen – auch wenn die Zahlen schon wieder steigen. Als die Merkel-Runde im März Museen, Gartenmärkten und Friseuren erlaubt, unter strengen Bedingungen aufzusperren, setzen sich die neuen Virus-Varianten gerade rasant durch.

Die Rechnung folgt auf dem Fuß. Die Krankenhäuser füllen sich wieder mit Covid-Patienten. Ende März muss die dritte Welle der Pandemie gebrochen werden. Die gemeinsamen Konferenzen der Kanzlerin mit den Ministerpräsidenten haben darauf kaum noch Einfluss. Die Kanzlerin leitet die Wende im Pandemie-Management nach dem bekannten Merkel-Muster ein: Sie versucht, «vor die Lage» zu kommen, das Ruder wieder in die Hand zu nehmen. Das Wolfratshausen der Corona-Krise ist die öffentliche Entschuldigung Angela Merkels bei ihrem Volk für die «Osterruhe», ein anschließender Talkshow-Auftritt in der ARD-Sendung «Anne Will» und schließlich die öffentliche Entmachtung der Ministerpräsidenten auf dem kleinen Dienstweg.

Sommerschlaf

In all dem Klein-Klein um Beschränkungen, Soforthilfen und Zuständigkeiten haben die Beteiligten achtzehn Monate lang völlig vergessen, belastbare Strukturen für den Fall zu schaffen, dass die Pandemie länger dauert. Nicht einmal Angela Merkel, die früher als alle anderen ahnt, dass sich die Sache noch lange hinziehen wird, handelt. «Sie hat nicht, wie viele andere, gehofft. Sie hat gesehen», zitieren die Journalistinnen Katja Gloger und Georg Mascolo den nordrhein-westfälischen Innenminister Herbert Reul.[8]

Doch auch die Kanzlerin lässt die Sache im Sommer schleifen. Die Zeit der niedrigen Infektionen verstreicht ungenutzt. Es wird kein arbeitsfähiger Krisenstab aus allen betroffenen Ministerien gebildet, keine Strategie für die zweite und dritte Welle der Pandemie entwickelt. Die Entwicklung einer Corona-App ist beauftragt, doch nur datenschutzrechtlich wasserdicht geregelt. Was eine solche App später leisten soll, wird im Kanzleramt genauso wenig festgelegt wie im Gesundheits- oder im Innenministerium.

Den Schulen wird zwar eine Menge Geld für die Digitalisierung angewiesen – kaum jemand aber achtet darauf, dass die Länder, Schulbehörden und Direktoren das Geld auch abrufen und die Schüler mit den nötigen Geräten versorgen. Die Gesundheitsämter bekommen eine zentrale neue Software, aber niemanden, der sie einweist. Nachdem die ersten Direkthilfen für Unternehmen hastig ausgezahlt sind, hält das Wirtschaftsministerium die Angelegenheit für erledigt. Eine belastbare Architektur für weitere Unterstützungsleistungen wird nicht aufgebaut. Die Bundesregierung beteiligt sich zwar an einem der potenziellen Impfstoffhersteller, interessiert sich aber nicht dafür, ob es in Deutschland und Europa auch genügend Fabriken gibt, die Vakzine herzustellen. Es ist wie so oft in der Ära Merkel: viele richtige Entscheidungen, aber keine Strategie. Und ein paar Monate vor dem Ende ihrer Amtszeit gibt es auch immer weniger Personal, auf das sie sich verlassen kann. Statt Disziplin regiert im Sommer 2020 das Prinzip Hoffnung.

Zum Beispiel bei der Corona-App. Rund siebenundzwanzig Millionen Bürger haben die App, die Kontakte mit Infizierten anzeigen soll, auf ihren Smartphones installiert. Doch der Nutzen des von Kanzleramtsminister Helge Braun als «großer Schritt in der Pandemiebekämpfung»[9] gepriesenen Instruments ist begrenzt. Vor allem besser Gebildete, die ohnehin im Home Office arbeiten können und wenig zufällige Kontakte haben, nutzen sie. Kassiererinnen oder Zugbegleiter dagegen, die weitaus gefährdeter sind, haben die App viel seltener installiert. Große Familien in kleinen Wohnungen können sich nicht aus dem Weg gehen, selbst wenn sie es wollten. In einem Corona-Alarm erkennen viele von ihnen keinen Sinn.

Schließlich müssen erst neue Wettbewerber vormachen, was Warn-Apps eigentlich auch sein könnten. Erst jetzt ringen sich die Partner der Bundesregierung durch, auch ihre App mit Check-in-Funktionen und Schnelltest-Anzeige auszustatten. Selbst die normalerweise regierungsfreundliche Bertelsmann-Stiftung kommt ein Dreivierteljahr und etwa hundert Millionen Euro später zu dem niederschmetternden Fazit: «Akzeptanz und Motivation für neue digitale Anwendungen erzielt man nur, wenn sie auch wirklich funktionieren und das leisten, was von ihnen erwartet wird.»[10]

Ähnlich geht es mit der Impfstrategie. Selten haben deutsche Forscher eindrucksvoller bewiesen, was sie können. Die Kombination von Grundlagenforschung, innovativen Ausgründungen, staatlicher und privater Wirtschaftsförderung ermöglicht dem Unternehmer-Ehepaar Özlem Türeci und Uğur Şahin die erfolgreiche Entwicklung des Biontech-Impfstoffs. Biontech und der US-Konzern Pfizer sind die Ersten mit einem zugelassenen Präparat, mit Curevac hat Deutschland wenige Monate später einen zweiten Impfstoffkandidaten aus dem eigenen Land am Start. Doch auch hier folgt der guten Nachricht schnell die Ernüchterung. Deutschland und die Europäische Union gehören keineswegs zu den ersten Regionen, in denen geimpft wird.

Einen großen Teil des Pandemie-Managements haben die europäischen Staats- und Regierungschefs schon im Frühjahr an die Europäische Kommission übertragen. Die Kanzlerin wirbt sehr dafür: EU-Mitglieder sollen nicht gegeneinander um knappe Impfstoffe konkurrieren. Szenen wie die aus dem Frühjahr, in denen Regierungschefs sich bereits zugesagte Lieferungen an Masken oder Beatmungsgeräten abjagten, dürften sich innerhalb Europas nicht wiederholen. Auch wirtschaftlich schwache Mitgliedsländer sollen gleichberechtigten Zugang zur Pandemiebewältigung haben. Deshalb sollen der Impfstoff gemeinsam besorgt, das wirtschaftliche Wiederaufbauprogramm von Brüssel aus koordiniert werden.

In Brüssel aber sind Neue am Werk. Kommissionspräsidentin Ursula von der Leyen gelingt es in den ersten Wochen nicht, Grenzschließungen innerhalb der Union zu verhindern, dadurch wächst das Misstrauen gegen Brüssel. Dann konzentriert sie sich zu früh auf das Ende der Pandemie – und marschiert mit ihrem gigantischen Aufbauprogramm «European Green Deal» munter voran, während in einigen Nationalstaaten die Verstorbenen noch mit Militärlastwagen aus den Krankenhäusern abtransportiert werden müssen. Und schließlich überlässt sie das Impfstoffmanagement zunächst ihrer integren, aber in Pandemiefragen völlig unerfahrenen Kommissarin Stella Kyriakides, um es dann der allzu toughen Handelsexpertin Sandra Gallina anzuvertrauen. Die handelt zwar die niedrigsten Preise aus. Doch im Kleingedruckten der Verträge gibt es keine verbindlichen Lieferverpflichtungen. Das fällt erst auf, als die anderen beliefert werden, Europa dagegen die zugesagten Impfdosen gar nicht oder verspätet erhält. Die Kanzlerin, die als eine der wenigen in Europa die Ideenstärke und Marketingbegabung, aber auch die eklatante Umsetzungsschwäche ihrer früheren Familien-, Arbeits- und Verteidigungsministerin bestens kennt, unternimmt anfangs nichts, um die Kommission vor Verspätung und Verzögerung zu warnen. Und dann zu wenig, um ihr Beine zu machen.

Dass die europäische Arzneimittelbehörde EMA erst den Weckruf der Staats- und Regierungschefs braucht, um Tag und Nacht für die Zulassung der Vakzine zu arbeiten, ist ein weiteres Armutszeugnis. Erst Mitte Dezember meldet die EMA, dass eine Zulassung «zu denselben hohen EU-Standards» auch acht Tage früher als geplant möglich sei, weil man rund um die Uhr arbeite.[11] Eine Woche ist in normalen Zeiten nicht viel. In der Corona-Pandemie aber macht sie einen Unterschied.

In der Krise entpuppt sich das vierstufige föderale System – Europäische Union, Bundesregierung und Bundestag, Landesregierungen, Kommunen – als untauglich. Doch die Kanzlerin findet kein Mittel mehr, die Komplexität aufzulösen. Große Teile der Bevölkerung vertrauen ihr zwar weiterhin. Im Umgang mit ihren politischen Kollegen aber hat sie keine Machtmittel mehr in der Hand. «Auf fast tragische Weise haben einzelne Ministerpräsidenten ihre Autorität zerstört, weil sie vorgeprescht und ohne Abstimmung eigene Wege gegangen sind», urteilt der Grünen-Vorsitzende Robert Habeck schon im Frühjahr in einem Interview mit dem «Tagesspiegel».[12]

Wie in der Migrations- wird auch in der Covid-19-Krise deutlich, dass die Rolle des Staates zwar wichtiger wird, gleichzeitig aber nichts mehr ohne die Unterstützung der Zivilgesellschaft funktioniert. «Allmacht und Ohnmacht des Staates» treten gleichzeitig auf,[13] bemerkt der Politikwissenschaftler Peter Graf Kielmansegg. Das verursacht ein doppeltes Dilemma. Der Rechtsstaat kann zwar Regeln erlassen, er kann sie jedoch nicht mehr zuverlässig durchsetzen. Er kann nur ein «Sorgeregime» errichten, das aber, wenn es durchgreifen will, in der ständigen Gefahr ist, in ein «Repressionsregime», einen kontrollierenden und überwachenden Staat, zu entgleiten.[14] Der Staat ist auf das Mitmachen seiner Bürger angewiesen, zu Hause zu bleiben, die Lücken im Lehrplan mit privaten Unterrichtsstunden auszugleichen, den kranken Nachbarn den Einkauf zu besorgen.

Schlimmer noch: Die Zivilgesellschaft selbst spaltet sich – in diejenigen, die diese Unterstützung gern und freiwillig leisten, und die anderen, die sie verweigern. Was der damalige Bundespräsident Joachim Gauck in der Migrationskrise mit «hell» und «dunkel» charakterisiert hat, findet sich auch bei Corona wieder. Der Höhepunkt ist erreicht, als Ende August 2020 Corona-Gegner auf die Treppen des Berliner Reichstages stürmen und Reichsflaggen schwenken.

Jetzt müsste man einen direkten Kanal zu den Bürgern haben. Doch auch den hat Angela Merkel in ihren vier Legislaturperioden als Kanzlerin brachliegen lassen. Sie hat «Town Hall Meetings» und «Bürgerdialoge» abgehalten, in denen sie als zugewandt und interessiert geschildert wird. Doch ihr öffentliches Redetalent hat sie aktiv vernachlässigt. Der Fotografin Herlinde Koelbl sagt sie, damals ist sie noch Umweltministerin, sie werde niemals eine Beratung in Anspruch nehmen, um in der Öffentlichkeit sicherer aufzutreten. «Ich finde so etwas grauenvoll. (...) Und ich lerne aus eigenen Erfahrungen.»[15]

Bei dieser Haltung bleibt sie. Zwar wird im Kanzleramt alles geplant, mit Umfragen abgesichert, Stimmungslagen in der Bevölkerung werden ausführlich recherchiert. Dass Angela Merkel als Rednerin erstarrt und hinter der Kanzlerin verschwindet, ist sogar gewollt. So kann sie zur Projektionsfläche für Wähler und Bürger werden und die CDU anschlussfähig für fast alle denkbaren Regierungskonstellationen machen. Die Schlagfertigkeit und der Humor Angela Merkels blitzen im direkten Austausch mit Bürgern nur noch gelegentlich auf. Ansonsten wird Schwarzbrot serviert.

In ihrem letzten Amtsjahr ist sie mit einer Entwicklung konfrontiert, auf die sie auch deshalb keine Antwort mehr findet. Mit Gesetz, Kontrolle und Strafe lässt sich in der Pandemie kaum etwas ausrichten. Die Kanzlerin muss an die Bürger appellieren, sich an die Regeln zu halten. Sie muss sie für ihren Kurs gewinnen. Wie sich Familien im privaten Rahmen verhalten, wie sie ihren Eltern und Großeltern begegnen, ob sie sich an Quarantäne-Auflagen halten? Das bleibt weitgehend in das Einsichtsvermögen der zweiundachtzig Millionen Bürger gestellt, deren Kanzlerin Merkel ist.

Ihre Fernsehansprache vom März 2020 erreicht Einschaltquoten wie sonst nur ein Finale der Fußball-Europameisterschaft. Ihre Entschuldigung für die missratene Unternehmung, das Volk zu einer «Osterruhe» zu bewegen, wird im März 2021 zu Recht als historisch bewertet: Noch nie hat ein Regierungschef in (West-)Deutschland an allen demokratischen Institutionen vorbei wegen einer persönlichen Verfehlung direkt beim Souverän um Verzeihung gebeten. Doch Merkels Ton ist und bleibt der einer Neujahrsansprache. Sie kann es nicht anders.

«Dem Volk durch Reden keine Orientierung zu geben heißt, die Chancen der Politik nicht vollständig zu nutzen», urteilt der «Spiegel»-Journalist Dirk Kurbjuweit zum Ende ihrer ersten Amtsperiode noch vergleichsweise milde.[16] Damals ging es «nur» um die Finanzkrise. Diesmal geht es um Leben und Tod, und wieder (oder immer noch) findet Angela Merkel den Ton nicht.

Dass sie sich weder für die Partei noch für die Bundestagsfraktion interessiert hat, wird ausgerechnet jetzt zu einem existenzbedrohenden Problem für die CDU. Es sind CDU-Abgeordnete, die sich offensichtlich ohne jedes Schuldgefühl an den Maskenverkäufen bereichern, die sie dem Bundesgesundheitsminister andienen. Es sind christdemokratische Parlamentarier, die sich für die autokratische Republik Aserbaidschan einspannen und von ihr belohnen lassen. Angela Merkel hat sich darauf verlassen, dass ihre eigene Unbestechlichkeit und Bescheidenheit vorbildhaft auf die Mandatsträger ihrer Partei wirken. Kontrolliert hat sie es nicht. Dabei hatte sie im Dezember 1999 in ihrem legendären Gastbeitrag für die FAZ noch geschrieben, dass die Zukunft «nur auf einem wahren Fundament aufgebaut werden» könne. Doch ihr «legendäres Misstrauen», das ihr in der Fraktion viele bescheinigen, versagt in den Wochen der Pandemie. Es hat sich auf die Sicherung der Regierungsfähigkeit bezogen, nicht aber auf die moralische Integrität der Partei und ihrer Repräsentanten.

Es sind vornehmlich Abgeordnete der Unionsfraktion, die sich und ihren Parteien im April in der Auseinandersetzung um den richtigen Kanzlerkandidaten Verletzungen zufügen, die im Wahlkampf der kommenden Monate nicht mehr zu heilen sind. Ausgerechnet die Grünen haben gezeigt, wie es auch gehen kann, und kassieren im Frühjahr die Belohnung in Form steigender Umfragewerte. Am Ende der Kanzlerschaft Angela Merkels steht die reale Gefahr, dass die Union – erst zum zweiten Mal in der über siebzigjährigen Geschichte der Bundesrepublik – nicht die stärkste Fraktion im Deutschen Bundestag stellen könnte. Das wird sich auch Angela Merkel anrechnen lassen müssen. Sie ist nicht bereit, sich in der Partei für eine Nachfolgeregelung einzusetzen.

Dabei wollte sie es ganz anders machen als Helmut Kohl, der die Partei in die sichere Niederlage führte, weil er nicht aufhören konnte. Es ist eine besonders ironische Wendung der Geschichte, dass es Angela Merkel am Ende ihrer Amtszeit ähnlich ergeht wie ihrem Amtsvorgänger und langjährigen Lehrmeister. Seine Macht und sein Regierungsstil hatten sich verbraucht. Es ist Zeit zu gehen.

VERMÄCHTNIS

Was fest gefügt und unveränderlich scheint, das kann sich ändern.»[1]

Es ist ein kühler, feuchter Novembernachmittag im Jahr 2016, an dem Deutschlands Ansehen in der Welt den Höhe- und vorläufigen Endpunkt erreicht. Der amerikanische Präsident Barack Obama besucht Berlin, es ist seine offizielle Abschiedsvisite. Er hat eine letzte Mission: Angela Merkel den Staffelstab des demokratischen Westens zu übergeben und sie zur Kandidatur für eine vierte Amtszeit zu überreden. «Wenn ich hier wäre, und deutsch wäre, dann würde ich für sie stimmen; ich würde sie unterstützen», sagt er später.[2] Es klingt ein bisschen romantisch. Man weiß nicht sicher, ob sie sich freut. Sie lächelt. Ein geschmeichelt-schiefes Lächeln, wie oft, wenn sie gelobt wird.

Seit einer Woche ist klar, dass Donald Trump Präsident der Vereinigten Staaten wird. Der russische Präsident Wladimir Putin droht seit dem Sommer mit offenem Krieg in der Ukraine. In der Türkei ist Präsident Recep Tayyip Erdoğan damit beschäftigt, in Militär, öffentlichem Dienst und Zivilgesellschaft tatsächliche oder vermutete Verschwörer einzusperren, die an dem Putschversuch im Juli des Jahres beteiligt gewesen sein sollen. Großbritannien versinkt ein paar Monate nach dem Brexit-Referendum im politischen Chaos. Die Franzosen bereiten sich auf die Präsidentschaftswahl im Mai 2017 vor, viele fürchten, dass Marine Le Pen, die Chefin des rechtsnationalen Front National, erfolgreich sein könnte. Erst in der Stichwahl unterliegt sie Emmanuel Macron.

Und in Berlin? Die Kanzlerin hat das Tief nach der Migrationskrise und vor der Seehofer'schen Obergrenze-Eskalation leidlich überstanden, die Wirtschaft läuft, die Schuldenquote sinkt, auf dem Arbeitsmarkt herrscht Fachkräftemangel. Im Inneren ist die Stimmung immer noch nicht prächtig, aber sie wird auch nicht mehr schlechter. Horst Seehofer macht Probleme, aber das kennt man inzwischen. Angesichts des Aufstiegs der AfD bei den vergangenen Landtagswahlen herrscht so etwas wie gespannter Frieden in der Großen Koalition.

Die internationalen Partner aber sehen Deutschland als Hort der Stabilität und Zuverlässigkeit, als europäische Führungsmacht, als Bollwerk des Westens. Für sie ist Angela Merkel der Gegenentwurf zu den Verrücktheiten der Welt um sie herum. Den Alleinherrschern setzt sie die Bereitschaft zur Kooperation entgegen. Den Streithanseln begegnet sie mit Vermittlung und Verhandlung. Erpressungsversuche kontert sie mit Konzilianz. Temperamentvolle Visionen aus Frankreich werden mit freundlichem Zuwarten gekontert. Den Alles-oder-nichts-Spielern bietet sie den Kompromiss. Wenn einer wie Donald Trump gar nicht mit ihr reden kann, lädt sie eben auch die mitregierende Tochter ein. Und wenn Barack Obama sie lobt, hat sie ja noch ihr schiefes Lächeln.

Ausgerechnet das Land, das die Welt in der ersten Hälfte des 20. Jahrhunderts durch seinen Nationalismus, seinen Antisemitismus und seine Kriegsbereitschaft ins Unglück gestürzt hat, gilt der Welt nun als Friedenstaube. Deutschland und Frankreich vermitteln in der Ukraine, ihre Außenminister bemühen sich im Nahen Osten und im Iran. In der Türkei verhandelt Altkanzler Gerhard Schröder auf Merkels Bitte hin über die Freilassung deutscher Staatsbürger, in Afrika spannt sie Altbundespräsident Horst Köhler für Friedensdienste ein.

Mit der Eurokrise, dem Migrationssommer 2015, der Wahl des amerikanischen Präsidenten Donald Trump gerät der freundliche deutsche Hegemon in schwere Bedrängnis. In Griechenland veröffentlichen sie Fotos, auf denen die Kanzlerin einen Hitlerbart und eine Hakenkreuzbinde angeheftet bekommt. Die Türkei lässt sich den

Flüchtlingshandel mit der Europäischen Union teuer bezahlen, das Land wendet sich mit bitterem Hohn vom Westen ab. Donald Trump verlangt von Deutschland mehr Geld für das Militär, er sanktioniert die europäische Wirtschaft, die als «Sicherheitsrisiko» eingestuft wird. Die friedlichen Jahre, in denen Deutschland in aller Seelenruhe aus seinem Schatten treten konnte, in denen Freundlichkeit, Intelligenz, tugendhafte Geduld und Geld ausreichten, um an Ansehen in der Welt zu gewinnen, sind vorbei. In den emotionalen Zehnerjahren des 21. Jahrhunderts wird die Kanzlerin aus der Moderatorinnenrolle internationaler Konflikte in die Kampfarena geschoben.

In dem Augenblick, in dem es keine gemeinsame Wahrnehmung der Realität mehr gibt, blättert der Glanz der Merkel-Kanzlerschaften, sie hat nur noch einen Vorteil – den sie ausgiebig nutzt: «Die Zeit wurde zu Angela Merkels engster Verbündeten», schreibt der Journalist Stefan Kornelius über die Jahre der Eurokrise und das schwierige Verhältnis zwischen Angela Merkel und François Hollande.[3] Das trifft auch für alle anderen Konflikte zu. Die Kanzlerin hat mehr Zeit als die anderen. Sie kann warten, bis die anderen abgewählt sind. Sie selbst bleibt ja da.

Sie bleibt nicht, weil die deutsche Wählerin ihr von Wahl zu Wahl begeisterter zustimmt. Das tut sie nicht. Die CDU verliert in drei von vier Wahlen der Ära Merkel Stimmen, die Verluste sind zum Teil drastisch. Doch die Kanzlerin profitiert vom Verhältniswahlrecht, von den Tricks, mit denen sie den politischen Gegner demotiviert. Sie kann auf ihre regierungsversessene Partei zählen und auf die deutsche Veränderungsunlust. Dadurch wachsen ihr Erfahrung und Überblick, Kontakte und Wissen zu, die die meisten Regierungskollegen in den anderen Ländern entbehren.

Regierungschefs haben ein Privileg. Wenn sie jemanden einladen und um Rat bitten, kommt sie. Das ist der einzige Amtsvorteil, den Angela Merkel in ihren Jahren als Kanzlerin exzessiv nutzt – neben der Garantie, bei den Wagner-Festspielen in Bayreuth ganz sicher

Festlich: Angela Merkel mit ihrem Mann Joachim Sauer bei den Bayreuther
Festspielen.

Premierenkarten zu bekommen. Die Kanzlerin empfängt Unternehmerinnen und Gewerkschafter, Bischöfe und Feministinnen, Klimaaktivistinnen und die besten Wissenschaftler, internationale Nobelpreisträger, trifft sich mit Familienexperten, Beraterinnen, Nationaltrainern. Sie hört ihnen konzentriert zu. Wenn man das nicht nur vier, sondern sechzehn Jahre lang tut (und nicht aufhört damit), dazu noch über ein enormes Gedächtnis verfügt, sammelt sich so etwas wie ein Universalwissen des Regierens an. Angela Merkel ist die vielleicht am besten informierte Entscheiderin der Welt.

Das schützt sie nicht vor Machtverfall und -erosion im Inneren. In der Außen- und Europapolitik aber kann sie im Vertrauen auf ihre Erfahrung und ihr Wissen auf den richtigen Moment warten. Auch jetzt noch, wo die Partner schwieriger werden. Sie ist die Meisterin im Management der Gegensätze.

Als der frisch installierte französische Präsident Emmanuel Macron am 26. September 2017 in der Pariser Elite-Universität Sorbonne in hohem Ton über Europa spricht – «Es (Europa) ist unsere Geschichte, unsere Identität, unser Bezugspunkt. Es beschützt uns, und es bietet uns eine Zukunft»[4] –, erinnert sich die Kanzlerin wohl an ihre ersten Jahre im Amt. Damals muss der Trümmerhaufen einer visionären europäischen Verfassung so schonend beiseitegeräumt werden, dass die Staatengemeinschaft darüber nicht auseinanderfällt. Die europäische Verfassung war ein ebenso begeisterndes und aussichtsloses Projekt wie die «Initiative für Europa», die Macron nun vorschlägt.

Am nächsten Tag schaut Europa nach Berlin. Die Resonanz für Macron ist überwältigend. Wie begeisterungsfähig und reif der junge Präsident vom ersten Tag an ist! Wie er sich von seinem stoffeligen und immer überforderten Vorgänger unterscheidet! In Deutschland seufzen viele: Eine solche Rede hätte man sich von Angela Merkel gewünscht!

Von Merkels Antwort wird abhängen, ob Europa nach der Finanzkrise den Mut zu einem Neustart findet, mit mehr Zusammenhalt, gemeinsamer Migrations-, Verteidigungs- und Klimapolitik – und einem gemeinsamen Haushalt für die Währungsunion. Merkel muss nun entscheiden, ob der deutsch-französische Motor der europäischen Einigung wieder in Bewegung gesetzt wird.

Die Kanzlerin tut: nichts. Ein paar freundliche Worte, hier und da ein Interview, aber sonst: Schweigen. Das Jahr 2018 verstreicht. Nichts. Die Beobachter werden nervös. Kann es sein, dass die Kanzlerin Macron vergessen hat? Das Jahr 2019 kommt: Vor der Europawahl verliert Macron die Nerven, ruft einen «Aktionsplan für Europa» aus.[5] Darin hat er lauter Geschenke für Deutschland versteckt, er legt seine Köder aus: Einen gemeinsamen europäischen Weg, Digitalkonzerne zu regulieren und zu besteuern, will Deutschland doch schon lange. Europäische Industrie-Champions, das hat sich doch der deutsche Wirtschaftsminister auf einem langweiligen Flug nach Ägypten ausgedacht. Ein gemeinsamer Grenzschutz könnte die Blockadehaltung gegen die deutsche Migrationspolitik lösen. Aus Berlin ein leises Nicken, aber substanziell? Leider immer noch nichts. Die Bundesregierung beißt nicht an.

Im Februar 2020 erreicht die Corona-Pandemie Europa. Am 18. Mai 2020 antwortet Angela Merkel auf Macron, nicht mit einer programmatischen Rede, sondern mit einem Pakt: Deutschland und Frankreich schlagen der EU ein Wiederaufbaupaket für die Wirtschaft mit einem Volumen von 500 Milliarden Euro vor, die über gemeinsame Schulden finanziert werden sollen. Später kommen weitere 250 Milliarden Euro an zusätzlichen Krediten für die besonders betroffenen Länder dazu.

Aus dem rigorosen Nein zu Eurobonds, «solange ich lebe»,[6] wird in der letzten großen Krise des politischen Lebens von Angela Merkel ein europäisches Schuldenprojekt. Auf den richtigen Moment kommt es an, um sich von alten Gewissheiten zu lösen, neue Realitäten zu akzeptieren, sie in politisches Handeln zu übersetzen und

Mehrheiten dafür zu bekommen. Dann kann die Kanzlerin auch ins Risiko gehen, so sehr, dass sie eins ihrer wenigen politischen Lebensversprechen einfach vergisst. Die Zeit ist nicht nur Merkels Verbündete, manchmal ist sie auch Team Europa.

Als sich die Kanzlerin 2018 als scheidende Vorsitzende der CDU von ihrer Partei verabschiedet, formuliert sie die Prinzipien, die sie leiten. Sie versteckt sie in einem Politik-ohne-Mobbing-Manifest für die CDU, aber es kann keinen Zweifel geben, dass hier die persönlichen Maximen der Kanzlerin als allgemeines Programm verkündet werden: «Dass wir (…) nie vergessen, was die christdemokratische Haltung ausmacht. Wir (…) grenzen uns ab, aber niemals grenzen wir aus. Wir (…) streiten, (…) aber niemals hetzen wir oder machen andere Menschen nieder. Wir (…) machen keine Unterschiede bei der Würde der Menschen; wir spielen niemanden gegen den anderen aus. Wir (…) verlieren uns nicht in Selbstbeschäftigung und Selbstbespiegelung; wir (…) dienen den Menschen unseres Landes.»[7]

Politische Stärke, so sieht es die Kanzlerin, ruht in den leisen Tönen, in Umgangsformen, die vom Respekt für den anderen geprägt sind. Wenn sie die Neigung zur Selbstbespiegelung kritisiert, verlangt sie die Bereitschaft zum Perspektivwechsel. Sich in die Schuhe der anderen stellen zu können, ihre Motive zu verstehen, öffne oft den Weg zu einer Verständigung. Dass man die eigenen Schuhe danach gelegentlich nicht mehr wiederfindet, nimmt Angela Merkel in Kauf.

Nirgends ist sie mit dieser Strategie weniger erfolgreich als in der CDU. In keiner anderen Partei ist die Sehnsucht nach großen Taten so virulent wie hier, die Verbitterung über die Flexibilität der Merkel'schen Weltanschauungen so groß. Wie wenig sie den Ihrigen über den Weg trauen kann, zeigt das traurige Schicksal des früheren Fraktionsvorsitzenden Volker Kauder. Der versteht Merkels Art, Politik zu machen. Er bewundert sie dafür und wendet diese Bewunderung in unnachgiebige Härte den Bundestagsabgeordneten gegenüber.

Wenn sie sich nicht in Merkels Schuhe stellen wollen, zwingt er sie. So lange, bis sie ihn abwählen und vom Hof jagen. Das ist das finstere Geheimnis der nach außen so Maßvollen: Im Inneren geht es ohne Zwang nicht.

Auch wenn viele nicht einverstanden sind, einige sie hassen, schafft sie etwas, was Helmut Kohl nicht erreichen konnte und Gerhard Schröder nicht erreichen wollte: Deutschland wird zur führenden Kraft in Europa, und es kann seine Macht, jedenfalls eine Weile lang, genauso hinter der Merkel-Raute verbergen wie die Kanzlerin die ihrige. Weil es moderiert, nicht dominiert.

Angela Merkel verhandelt schon einen Monat nach ihrem Amtsantritt in Brüssel den EU-Haushaltskompromiss, der Konflikt hat die Union zuvor an die Grenze zum Zerfall geführt. Weil Merkel, wir ahnen es schon, die Akten gelesen hat und die Details kennt, weil sie das Ego des damaligen französischen Präsidenten Jacques Chirac und das des englischen Premierministers und amtierenden EU-Ratspräsidenten Tony Blair schont, weil sie eine Einigung will, spätnachts noch wach ist und morgens früh aufsteht – und weil sie so anders ist als die anderen. «An diesem Nachmittag, kaum einen Monat nach dem Amtsantritt der Kanzlerin, beginnt in der Welt das ‹Zeitalter Merkels›»,[8] notiert der britische Politikwissenschaftler Matthew Qvortrup.

Angela Merkel ist die modernste Politikerin des 21. Jahrhunderts. Ihre Freundin Christine Lagarde, Präsidentin der Europäischen Zentralbank, lobt sie 2019 in einer Rede an der Universität Leipzig für ihre Fähigkeit zum Ausgleich. Sie bewundert sie für ihre Sorgfalt und die Aktenkenntnis. Sie preist ihre Energie und ihre Zielstrebigkeit. Und sie ehrt sie für ihr Pflichtgefühl. Mehr Kooperation, weniger Konfrontation – das mache Merkel zu einer Führungspersönlichkeit, «der wir alle gern folgen».[9]

Man muss nicht, wie Christine Largarde, ein Fan der Kanzlerin sein, um zu verstehen, was gemeint ist. All das, was die Bürger des

20. Jahrhunderts von einer Führungspersönlichkeit selbstverständlich erwarten – Charisma, Kampfgeist, eine Mission und schließlich die Bereitschaft zu heldenhaftem Scheitern –, fehlt ausgerechnet der wagnerbegeisterten Kanzlerin, oder sie lässt es verkümmern. Sie wendet dieses Defizit zu ihrem Vorteil – wie auch die Tatsache, dass sie als Frau Nachteile hat (kleine Statur, wenig Stimmvolumen), dass sie aus dem Osten kommt, in ihrer eigenen Partei nur wenige Freunde hat –: Nach und nach entsteht eine neue Art von Führungspersönlichkeit, die klug, unabhängig und zielorientiert erscheint, ohne auch nur den Hauch von Pathos. «Da ist nichts Heroisches», staunt der Politikwissenschaftler Karl-Rudolf Korte, der Merkels auffällig unauffälligen Regierungsstil vier lange Legislaturperioden beobachtet hat.

Führen im Verborgenen können Personen, die eine natürliche Autorität haben und wenig Eitelkeit verspüren. Merkel wächst diese Autorität durch ihre vier Amtszeiten, ihr phänomenales Gedächtnis, die Sachkenntnis und das Gespür für die Berührungspunkte unterschiedlicher Positionen zu. Das Sinnstiften überlässt sie anderen.

In der Außenpolitik ist das kein Problem. Es gibt in der Regel ein übergroßes Angebot an Visionärem, an kühnen, intelligenten oder verrückten Plänen. Aus diesem Gedankenüberschuss geduldig das Brauchbare heraussortieren, einen belastbaren Kompromiss zusammenpuzzeln zu können, das ist es, was den Kern Merkel'scher Politik ausmacht.

Lagarde vergleicht den Multilateralismus, das Zusammenspiel vieler Staaten, Persönlichkeiten, Interessensphären mit dem Spiel eines Musikensembles ohne Chef. Angela Merkel sei diejenige, die die Dissonanz einer solchen Gruppe aushalte und hartnäckig daran arbeite, den Rhythmus, die Akkordfolge und die Grundmelodie zu finden, auf die sich am Ende alle Musiker verständigen können. Auf der internationalen Bühne ist sie eine der wenigen, die in einem Orchester ohne Dirigenten nicht nur spielen wollen, sondern es auch können. Der Zeit-Journalist und Merkelkenner Bernd Ulrich nennt das Jazz.

Wenn die CDU ihr zum Abschied vom Amt der Parteivorsitzenden den Taktstock des Star-Dirigenten Kent Nagano schenkt, zeigt dies, dass die Partei das nie begriffen hat. Vielleicht auch nicht begreifen kann. Denn im Inneren gelten andere Regeln. Das Orchester ohne Chef fügt sich hier nur gelegentlich zu einem harmonischen Klangkörper, weil andere Dynamiken wirken: Die Ensemblemitglieder brauchen alle vier Jahre einen neuen Arbeitsvertrag, den der Wähler ausfertigt. Deshalb wird im April 2021 der Streit um die Kanzlerkandidatur zwischen dem bayerischen Ministerpräsidenten Markus Söder und dem nordrhein-westfälischen Amtskollegen Armin Laschet so giftig. Viele der Mandatsträger verlangen jetzt dringend einen Dirigenten, der ihnen bis zum September eine schmissige Symphonie einbimst – und würden am liebsten Markus Söder antreten lassen.

Merkels Modernität zeigt sich im Vergleich mit jenen Amtskollegen, die ihr politisch am nächsten stehen. Barack Obama will Amerika, Emmanuel Macron Europa verbessern. Beide sind klug und lernfähig wie Merkel. Doch sie wollen mehr, als «Leute zusammenzuführen, Ergebnisse zu finden», wie Angela Merkel einmal im Spiegel ihren äußerst kargen Anspruch an die Arbeit im Kanzleramt zusammenfasst.[10] Sie wollen Sinn stiften, ihren Ländern wieder bewusst machen, wozu sie da sind.

Beide sind die Hoffnungsträger der gebildeten Schichten, hinter ihnen stehen regelrechte Massenbewegungen von begeisterten Freiwilligen. Die Sehnsucht nach intelligenter Politik, nach einer sozialen Vorwärtsbewegung, trägt sie ins Amt. Doch obwohl sie die sozialen Medien für ihren Wahlkampf nutzen wie kaum andere Politiker vor ihnen, haben sie etwas Altmodisch-Missionarisches.

Obamas Mission ist die Resozialisierung Amerikas nach der Finanzkrise. Ein nationales Gesundheitssystem wird errichtet, jeder

Amerikaner soll in absehbarer Zeit eine Krankenversicherung haben. Der charismatische Präsident, seine kluge Frau, die beiden wohlgeratenen Töchter, wer könnte da abseits stehen?

Und doch scheitert der Präsident. Statt das Land mit einer liberalen Politik zu versöhnen, treibt er es weiter auseinander. An der Ost- und der Westküste der Vereinigten Staaten leben die Profiteure der Globalisierung und der Digitalisierung. Hier sind die guten Schulen, die medizinische Versorgung, die ausgezeichneten Universitäten, die ordentlich bezahlten Arbeitsplätze. Die Bewohner dieser Landstriche fühlen sich angesprochen von der Idee Obamas, soziale Mindeststandards zu garantieren. In den alten Industrieregionen und in den landwirtschaftlich geprägten Regionen der USA sieht man das ganz anders. Hier leben viele in Armut. Und doch beharrt man darauf, die Arztrechnung selbst bezahlen zu können – oder eben nicht zum Arzt zu gehen. Im Mittleren Westen, in den Südstaaten kann man sich des Eindrucks nicht erwehren, dass sich der Präsident kein bisschen für die Präferenzen, Vorlieben und Prägungen der Bewohner dort interessiert. Am Ende heißt Obamas Erbe Donald Trump, der seinen Wahlkampf nicht zuletzt mit dem Versprechen geführt hat, alles anders zu machen als sein Vorgänger.

Emmanuel Macrons Präsidentschaft stürzt schon nach wenigen Monaten in eine tiefe Krise. Nach einer simplen Abgabenerhöhung für Benzin und Diesel legt die Gelbwestenbewegung das Land lahm. Im November 2018 protestieren frankreichweit fast 300 000 Gelbwesten gegen den Präsidenten und die Elite der Hauptstadt Paris, die nicht verstehen können, dass sieben Cent mehr für einen Liter Diesel für einen Landbewohner übers Jahr gerechnet ein kleines Vermögen ist.

Als sein Charisma verblasst, schaut Macron nach Berlin und kopiert die Methode Merkel, aber in ganz groß. «Le grand debat» klingt pompöser als «Bürgerdialog», aber im Prinzip ist es dasselbe. Macron bereist zwei Monate lang das Land, nimmt Ideen und Beschwerden von Bürgern, Bürgermeisterinnen, Schuldirektoren und Polizistinnen auf und verspricht einen Aktionsplan.

Am Ende verlieren beide, Obama und Macron, ihr Momentum an die Rechtspopulisten. Ihr Charisma und ihre Brillanz richten sich gegen sie. Aus den jungen Stars werden müde und enttäuschte Politiker, die schon vor dem Ende ihrer Amtszeit von dem Bestseller träumen, den sie danach schreiben werden.

Nur einmal hat Merkel den Obama-Macron-Weg gewählt, in der Flüchtlingskrise. Da will sie Sinn stiften, dem humanen Europa eine Schneise schlagen und sich wenigstens einen Moment lang im Einklang mit sich und ihrem Land fühlen. Es geht furchtbar schief: weil die Deutschen so sind, wie sie sind, weil nicht alle Flüchtlinge so sind, wie sie sein sollten, und weil Merkel so ist, wie sie ist. Sie bringt es nicht zu Ende, entscheidet nicht, wo sie entscheiden müsste, scheut das Risiko. «Der Moment der Offenheit ist der des Risikos», erzählt die Kanzlerin 2019 vor den Absolventen der Harvard-Universität,[11] und sie meint es wörtlich.

Nur ein einziges Mal geht sie dieses Risiko ein. Ihre Bewunderer sagen, das sei der Moment gewesen, der einen Blick auf die wahre Persönlichkeit der Kanzlerin zugelassen habe. Der eine Augenblick, in dem sie ihr Misstrauen überwunden und ihr öffentliches Handeln und ihre private Haltung in Harmonie gebracht habe.

In den anderen großen Bewegungen ihrer Amtszeit geht es eigentlich nur um die Frage, ob sie vor oder nach dem Mainstream entscheidet: Bei der Wehrpflicht, beim Atomausstieg, der Ehe für alle ist sie hinter ihrer Zeit. Dass sie in diesen Fragen gegen die Seele ihrer Partei entscheidet, sichert den Machterhalt, die Koalitionsfähigkeit zur Mitte hin, den Regierungsanspruch der CDU. Eine solche politische Führung, die in gesellschaftlichen Fragen ambivalent ist, ist nicht mehr konservativ. Sie ist nicht attraktiv, und sie weckt keine Emotionen. Aber sie ist modern.

In der Finanz- und Eurokrise dagegen ist sie vor dem Mainstream, sie ist die Avantgarde. Sie erkennt die Bedeutung des Euro für den Zusammenhalt der Union, erahnt einen Kipppunkt, von dem aus alles irreversibel auseinanderdriften könnte – und setzt nach langem Zögern den Verbleib Griechenlands in der Eurozone mit allen Mitteln durch. Sie erkennt den Euro, der zu diesem Zeitpunkt die größte Sprengkraft für die Union zu haben scheint, als das größte gemeinsame Interesse, das die Mitgliedsländer teilen. Wenn sie eine glühende Europäerin ist, verbirgt sie es geschickt. Statt einer Vision bietet sie Europa ihre analytische Fähigkeit, statt einer Mission die Tarnkappe.

Moderne Europapolitik braucht nicht noch mehr Überbau. Sie braucht Regierungschefs, die bereit sind, die riesigen Interessengegensätze zwischen Ost und West, Nord und Süd geduldig auszugleichen. Merkel profitiert vom Kleinteiligen, von den Gegengeschäften, die in der Morgendämmerung der Gipfeltreffen geschlossen werden. Sie lebt von der Gewissheit, dass mindestens eine der Partnerinnen (Deutschland) in äußerster Not bereit ist, ihre Prinzipien zu opfern, um den Laden zusammenzuhalten.

Die französischen Präsidenten lassen sich seit Charles de Gaulle vom Prinzip «Ce qui est bon pour la France, est bon pour l'Europe» leiten, sie kleiden diese Haltung gern in pathetische Reden. Die osteuropäischen Länder, Österreich oder Italien halten es, mit etwas weniger rhetorischem Aufwand, ebenso. Die deutsche Kanzlerin sagt es zum Ende ihrer letzten Amtszeit genau andersherum: «Was gut für Europa ist, war und ist gut für Deutschland.»[12] Vorher hieß es nüchtern: «Scheitert der Euro, scheitert Europa.»[13] Erst jetzt stellt sie sich offen in die Tradition Helmut Kohls und erkennt gleichzeitig an, dass Deutschland vom vereinigten Europa jedenfalls in der Vergangenheit am meisten profitiert hat.

Deutschlands Schmerzgrenze ist die gemeinschaftliche Schuldenaufnahme. Angela Merkel opfert sie in der schlimmsten Krise seit dem Zweiten Weltkrieg – wie nebenbei.

Die Corona-Pandemie zeigt die Grenzen der Methode Merkel.

Als Naturwissenschaftlerin und Anhängerin des kritischen Rationalismus eines Karl Popper weiß sie, dass mit jedem Erkenntnisfortschritt auch der Abgrund des Nichtwissens wächst. Das bewahrt sie vor der Arroganz des Allesbesserwissers, verstört aber den Souverän, das Volk. Fünfzehn Jahre lang lässt sie es im Glauben, es müsse sich nichts zumuten, was es für unerträglich hält. Selbst in der Migrationskrise dreht sie am Ende bei. Nun fehlen ihr die Instrumente, die Sprache und die Macht, das Unerträgliche begreifbar zu machen. Das Virus ist ein trickreicher Gegner, der nicht mit sich verhandeln lässt, der keine Kompromisse macht.

Ob die Covid-19-Bilanz am Ende als Desaster oder als Erfolg in die Biographie der Kanzlerin eingehen wird, ist offen. Erst im Nachhinein wird man wissen, wie viel Menschen sterben mussten, weil das Covid-19-Regime der Merkel-Regierung unentschlossen, widersprüchlich und unkonzentriert ist. Können Deutschland und Europa ihren Platz in der Weltwirtschaft und im Zusammenspiel der politischen Schwergewichte verteidigen, wird man milder urteilen. Wenn die finanziellen Lasten der Katastrophe fair verteilt werden, wenn es eine soziale Perspektive für die Verlierer gibt, wird man einander möglicherweise «am Ende viel vergeben», wie es Gesundheitsminister Jens Spahn (CDU) zu Beginn der Pandemie ahnte.

Darauf hat die Kanzlerin keinen Einfluss mehr. Für weitere Krisen, die erwartet werden müssen, hinterlässt sie nur Hinweise mit bedingtem Gebrauchswert. Denn Angela Merkel kann «ihre» Krisen noch nacheinander bekämpfen, so wie sie kommen. In den sechzehn Jahren sind es ja nur vier: Fukushima, Finanzkrise, Flüchtlinge, Corona. Doch was passiert, wenn sich die Krisen nicht mehr höflich nacheinander anstellen, um von den Nachfolgern Angela Merkels ähnlich kompetent behandelt zu werden, wie es vor 2020 der Fall ist? Wie werden die Bürger, die Wähler reagieren, wenn beim nächsten Mal die kritische Infrastruktur – Strom, Internet, Verkehr – lahmgelegt sind? Oder die Wasserversorgung?

Das karge «Wir sagen den Sparerinnen und Sparern, dass ihre Einlagen sicher sind» oder «Sie kennen mich, vertrauen Sie mir» steht den Nachfolgern der Kanzlerin nicht zur Verfügung. Vertrauen und Glaubwürdigkeit muss sich diese Generation erst erwerben.

Dafür ist übrigens der bescheidene Lebensstil der Kanzlerin ein wichtiger Hinweis.Eine Politikerin, die sich nicht nach wenigen Wochen im Amt mit einem Mantel der Edelmarke Brioni fotografieren lässt, die nicht wie ihr französischer Amtskollege Nicolas Sarkozy mit Milliardären auf dem Mittelmeer herumschippert, die weder eine Villa in Berlin braucht noch im Traum daran denkt, aus Amt und Mandat einen finanziellen Vorteil zu ziehen, wird dadurch nicht per se glaubwürdig und vertrauenerweckend. Aber sie bietet keine Angriffsfläche. In polarisierten und ängstlichen Gesellschaften werden der Genuss vergoldeter Steaks oder üppige Champagnersausen als Signale der Verachtung für die Bedrückten wahrgenommen. Sich die Frage «Kann ich das machen?» gar nicht erst täglich vorlegen zu müssen ist klug und spart Energie.

Ihr politisches Testament hat die Kanzlerin an der Harvard-Universität in Form ihrer Ansprache an die Absolventen des Jahrgangs 2019 hinterlegt. Sollten ihre politischen Nachfolger Rat benötigen, könnten sie sich folgender Thesen bedienen: «Mehr denn je müssen wir multilateral statt unilateral denken und handeln, global statt national, weltoffen statt isolationistisch.»[14]

Die Kanzlerpartei wird zwar immer noch national gewählt und legitimiert. Doch auch wenn es im Augenblick so aussieht, als würde der Nationalstaat als Bezugsrahmen für einen Politiker wieder wichtiger, zeigen alle Krisen dieses Jahrhunderts, dass sie nur mit einem Mindestmaß an Zusammenarbeit zu lösen sind. Je mehr Kooperation geübt wird, desto besser. Sich rechtzeitig darauf einzustellen, Gesprächsbeziehungen herzustellen, eine Position der Mitte und des Respekts für die anderen zu beziehen, kann dabei helfen. Meint Angela Merkel.

Angela Merkel über ihre politischen Leitlinien: Rede an der Universität Harvard.

Politiker wie Donald Trump, Wladimir Putin oder Recep Tayyid Erdoğan haben der Welt in den vergangenen Jahren ins Bewusstsein gerufen, dass Personen in der internationalen Politik eine größere Rolle spielen. Und dass politische Systeme weniger widerstandsfähig sein können als gedacht. Europa wird in der Welt nur dann weiterhin eine wichtige Rolle spielen, wenn es mit starken Persönlichkeiten gemeinsam antritt. Das hat auch die Kanzlerin erst lernen müssen. Für die Nachfolgerin oder den Nachfolger ist es eine Voraussetzung des Erfolgs. Europa braucht Politiker, die integrieren und die Union zusammenhalten. Dazu gehört fürs Erste leider auch der Verzicht auf übergroße Pläne. «Nichts ist selbstverständlich», mahnt Merkel, auch die Demokratie nicht.

Sie legt den Harvard-Absolventen, sich selbst und dem politischen Personal der Zukunft die entscheidende Frage vor: «Tue ich etwas, weil es richtig ist, oder tue ich es nur, weil es möglich ist?»[15] Sie hätte auch fragen können: Tue ich das, was nötig ist? Und ist das, was nötig ist, auch möglich?

In ihrem politischen Leben hat sie versucht, diese Gewissenserforschung auf der Zeitschiene aufzulösen. Die Botschaft lautet: Abwarten ist manchmal besser, als das Richtige zur falschen Zeit zu tun. «Ich habe gelernt, dass auch für schwierige Fragen Antworten gefunden werden können, wenn wir die Welt immer auch mit den Augen des anderen sehen. (…) Und wenn wir bei allem Entscheidungsdruck nicht immer unseren ersten Impulsen folgen, sondern zwischendurch einen Moment innehalten, schweigen, nachdenken, Pause machen.»

«Pause machen» ist ein Euphemismus für das Pensum, das eine Regierungschefin in Krisenzeiten zu bewältigen hat. Einer, der sie einmal an einem frühen Sonntagnachmittag im Ferienhaus in der Uckermark anruft, erwischt eine Kanzlerin, die sich an der Ruhe und der Natur erfreut – und ihm ganz nebenbei erzählt, er sei übrigens der 35., der sie an diesem Tag erreicht habe. Ganz zu schweigen von den Kurznachrichten, die sie minütlich per SMS mit ihren Vertrauten, Parteifreunden, Ministerinnen und Ministerpräsidenten austauscht.

Für Regierende sind Pausen keine zufälligen Erholungszeiten, es sind Willensakte. Heute rüttelt niemand mehr unbedacht am Zaun des Kanzleramts und ruft: «Ich will hier rein.» Wer Kanzler werden will, weiß, worauf sie sich einlässt. Denn jeder sieht den Preis der Macht: die schiere Arbeitslast, den Druck, die ständige Kritik und Dauerbeobachtung, den Zwang zum Kompromiss, die Zerrüttung des Privatlebens. Dem entkommt niemand, der einmal drin ist. Annegret Kramp-Karrenbauer sagt nach ihrem Rücktritt als CDU-Vorsitzende einmal, sie habe das Kanzleramt vielleicht nicht genug gewollt. Die Macht verliert, aus der Nähe betrachtet, an Attraktivität.

Von 2005 bis 2021 beschleunigt sich die Gegenwart in atemberaubendem Tempo, und es ist nicht zu erwarten, dass sich die Dynamik in den kommenden Jahrzehnten abschwächen wird. Krisen treten gleichzeitig auf, sie bedingen und beeinflussen einander, das Löschen des einen Brandherdes kann ein Wiederaufflammen an völlig anderer Stelle verursachen. Der Philosoph Hermann Lübbe nennt das Phänomen «Gegenwartsschrumpfung», die Kanzlerin sagt Komplexität dazu.[16] Beide empfehlen Kooperation und Lernfähigkeit, um mit künftigen Herausforderungen klug umgehen zu können. Damit aber eine Gesellschaft nicht ängstlich und zornig wird, wenn möglicherweise schon bald eine Katastrophe die andere jagt, braucht sie noch etwas: Widerstandsfähigkeit und Optimismus.

In der Krise will der Bürger Sicherheit. Er will einen zuverlässigen Staat. Der Soziologe Andreas Reckwitz nennt «Vertrauen in Verlässlichkeit und Fairness der Institutionen»[17] als Voraussetzungen einer resilienten Gesellschaft. Dafür haben die Kanzlerin und ihre Regierungen in der Vergangenheit nicht viel getan. Sie haben vergessen, sich darum zu kümmern.

Jede große Krise der vergangenen zwanzig Jahre ging entweder von einem eklatanten Verwaltungsversagen aus oder hatte eines zur Folge. Als die Arbeitsämter um die Jahrtausendwende nicht mehr wussten, wie sie mit den Millionen Erwerbslosen umgehen sollten, stellten sie die Arbeit weitgehend ein und erfanden ihre Statistiken einfach. In der Finanzkrise wurde das eklatante Aufsichtsversagen der deutschen Bankenaufsicht unübersehbar. In der Migrationskrise des Jahres 2015 brach das Bundesamt für Migration und Flüchtlinge zusammen. Die Corona-Pandemie wirft ein grelles Licht auf die Handlungsunfähigkeit von Ministerien und Gesundheitsämtern. Jedes

Mal wurde die betroffene Behörde anschließend aufwendig saniert, aufgerüstet und von einer neuen Führungstruppe auf Vordermann gebracht. Die Frage, ob es hier tatsächlich um Einzelfälle geht oder um ein strukturelles Problem, stellte man sich auch. Doch wenn die Kanzlerin am 25. März 2021 in ihrer Corona-Regierungserklärung «gravierende Schwachstellen im Funktionieren unseres Gemeinschaftswesens» feststellt und dann verlangt: «(…) wir müssen besser werden (…), wir müssen etwas tun», dann ist das nicht mehr als die Wiederholung fast wortgleicher Eingeständnisse in den vergangenen Krisen.

Im Jahr 2014 wurde ein Plan gefasst, die «Digitale Agenda» der Bundesregierung. Ein elektronischer Aktenlauf sollte das Hin-und-her-Schieben schwerer Aktenwagen auf den Gängen von Ministerien und Behörden ersetzen, die Bürger würden schon bald jede Dienstleistung der Verwaltung elektronisch bestellen können. Für die Beamten und Angestellten würden schon bald neue Computer bestellt, damit alle auf einer einheitlichen Plattform arbeiten könnten. Am Ende des Prozesses würde eine agile, krisenfeste Verwaltung stehen, die den Bürger in jeder möglichen Ausnahmesituation (im Normalfall sowieso) schnell, zuverlässig und kompetent betreuen kann.

Es kam anders. Der Bundesrechnungshof zählt in einem Gutachten im Mai 2019 laut «Spiegel» 96 Rechenzentren, 1245 Serverräume mit jeweils eigenen Datenarchitekturen. «Wie der BER, nur unsichtbar», stöhnte ein leitender Mitarbeiter im September 2019 gegenüber dem Magazin. Der BER ist der Berliner Großflughafen, der 2021 mit neun Jahren Verspätung, sechs verschobenen Eröffnungsterminen und dreimal höheren Kosten (sechs Milliarden Euro) als ursprünglich geplant eröffnet wurde. Ein Jahr später prüfen die Beamten der Behörde einen Teilbereich der Digitalen Agenda, mit niederschmetterndem Ergebnis: Fehlende Qualitätskontrolle, kaum Kostenüberblick, kein Nutzerhandbuch, nicht definierte Schnittstellen. Der gefasste Zeitplan: total unrealistisch.

Erst in der Corona-Pandemie findet Innenminister Horst Seehofer (CSU) Zeit, eine Abteilung «Digitale Verwaltung» ins Leben zu rufen, mit hundert Beamten. Sie ist neben der Sportabteilung das kleinste Ressort im Haus, soll aber das 3-Milliarden-Projekt der digitalen Verwaltung «in agiler Arbeitsweise» steuern.[18] Darunter Unterprojekte wie «Polizei 2020». Das Vorhaben soll die unterschiedlichen Informationssysteme und Computerprogramme der Polizei zusammenführen, ursprünglich bis ins Jahr 2020. Im Frühjahr 2021 überlegte man, wie man den «unglücklichen» Namen wieder loswerden kann. Es dauert noch ein paar Jahre. Vielleicht stellt man die Sache auch ein.

Nicht einmal in der Herzkammer des zivilen Bevölkerungsschutzes, dem Bundesamt für Bevölkerungsschutz und Katastrophenhilfe, läuft es. Als das Amt im September 2020 um 11 Uhr zum ersten Mal seit der Wiedervereinigung einen bundesweiten Probealarm auslöst, geht alles schief. Sirenen heulen nicht, Katastrophen-Warn-Apps melden sich erst nachmittags, in den Radio-Nachrichten wird der Alarm unter «ferner liefen» abgehandelt. Systemüberlastung, unklare Kommunikation, keine Verantwortlichen, der Chef muss gehen.

In Deutschland tragen Behörden zum Katastrophengefühl der Bürger bei, anstatt es aufzufangen. Nicht nur die Gesundheitsämter senden im Jahr 2020 wegen Corona eine Überlastungsanzeige nach der anderen. Weder dem Gesundheitsminister noch dem Wirtschaftsminister gelingt es innerhalb eines Jahres, in ihren Häusern mit zusammen 2200 Mitarbeitern arbeitsfähige Krisenstäbe zusammenzustellen. Das Gesundheitsministerium lässt sich (auch von Abgeordneten des Bundestags) bei der Beschaffung von Masken übers Ohr hauen, zankt über die Zuständigkeit bei der Anschaffung von Tests, Impfstoffen und Glasfläschchen. Die meisten Länderministerien arbeiten schlechter als ganz normale Konzertveranstalter, als sie die Termine für die ersten Impfungen organisieren. Der Wirtschaftsminister hat im März 2021 noch nicht alles Notgeld ausgezahlt, das unter dem Namen «Novemberhilfe» für das Überleben von Unternehmen sorgen soll. Die Existenzangst, Wut und Hilflosigkeit der Firmengründer bestimmt die öffentliche Stimmung im Frühjahr. «Gemeinsam ist man oft tief gespalten», seufzt der Behördenspiegel.

Dass ausgerechnet Israel, Großbritannien und die USA mit dem schillernden Benjamin Netanjahu, dem spontanen Boris Johnson und dem populistischen Donald Trump bei der Impfkampagne besser abschneiden als das vorbildliche Deutschland und das gemeinsinnige Europa, ist mehr als eine schlimme Niederlage.

«Überraschen wir uns damit, was möglich ist – überraschen wir uns damit, was wir können!» Dieses Motto vom Ende des Merkel'schen Testaments wäre als Tageslosung in den Bundesbehörden gut aufgehoben. Angela Merkels Nachfolgern muss klar sein, dass hier, jenseits der eigenen Vorstellungen und Missionen, der wichtigste Schlüssel liegt, mit möglichen Krisen der kommenden Jahrzehnte fertigzuwerden. Sie können sich nicht auf das glückliche Zusammenwirken der Umstände zu Merkels Zeiten verlassen, unter denen das «Staatsversagen» in der Krise schnell vergessen und verdrängt wird. Sie müssen auch in Überforderungssituationen pragmatisch, lern- und anpassungsfähig bleiben und als oberste Dienstherren darauf achten, dass ihre Behörden es auch werden.

Nach sechzehn Jahren Helmut Kohl ist das Land gelähmt. Die Regierungspartei erscheint ausgeblutet und skandalgeschüttelt, die Wirtschaft, der Arbeitsmarkt und die Sozialsysteme stecken in einer tiefen Krise. Deutschland ist der «kranke Mann Europas». Eine junge ostdeutsche Politikerin organisiert die Wende für Westdeutschland. Nach sechzehn Jahren Angela Merkel stehen Wirtschaft, Arbeitsmarkt und die soziale Sicherung gut da, trotz der Corona-Pandemie. Deutschland ist ein anderes Land geworden. Der Staat selbst jedoch erscheint in jeder Krise anfälliger zu werden, die gesellschaftlichen

Bindungen werden zerbrechlicher, die Polarisierung nimmt zu. Die Regierungsparteien sind erschöpft und skandalumwittert. Wieder bedarf das System einer Erneuerung. Eine, die ohne politische Ziele nicht auskommen wird.

ANHANG

ANMERKUNGEN

Abgang

1 Brigitte Talk 2013, zitiert nach: Spiegel, https://www.spiegel.de/politik/
deutschland/kanzlerin-im-wahlkampf-merkel-beim-brigitte-talk-a-
897824.html, abgerufen am 9.3.2021.

2 Evelyn Roll, Die Kanzlerin, Angela Merkels Weg zur Macht, Erweiterte
und aktualisierte Neuausgabe, 5. Auflage, Berlin 2019, S. 34.

3 Angela Merkel, Der Partei Schaden zugefügt, FAZ 22.12.1999, dokumentiert bei https://ghdi.ghi-dc.org/docpage.cfm?docpage_id=4595&
language=german, abgerufen am 9.3.2021.

4 Pressekonferenz Angela Merkel am 22.11.2016, dokumentiert bei
https://www.youtube.com/watch?v=yX0osniWglA, abgerufen am
9.3.2021.

5 Angela Merkel am 26.6.2017 im Interview der Zeitschrift «Brigitte»,
dokumentiert bei https://www.youtube.com/watch?v=Nf-2exo0nOs,
abgerufen am 9.3.2021.

6 Angela Merkel bei der Generaldebatte zum Bundeshaushalt am
9.12.2020, dokumentiert bei https://www.youtube.com/watch?v=
pV2j-QGqBGg, abgerufen am 9.3.2021.

7 Videokonferenz am 17.12.2020, dokumentiert bei https://www.bundes
kanzlerin.de/bkin-de/mediathek/merkel-biontech-1829810!mediathek?
query=, abgerufen am 9.3.2021.

8 Zitiert nach Günter Bannas, Merkels langer Schatten, FAZ.net 16.8.2017,
https://www.faz.net/aktuell/politik/bundestagswahl/parteien-und-
kandidaten/angela-merkel-meidet-aussagen-um-ihre-nachfolge-
15152896.html, abgerufen am 9.3.2021.

9 Roll, Die Kanzlerin, S. 162.

10 Zur Person. Angela Merkel im Gespräch mit Günter Gaus, 28. Oktober 1991, https://www.youtube.com/watch?v=YQBslPEZceI, abgerufen am 9. 3. 2021.

11 Herlinde Koelbl, Spuren der Macht, Die Verwandlung des Menschen durch das Amt, Eine Langzeitstudie, München 1999, S. 61.

12 Zitiert nach Giovanni di Lorenzo, Vom Aufstieg und anderen Niederlagen. Gespräche. Köln 2014, 4. Aufl. 2017, S. 217.

Leben

1 Werner Schulz, Angela Merkel ist eine ehrliche Ostdeutsche, Zeit.de 14. 5. 2013, https://www.zeit.de/politik/deutschland/2013-05/angela-merkel-ddr-vergangenheit-fdj-werner-schulz, abgerufen am 9. 3. 2021.

2 Alexander Osang, Das Eiserne Mädchen, Spiegel Reporter 3/2000.

3 Jana Hensel, Parität erscheint mir logisch, Interview mit Angela Merkel, Die Zeit 5/2019.

4 Zitiert nach: Guido Felder, Er gab ihr den Tipp: Geh ins Offene, Theaterintendant Michael Schindhelm über seine gemeinsame Zeit mit Angela Merkel, Blick.ch 7. 10. 2018, https://www.blick.ch/ausland/theaterintendant-michael-schindhelm-ueber-seine-gemeinsame-zeit-mit-angela-merkel-er-gab-ihr-den-tipp-geh-ins-offene-id7379315.html, abgerufen am 9. 3. 2021.

5 Christian Grimm, Jana Hensel: Für Ostdeutsche hat die Ära Merkel nicht viel gebracht, Augsburger-Allgemeine.de 25. 10. 2019, https://www.augsburger-allgemeine.de/special/mauerfall/Jana-Hensel-Fuer-Ostdeutsche-hat-die-Aera-Merkel-nicht-viel-gebracht-id55802576.html, abgerufen am 9. 3. 2021.

6 Zitiert nach Osang, Das Eiserne Mädchen.

7 Campino interviewt Angela Merkel, Zu viel von dem Kirsch-Whisky, Spiegel.de 1. 2. 1994, https://www.spiegel.de/spiegel/spiegelspecial/d-52691500.html, abgerufen am 9. 3. 2021.

8 Koelbl, Spuren der Macht, S. 49.

9 Zur Person. Angela Merkel im Gespräch mit Günter Gaus, 28. Oktober 1991.

10 Zur Person. Angela Merkel im Gespräch mit Günter Gaus, 28. Oktober 1991.

11 Alexander Osang, Der Systemsprenger, Spiegel.de am 1.10.2020, https://www.spiegel.de/kultur/berliner-zeitung-verleger-holger-friedrich-und-seine-ddr-geschichte-a-00000000-0002-0001-0000-000173324622, abgerufen am 10.3.2021.

12 Zur Person. Angela Merkel im Gespräch mit Günter Gaus, 28. Oktober 1991.

13 Zitiert nach Gerd Langguth, Angela Merkel, Aufstieg zur Macht, Biografie, Aktualisierte und erweiterte Neuausgabe, München 2007, S. 112.

14 Jacqueline Boysen, Angela Merkel, eine Karriere, Berlin 2005, S. 32.

15 Zur Person. Angela Merkel im Gespräch mit Günter Gaus, 28. Oktober 1991.

16 Angela Merkel, Mein Weg, Angela Merkel im Gespräch mit Hugo Müller-Vogg, Hamburg 2004, S. 68.

17 Frankfurter Allgemeine Zeitung, Fragebogen, Angela Merkel, 27.3.1992, in: Archiv für Christlich-Demokratische Politik der Konrad Adenauer Stiftung, ACDP PA P12952.

18 Zur Person. Angela Merkel im Gespräch mit Günter Gaus, 28. Oktober 1991.

19 Merkel, Mein Weg, S. 55.

20 Georg Scholl, Die Kunst war, morgens noch in den Spiegel schauen zu können, Interview mit Joachim Sauer, Humboldt Kosmos 96/2010, https://service.humboldt-foundation.de/web/kosmos-titelthema-96-3.html, abgerufen am 9.3.2021.

21 Merkel, Mein Weg, S. 58.

22 Merkel, Mein Weg, S. 62.

23 Merkel, Mein Weg, S. 62.

24 Michael Schindhelm, Roberts Reise, Stuttgart 2000, S. 286.

25 Hans-Christoph Keller, Aufbruch und Abschied, Wie sich die Humboldt-Universität vor 30 Jahren zwischen zwei Systemen neu positionier-

te, Interview mit Joachim Sauer, 25. 9. 2020, https://www.youtube.com/watch?v=6wIjdhhvTMg, abgerufen am 15. 3. 2021.

26 Merkel, Mein Weg, S. 59.

27 Boysen, Angela Merkel, S. 54 ff.

28 Zitiert nach Wolfgang Stock, Angela Merkel, eine politische Biographie, München 2000, S. 56 f.

29 Roll, Die Kanzlerin, S. 91.

30 Rede von Bundeskanzlerin Dr. Angela Merkel zum Tag der Deutschen Einheit am 3. 10. 2006 in Kiel, https://www.bundesregierung.de/breg-de/service/bulletin/rede-von-bundeskanzlerin-dr-angela-merkel-797168, abgerufen am 12. 3. 2021.

31 Rede von Bundeskanzlerin Dr. Angela Merkel bei der 368. Graduationsfeier der Harvard University am 30. 5. 2019 in Cambridge, USA, https://www.bundesregierung.de/breg-de/aktuelles/rede-von-bundeskanzlerin-merkel-bei-der-368-graduationsfeier-der-harvard-university-am-30-mai-2019-in-cambridge-usa-1633384, abgerufen am 12. 3. 2019.

32 Michael Schindhelm, Roberts Reise, S. 291.

33 Protokoll des 13. Parteitags der Christlich Demokratischen Union Deutschlands, Essen, 10./11. 4. 2000, Bericht der Generalsekretärin, S. 113, https://www.kas.de/c/document_library/get_file?uuid=06d8881e-126e-6009–3062-ef79043f2a23&groupId=252038, abgerufen am 12. 3. 2021.

34 Rede der Bundeskanzlerin zum Tag der Deutschen Einheit am 3. 10. 2006.

35 Felder, Er gab ihr den Tipp …

36 Zitiert nach Deutsche Geschichte in Dokumenten und Bildern, Band 9, Zwei deutsche Staaten, Internet-Version, https://germanhistorydocs.ghi-dc.org/pdf/deu/Chapter13Doc8.pdf, abgerufen am 9. 3. 2021.

37 Zur Person. Angela Merkel im Gespräch mit Günter Gaus, 28. Oktober 1991.

38 Merkel, Mein Weg, S. 77.

39 Universitätsgesellschaft Ilmenau (Hg.), 30 Jahre Deutsche Einheit, ein Beitrag von Wissenschaftlern und Absolventen der TU Ilmenau in Politik und Verwaltung beim Aufbau der neuen Länder, Ilmenau 2020, S. 43.

40 Merkel, Mein Weg, S. 77.

41 Steffen Mau, Lütten Klein, Leben in der ostdeutschen Transformations-gesellschaft, Berlin 2019, S. 121.

42 Zur Person. Angela Merkel im Gespräch mit Günter Gaus, 28. Oktober 1991.

43 Mau, Lütten Klein, S. 122.

44 Friedrich Schorlemmer beim Gründungsparteitag des Demokratischen Aufbruchs am 16./17. 12. 1989 in Leipzig, dokumentiert in Themendossier «Neue Parteien», Deutsches Rundfunkarchiv, http://1989.dra.de/themendossiers/politik/neue-parteien, abgerufen am 10. 3. 2021.

45 Merkel, Mein Weg, S. 79.

46 Ebd.

47 Boysen, Angela Merkel, S. 107; Ralph Bollmann, Die Kanzlerin und der Kapitalismus, faz.net 20. 7. 2013, https://www.faz.net/aktuell/wirt schaft/wirtschaftspolitik/angela-merkel-die-kanzlerin-und-der-kapitalis mus-12289017.html, abgerufen am 14. 3. 2021.

Männer

1 Andreas Reckwitz, Die Gesellschaft der Singularitäten, Zum Struktur-wandel der Moderne, Berlin 2017, S. 440.

2 Ivan Krastev, Europadämmerung, Ein Essay, Berlin 2017, S. 20.

3 Andreas Reckwitz, Die Gesellschaft der Singularitäten, S. 383.

4 Fernsehansprache der Bundeskanzlerin am 18. 3. 2020, https://www.bundesregierung.de/breg-de/themen/coronavirus/ansprache-der-kanzlerin-1732108, abgerufen am 16. 3. 2021.

5 Sommerpressekonferenz von Bundeskanzlerin Merkel am 31. 8. 2015, im Wortlaut, https://www.bundesregierung.de/breg-de/aktuelles/presse konferenzen/sommerpressekonferenz-von-bundeskanzlerin-merkel-848300, abgerufen am 16. 3. 2021.

6 Gerd Langguth, Angela Merkel, S. 391.

7 Ralf Neukirch, Christoph Schult, Der Männerbund, Der Spiegel 27/2003, 29. 6. 2003, https://www.spiegel.de/politik/der-maennerbund-

a-2475e027-0002-0001-0000-000027497155?context=issue, abgerufen
am 10. 3. 2021.

8 Hans Peter Schütz, Wolfgang Schäuble, Zwei Leben, München 2012,
S. 11.

9 Schreiben der Frauenunion Hamburg, Karen Koop, vom 1. 12. 1993 an
den Vorsitzenden der CDU/CSU-Bundestagsfraktion, Wolfgang Schäuble, ACDP 08–012–350/8.

10 Der Spiegel, 10. 8. 1992, Im Spagat, Des Kanzlers Zögling wird wider-
spenstig: Frauenministerin Merkel kämpft um Profil, in ACDP PA
P1 2952.

11 Hannoversche Allgemeine Zeitung vom 29. 7. 1992, Zu Gast in Hannover, Die Aufsteigerin, in ACDP PA P1 2952

12 Wolfgang Schäuble, Mitten im Leben, Taschenbuchausgabe, München
2001, S. 60.

13 Frankfurter Rundschau vom 17. 6. 1997, Interview mit Angela Merkel,
zitiert nach: Ökosteuer, Greenpeace-Positionspapier zur Ökosteuer,
Kurzfassung, 10/2002, https://www.greenpeace.de/themen/umwelt-
gesellschaft/wirtschaft/okosteuer, abgerufen am 12. 3. 2021.

14 Zum Beispiel im Interview mit der Neuen Zürcher Zeitung am
19. 10. 2018, http://www.wolfgang-schaeuble.de/ich-habe-meinen-
eigenen-kopf-ich-bin-loyal/, abgerufen am 12. 3. 2021.

15 Schäuble, Mitten im Leben, S. 60.

16 Deutscher Bundestag, 14. Wahrperiode, Drucksache 14/9300, Be-
schlussempfehlung und Bericht des 1. Untersuchungsausschusses nach
Artikel 44 des Grundgesetzes, S. 165, http://dipbt.bundestag.de/dip21/
btd/14/093/1409300, abgerufen am 15. 3. 2021; Wolfgang Schäuble,
Mitten im Leben, S. 20 f.

17 Angela Merkel, Der Partei Schaden zugefügt, FAZ 22. 12. 1999, dokumentiert in: https://ghdi.ghi-dc.org/docpage.cfm?docpage_id=4595&
language=german, abgerufen am 9. 3. 2021.

18 Hans Peter Schütz, Wolfgang Schäuble, S. 158.

19 Angela Merkel im Interview mit Berthold Kohler , Mitschnitt vom
FAZ-Kongress «Zwischen den Zeilen» zum siebzigjährigen Jubiläum der
Zeitung, faz.net, 25. 9. 2019, https://www.faz.net/aktuell/politik/f-a-z-

kongress-bundeskanzlerin-angela-merkel-im-interview-16402441.html, abgerufen am 15.3.2021.

20 Schäuble, Mitten im Leben, S. 212.

21 Zitiert nach Vorabmeldung Gruner und Jahr vom 18.1.2000, https://www.presseportal.de/pm/6329/104181 , abgerufen am 15.3.2021.

22 Zitiert nach: Stefan Willeke, Die Unverwüstlichkeit der Schildkröte, Die Zeit Nr. 21/2015, 21.5.2015, https://www.zeit.de/2015/21/wolfgang-schaeuble-finanzminister-portrait/komplettansicht, abgerufen am 16.3.2021.

23 Schreiben von Friedrich Merz an Angela Merkel am 12.10.2004, im Wortlaut, Spiegel.de, https://www.spiegel.de/politik/deutschland/merz-ruecktrittsschreiben-im-wortlaut-liebe-angela-a-322748.html, abgerufen am 16.3.2021.

24 Zur Person. Angela Merkel im Gespräch mit Günter Gaus, 28. Oktober 1991, https://www.youtube.com/watch?v=YQBslPEZceI, abgerufen am 9.3.2021.

25 5. Parteitag der CDU Deutschlands vom 21. bis 23.2.1994 in Hamburg, Protokoll, https://www.kas.de/c/document_library/get_file?uuid=f868 7b42-7d73-9c7e-e9d5-e2290057f862&groupId=252038, abgerufen am 21.3.2021.

26 Ralf Neukirch, Christoph Schult, Der Männerbund, https://www.spiegel.de/politik/der-maennerbund-a-2475e027-0002-0001-0000-000027497155?context=issue, abgerufen am 10.3.2021.

27 Zitiert nach Langguth, Angela Merkel, S. 237.

28 Zitiert nach «Das soziale Gewissen der CSU streikt», spiegel.de 17.6.2003, https://www.spiegel.de/politik/debatte/seehofer-und-die-gesundheitsreform-das-soziale-gewissen-der-csu-streikt-a-253406.html, abgerufen am 20.3.2021.

29 Nico Fried, Wolfgang Wittl, Seehofer: Ich lasse mich nicht von einer Kanzlerin entlassen, die nur wegen mir Kanzlerin ist, Sueddeutsche.de 2.7.2018, https://www.sueddeutsche.de/politik/seehofer-merkel-krisengipfel-1.4037923, abgerufen am 20.3.2021.

30 Franz Walter, Hybrid, unchristlich, CDU/CSU im Abschied von sich

selbst, in Süddeutsche Zeitung vom 12. 8. 2004, dokumentiert in ACDP Nachlass Langguth, 01 – 365/251/2.

31 Gerd Langguth, Machtspiele, Die «leadership» von Kohl, Schröder, Merkel und Köhler, Manuskript, open source 08 – apg in Hamburg, 30. 6. 2008, dokumentiert in ACDP Nachlass Langguth, 01 – 365/ 257/4.

32 Gerd Langguth, Angela Merkel, Zwischen Führung und Moderation, Universität München, 15. 1. 2007, in ACDP Nachlass Langguth 01 – 365 – 257/4.

33 Ralph Bollmann, Wenn Schwarz und Grün fein schlemmen gehen, taz 6. 10. 2010, https://taz.de/Wenn-Schwarz-und-Gruen-fein-schlemmen-gehen/!471944/, abgerufen am 20. 3. 2021.

34 Zitiert nach «Der Getriebene», Porträt in Cicero.de, https://www.cicero.de/innenpolitik/der-getriebene/48739, abgerufen am 20. 3. 2021.

35 Lars Geiges, «Muttis Klügster» wärmt die CDU-Seele, Spiegel.de 6. 11. 2010, https://www.spiegel.de/politik/deutschland/roettgens-start-in-nrw-muttis-kluegster-waermt-die-cdu-seele-a-727690.html, abgerufen am 20. 3. 2021.

36 Daniela Vates, Kanzleramtsminister im Portrait, Peter Altmaier ist Angela Merkels Mann für die schwierigen Themen, ksta.de 8. 7. 2015, https://www.ksta.de/politik/kanzleramtsminister-im-portraet-peter-altmaier-ist-angela-merkels-mann-fuer-die-schwierigen-themen-22763244, abgerufen am 20. 3. 2021.

37 Dieter Löffler, Angelika Wohlfrom, Mirjam Moll, Volker Kauder über Angela Merkel, Sind befreundet auf immer, Augsburger-Allgemeine.de 7. 2. 2019, https://www.augsburger-allgemeine.de/politik/Volker-Kauder-ueber-Angela-Merkel-Sind-befreundet-auf-immer-id53417306.html, abgerufen am 20. 3. 2021.

38 Christian Lindner, Schattenjahre, Die Rückkehr des politischen Liberalismus, Stuttgart 2017, Ausgabe für Kindle, Position 957.

39 Axel Vornbäumen, Der coole Baron, Stern.de 18. 7. 2009, https://www.stern.de/politik/deutschland/wirtschaftsminister-karl-theodor-zu-guttenberg-der-coole-baron-3810956.html, abgerufen am 20. 3. 2021.

40 Ulrike Demmer, Markus Feldenkirchen, Dirk Kurbjuweit, René Pfister, Der Bürgerkönig, Der Spiegel 42/2010, 17. 10. 2010, https://www. spiegel.de/politik/der-buergerkoenig-a-d70be129-0002-0001-0000-000074549664, abgerufen am 20. 3. 2021.

41 Spiegel-Titel Die fabelhaften Guttenbergs, Paarlauf ins Kanzleramt, Ulrike Demmer, Markus Feldenkirchen, Dirk Kurbjuweit, René Pfister, Der Bürgerkönig.

42 Joachim Schucht, CSU und FDP, Das Niveau der Beleidigungen sinkt, in: Die Welt 8. 6. 2010, https://www.welt.de/politik/deutschland/article 7957025/CSU-und-FDP-Das-Niveau-der-Beleidigungen-sinkt.html, abgerufen am 20. 3. 2021.

43 Margaret Heckel, So regiert die Kanzlerin, Eine Reportage, München 2009, S. 239.

44 Zitiert nach Michael Brandt, Armin Himmelrath, Konstantin Zurawski, Versuch eines geordneten Rückzugs, Deutschlandfunk 1. 3. 2011, https://www.deutschlandfunk.de/versuch-eines-geordneten-rueckzugs.724.de.html?dram:article_id=100119, abgerufen am 20. 3. 2021.

45 Merkel, Mein Weg, S. 98.

46 Zitiert nach Gregor Schöllgen, Gerhard Schröder, Die Biographie, München 2015, S. 292 f.

47 Zitiert nach Gregor Schöllgen, Gerhard Schröder, S. 305.

48 Koelbl, Spuren der Macht, S. 57, 58.

49 Koelbl, Spuren der Macht, S. 58.

50 Zitiert nach Schöllgen, Gerhard Schröder, S. 290.

51 Gerhard Schröder, Schlage die Trommel, Dokumentation Arte, gesendet am 14. 7. 2020, https://programm.ard.de/TV/arte/gerhard-schr-der---schlage-die-trommel-/eid_287243199185795, in der ARD-Mediathek am 20. 3. 2021 nicht mehr abrufbar.

52 Berliner Runde am 18. 9. 2005 im ZDF, https://www.youtube.com/watch?v=pHYbZRFptZM, abgerufen am 20. 3. 2021.

53 Mail Manfred Bissinger an Gerd Langguth, undatierte Abschrift, ACDP Nachlass Langguth, 01 – 365 – 236/6.

54 Schöllgen, Gerhard Schröder, S. 858.

Frauen

1 W20-Frauengipfel am 25. 4. 2017, Ausschnitt, https://www.youtube.com/watch?v=huOuFuODHnc, abgerufen am 20. 3. 2021.

2 Jana Hensel, Parität erscheint mir logisch, Die Zeit 5/2019, 24. 1. 2019, https://www.zeit.de/2019/05/angela-merkel-bundeskanzlerin-cdu-feminismus-lebensleistung/komplettansicht, abgerufen am 20. 3. 2021.

3 Angela Merkel fordert Recht auf Kita-Platz, Frankfurter Allgemeine Zeitung 27. 7. 1991, ACDP P1 2950.

4 Redaktionsbesuch Angela Merkel, Leipziger Volkszeitung 3. 8. 1992, ACDP PA P1 2952.

5 Merkel, Mein Weg, S. 85.

6 Boysen, Angela Merkel, S. 141 f. Andere Quellen nennen auch Thomas de Maizière, Hans-Christian Maaß. Kohl selbst nennt Günther Krause als Hinweisgeber, in: Wolfgang Stock, Angela Merkel, S. 87.

7 Ministerinnen, Ein bisschen zuständig, Der Spiegel 8/1991 17. 2. 1991, https://www.spiegel.de/politik/ein-bisschen-zustaendig-a-2e7db86f-0002-0001-0000-000013489095, abgerufen am 20. 3. 2021.

8 Der Tagesspiegel 1. 8. 1992, ACDP PA P1 2952.

9 Die Bunte, 2. 4. 1992, ACDP PA P1 2952.

10 Zur Person. Angela Merkel im Gespräch mit Günter Gaus, 28. Oktober 1991.

11 Georg Paul Hefty, Die normalste Sache der Welt, Frankfurter Allgemeine Zeitung 4. 4. 1992, ACDP PA P1 2952.

12 Joachim Neander, Ein Ausflug an die Macht als Selbstexperiment, Die Welt 23. 10. 1992, ACDP PA P1 2152.

13 Merkel, Mein Weg, S. 91.

14 Werner Bajohr, Ohne Scheu durch vermintes Gelände, Christ und Welt 19. 7. 1991, ACDP PA P1 2950.

15 Angela Merkel am 28. 6. 2017 im Brigitte Interview, https://www.youtube.com/watch?v=Nf-2exo0nOs, abgerufen am 20. 3. 2021.

16 Zur Person. Angela Merkel im Gespräch mit Günter Gaus, 28. Oktober 1991.

17 TV-Duell Bundeskanzler Gerhard Schröder gegen Angela Merkel am

4.9.2005, https://www.youtube.com/watch?v=Hybsgj1MIZ4, abgerufen am 20.3.2021.

18 Zitiert nach: Friedbert Pflüger, Der falsche Mann, das falsche Signal, Die Zeit 41/1993, https://www.zeit.de/1993/41/der-falsche-mann-das-falsche-signal/komplettansicht, abgerufen am 20.3.2021.

19 Zitiert nach: Friedemann Weckbach-Mara, Ganz Bonn spottet über das Emanzipationsgesetz von Frau Merkel: Würden Sie diese Frau einstellen?, Bild am Sonntag 16.2.1992, ACDP P1 2952.

20 Zitiert nach: Karin Janker, Susanne Klein, Die Union genügt «nicht den Ansprüchen einer Volkspartei», Sueddeutsche.de vom 5.5.2018, https://www.sueddeutsche.de/politik/merkel-zum-frauenanteil-in-der-cdu-die-union-genuegt-nicht-den-anspruechen-einer-volkspartei-1.3968783, abgerufen am 20.3.2021.

21 Zitiert nach: Roll, Die Kanzlerin, S. 176.

22 Rede von Bundeskanzlerin Dr. Angela Merkel bei der 368. Graduationsfeier der Harvard University am 30.5.2019 in Cambridge, USA, https://www.bundesregierung.de/breg-de/aktuelles/rede-von-bundeskanzlerin-merkel-bei-der-368-graduationsfeier-der-harvard-university-am-30-mai-2019-in-cambridge-usa-1633384, abgerufen am 12.3.2019.

23 Merkel, Mein Weg, S. 98.

24 Mariam Lau, die CDU und die Frauen, in: Norbert Lammert (Hg.), Christlich Demokratische Union, Beiträge und Positionen zur Geschichte der CDU, München 2020, S. 397–418, S. 411.

25 Bewerbungsrede Friedrich Merz auf dem 33. Parteitag der CDU am 15. und 16. Januar, https://www.cdu-parteitag.de/reden-berichte, abgerufen am 20.3.2021.

26 Christian Rickens, Friedrich Merz' Sprache gibt Einblicke in sein Weltbild – und das ist eines von gestern, Handelsblatt.de am 17.1.2021, https://www.handelsblatt.com/meinung/kommentare/kommentar-friedrich-merz-sprache-gibt-einblicke-in-sein-weltbild-und-das-ist-eines-von-gestern/26825216.html, abgerufen am 20.3.2021.

27 Merkel, Mein Weg, S. 88.

28 Interview in der Märkischen Oderzeitung, zitiert nach: Roll, Die Kanzlerin, S. 284.

29 Roll, Die Kanzlerin, S. 376.
30 Langguth, Angela Merkel, S. 300.

Erfolge

1 Zitiert nach: Hans-Peter Schwarz, Die neueste Zeitgeschichte, in: Vierteljahrshefte für Zeitgeschichte, 51/2003, Heft 1, S. 5–28, S. 5, https://www.ifz-muenchen.de/heftarchiv/2003_1_2_schwarz.pdf, abgerufen am 20. 3. 2021.

2 Zitiert nach: Heinrich August Winkler, Der lange Weg nach Westen, Band 2, Deutsche Geschichte vom «Dritten Reich» bis zur Wiedervereinigung, 4. durchgesehene Auflage, München 2002, S. 393.

3 Bundeskanzler Helmut Kohl im Juni 1988 zu Journalisten auf dem Flug zum Weltwirtschaftsgipfel nach Toronto, zitiert nach: Nina Grunenberg, Endlich wieder ein Pilot im Flugzeug, Die Zeit 26/1988 24. 6. 1988, https://www.zeit.de/1988/26/endlich-wieder-ein-pilot-im-flugzeug/komplettansicht, abgerufen am 20. 3. 2021.

4 Zitiert nach: Der Spiegel 37/1998 6. 9. 1998, Richtig gut drauf, https://www.spiegel.de/politik/richtig-gut-drauf-a-35d49bf6-0002-0001-0000-000007971254?context=issue, abgerufen am 20. 3. 2021.

5 Diskussionsveranstaltung zum Erscheinen des Buchs «Dialog über Deutschlands Zukunft» am 2. 7. 2012 im Bundeskanzleramt, https://archiv.bundesregierung.de/archiv-de/mediathek/videos/diskussionsveranstaltung-im-bundeskanzleramt-816342, abgerufen am 20. 3. 2012.

6 Kai Diekmann, Rolf Kleine, Interview mit Altkanzler Gerhard Schröder, Die heutige Regierung hat mit dem Aufschwung nicht viel zu tun, Bild.de 27. 10. 2010, https://www.bild.de/politik/2010/bild-interview-regierung-aufschwung-14435778.bild.html, abgerufen am 22. 3. 2021.

7 Economist, The sick man of the euro, Special, 5. 6. 1999.

8 Regierungserklärung von Bundeskanzlerin Dr. Angela Merkel vor dem Deutschen Bundestag am 30. November 2005 in Berlin, Bulletin 93–1, https://www.bundesregierung.de/breg-de/service/bulletin/regierungs

erklaerung-von-bundeskanzlerin-dr-angela-merkel-795782, abgerufen am 22. 3. 2021.

9 Regierungserklärung von Bundeskanzler Willy Brandt vor dem Deutschen Bundestag in Bonn am 28. Oktober 1969, https://www.willy-brandt-biografie.de/wp-content/uploads/2017/08/Regierungs erklaerung_Willy_Brandt_1969.pdf, abgerufen am 22. 3. 2021.

10 Gerd Langguth, Angela Merkel, S. 344.

11 Jochen Wegner, Angela Merkel, der schwarze Schwan, Zeit.de 16. 7. 2014, https://www.zeit.de/politik/deutschland/2014-07/angela-merkel-zum-60-geburtstag/komplettansicht, abgerufen am 22. 3. 2021.

12 Peter Sloterdijk, Der Merkel-Faktor, Neue Zürcher Zeitung (Online-Ausgabe) 18. 9. 2017, https://www.nzz.ch/feuilleton/der-merkel-faktor-ld. 1316870, abgerufen am 22. 3. 2017.

13 Zitiert nach: Dirk Koch, Sylvia Schreiber, Viele Ideen, aber kein Konzept, Der Spiegel 22/1999 30. 5. 1999, https://www.spiegel.de/politik/viele-ideen-aber-kein-konzept-a-ca9f5701-0002-0001-0000-000013 470362?context=issue, abgerufen am 22. 3. 2021.

14 Stefan Kornelius, Angela Merkel, Die Kanzlerin und ihre Welt, Berlin 2013, S. 218 f.

15 Barack Obama, Ein verheißenes Land, München 2020, Kindle-Ausgabe, Seite 472.

16 Margaret Heckel, So regiert die Kanzlerin, Eine Reportage, München 2009, S. 18 f.

17 Zitiert nach: Finanzkrise, Bundesregierung rügt Ackermann, Zeit-online. de 20. 10. 2008, https://www.zeit.de/online/2008/43/ackermann-kritik, abgerufen am 22. 3. 2021.

18 Abendessen zu Ehren von Herrn Dr. Ackermann am Dienstag 22. April 2008, 19 Uhr, Bundeskanzleramt, 8. OG, dokumentiert bei netzpolitik. org, https://netzpolitik.org/wp-upload/ackermann-abendessen.pdf, abgerufen am 22. 3. 2021.

19 Der Tagesspiegel, Kanzlerin knallhart, tagesspiegel.de, 26. 6. 2012, https://www.tagesspiegel.de/politik/kanzlerin-knallhart-merkel-keine-eurobonds-solange-ich-lebe/6802298.html, abgerufen am 22. 3. 2021.

20 Zitiert nach: China, Gute wirtschaftliche Zusammenarbeit, 31. 8. 2012,

Die Bundeskanzlerin, Terminkalender, Bundespresseamt, https://www.
bundeskanzlerin.de/bkin-de/angela-merkel/terminkalender/reise
berichte/gute-wirtschaftliche-zusammenarbeit-604546, abgerufen am
22. 3. 2021.

21 Michael Bröcker, Ronald Pofalla, Raufbold, Stratege, Merkel-Vertrauter,
rp-online.de 14. 12. 2013, https://www.bundeskanzlerin.de/bkin-de/
angela-merkel/terminkalender/reiseberichte/gute-wirtschaftliche-
zusammenarbeit-604546, abgerufen am 22. 3. 2021.

22 Barack Obama, Ein verheißenes Land, S. 471.

23 Karl Rudolf Korte, Neue Berliner Armutsästhetik, in: Internationale
Politik 2, Februar 2006, S. 78 f., https://internationalepolitik.de/de/
neue-berliner-armutsaesthetik, abgerufen am 22. 3. 2021.

24 Sebastian Graf von Bassewitz, Laurence Chaperon, Angela Merkel, Das
Portrait, München 2009.

25 Andreas Kynast, Vorkehrungen bei Merkel-Reisen, Bloß nichts Weißes
hinter der Kanzlerin, zdf.de 7. 5. 2019, https://www.zdf.de/nachrichten/
heute/kanzlerin-exklusiv-vorkehrungen-bei-merkel-reisen-100.html,
abgerufen am 22. 3. 2021.

26 Merkel, Mein Weg, S. 131.

27 Miriam Hollstein, Dancia Bensmail, Ich bin Merkels Selfie-Flüchtling,
bild.de 27. 8. 2016, https://www.bild.de/politik/inland/angela-merkel/
ich-bin-merkels-selfie-fluechtling-47531686.bild.html, abgerufen am
22. 3. 2021.

Fehler

1 Zitiert etwa von Bundespräsident Joachim Gauck am 12. 6. 2013 beim
Empfang ehemaliger Mitglieder des Bundestags und des Europäischen
Parlaments, bundespraesident.de, https://www.bundespraesident.de/
SharedDocs/Reden/DE/Joachim-Gauck/Reden/2013/06/130612-
Empfang-ehemaliger-MdB.html?nn=1891680, abgerufen am 23. 3. 2021.

2 Margaret Heckel, So regiert die Kanzlerin, S. 239.

3 Angela Merkel vor dem EU-Gipfel am 23. 10. 2013, zitiert nach: Mar-

lies Uken, Für Merkel geht Abhören unter Freunden gar nicht, zeit.de 24.10.2013, https://www.zeit.de/wirtschaft/2013-10/eu-gipfel-datenschutz/komplettansicht, abgerufen am 23.3.2021.

4 Giovanni di Lorenzo, Ich bin in Schuld verstrickt, Gespräch mit Altbundeskanzler Helmut Schmidt, Die Zeit 30.8.2007, zitiert nach: zeit.de 30.8.2007, https://www.zeit.de/2007/36/Interview-Helmut-Schmidt/komplettansicht, abgerufen am 23.3.2021.

5 Zitiert nach: Florian Flade, Geord Mascolo, Kanzleramt hält Geheimdienst-Buch zurück, Tagesschau.de 3.2.2020, https://www.tagesschau.de/investigativ/ndr-wdr/bnd-schindler-memoiren-101.html, abgerufen am 23.3.2021.

6 Im Wortlaut: Pressestatement von Bundeskanzlerin Merkel im Bundesamt für Verfassungsschutz am 31. Oktober 2014, https://www.bundesregierung.de/breg-de/aktuelles/pressestatement-von-bundeskanzlerin-merkel-im-bundesamt-fuer-verfassungsschutz-am-31-oktober-2014-844896, abgerufen am 23.3.2021.

7 Rede von Bundeskanzlerin Dr. Angela Merkel vor der Knesset am 18. März 2008 in Jerusalem, https://www.bundesregierung.de/breg-de/service/bulletin/rede-von-bundeskanzlerin-dr-angela-merkel-796170, abgerufen am 23.3.2021.

8 Angela Merkel, Schroeder doesn't speak for all Germans, in: Washington Post 20.2.2003, https://www.washingtonpost.com/archive/opinions/2003/02/20/schroeder-doesnt-speak-for-all-germans/1e88b69d-ac42-48e2-a4ab-21f62c413505/, abgerufen am 23.3.2021.

9 Stefan Kornelius, Angela Merkel, S. 155.

10 Bericht der Strukturkommission der Bundeswehr, Oktober 2010, Vom Einsatz her denken, Konzentration, Flexibilität, Effizienz, S. 34, https://www.roderich-kiesewetter.de/fileadmin/Service/Dokumente/20101026-weise-kommisionsbericht.pdf, abgerufen am 23.3.2021.

11 So soll sich Verteidigungsminister Thomas de Maizière im Fraktionsvorstand der CDU/CSU-Bundestagsfraktion geäußert haben, Sueddeutsche.de 18.5.2011, https://www.sueddeutsche.de/politik/bundeswehrreform-rede-in-berlin-de-maiziere-beklagt-gravierende-maengel-bei-armee-1.1098936, abgerufen am 23.3.2021.

12 Erich Vad, Angela Merkel und das Dilemma deutscher Sicherheitspolitik – eingeklemmt zwischen Pazifismus und maroder Bundeswehr, in: Philipp Plickert (Hg.), Merkel, eine kritische Bilanz, München 2017, S. 237–248, S. 246.

13 Zitiert nach: sueddeutsche.de 29.7.2020, https://www.sueddeutsche. de/politik/verteidigung-trump-deutschland-schuldet-der-nato-aber milliarden-dollar-dpa.urn-newsml-dpa-com-20090101-200729-99-969677, abgerufen am 23.3.2021.

14 Alison Smale, Steven Erlanger, Donald Trump's Election Leaves Angela Merkel as the Liberal West's Last Defender, New York Times 21.11.2016.

15 Bericht der Kommission verlässlicher Generationenvertrag, Berlin 2020, Kurzfassung, https://www.bmas.de/SharedDocs/Downloads/DE/ Rente/Kommission-Verlaesslicher-Generationenvertrag/bericht-der-kommission-kurzfassung.pdf?__blob=publicationFile&v=1, S. 4, abgerufen am 23.3.2021.

16 Robin Alexander, Die Getriebenen, Merkel und die Flüchtlingspolitik, Report aus dem Innern der Macht, München 2017, Kindle-Ausgabe, Position 305.

17 Zitiert nach: Peter Stäuber, David Cameron, Das waren noch Zeiten, zeit. de 20.9.2019, https://www.zeit.de/politik/ausland/2019-09/david-cameron-ex-premierminister-grossbritannien-autobiografie , abgerufen am 23.3.2021.

18 Bei einem Besuch des Bundespräsidenten in einer Flüchtlingsunterkunft am 25.8.2015 in Berlin, https://www.bundespraesident.de/SharedDocs/ Berichte/DE/Joachim-Gauck/2015/08/150825-Besuch-Fluechtlinge-Wilmersdorf.html, abgerufen am 23.3.2021.

19 Deutscher Bundestag, 19. Wahlperiode, Drucksache 19/8570, Antwort der Bundesregierung auf die Große Anfrage der Abgeordneten Martin Erwin Renner, Andreas Bleck, Tino Chrupalla und anderer «Vermeintliche ‹Hetzjagden› in Chemnitz am 26.8.2018», https://dip21.bundestag. de/dip21/btd/19/085/1908570.pdf, abgerufen am 23.3.2021.

20 Jana Hensel, Mein Angela-Merkel-Gefühl, Zeit im Osten 45/2018 31.10.2018, https://www.zeit.de/2018/45/bundeskanzlerin-angela-merkel-staatsfrau-abschied/komplettansicht, abgerufen am 23.3.2021.

21 Justus Haucap, Wettbewerb auf dem Energiemarkt, Standpunkt für die Ludwig-Erhard-Stiftung, 24.8.2017, https://www.ludwig-erhard.de/erhard-aktuell/standpunkt/wettbewerb-auf-dem-energiemarkt/, abgerufen am 23.3.2021.

22 Katrin Göring-Eckardt, Was die Grünen verändert hat, in: Michael Wedell, Georg Milde (Hg.), Avantgarde oder angepasst, Die Grünen – eine Bestandsaufnahme, Berlin 2020, S. 122–128, S. 125.

23 Zitiert nach: Ralph Bollmann, Die Deutsche Angela Merkel und wir, Stuttgart 2013, S. 72.

24 Bollmann, Die Deutsche, S. 72.

25 Merkel, Mein Weg, S. 99.

26 Sven Afhüppe, Michael Sauga, Gemurre im Schnee, Der Spiegel 5/2006 29.1.2006, https://magazin.spiegel.de/EpubDelivery/spiegel/pdf/45624805, abgerufen am 22.3.2021.

27 Ralph Bollmann, Georg Meck, Die Entfremdung, faz.net 4.2.2018, https://www.faz.net/aktuell/wirtschaft/angela-merkel-und-die-manager-die-entfremdung-15431453.html, abgerufen am 23.3.2021.

28 Horst Seehofer am 30.6.2010, zitiert nach: sueddeutsche.de 30.6.2011, Zitate einer einzigartigen Wende, https://www.sueddeutsche.de/politik/zitate-zur-atomdebatte-hoch-lebe-die-kernkraft-die-kernkraft-muss-weg-1.1072431, abgerufen am 23.3.2021.

29 Mitschrift Pressekonferenz, Pressestatements von Bundeskanzlerin Angela Merkel und Bundesaußenminister Guido Westerwelle zum Erdbeben in Japan am 12.3.2011, bundeskanzlerin.de, https://www.bundeskanzlerin.de/bkin-de/aktuelles/pressestatements-von-bundeskanzlerin-angela-merkel-und-bundesminister-guido-westerwelle-zum-erdbeben-in-japan-am-12-maerz-2011-846942, abgerufen am 23.3.2021.

Enttäuschungen

1 Bericht der Parteivorsitzenden Annegret Kramp-Karrenbauer zum 33. Parteitag der CDU Deutschlands am 15.1.2021, https://www.cdu-parteitag.de/reden-berichte, abgerufen am 24.3.2021.

2 Ebd.

3 Zitiert nach: Florian Harms, Merkels Machtwort zum Thüringen-Tumult, t-online.de 6. 2. 2021, https://www.t-online.de/nachrichten/deutsch land/id_87289464/thueringen-wahl-angela-merkels-machtwort-im-video-klare-worte.html, abgerufen am 24. 3. 2021.

4 Tatjana Heid, Krise des Konservatismus?, «Ein echter Konservativer weiß, dass alles immer schlechter wird», Interview mit Andreas Rödder, faz.net 4. 5. 2018, https://www.faz.net/aktuell/politik/inland/konserva tiv-was-ist-das-andreas-roedder-im-interview-15570489.html, abgerufen am 24. 5. 2021.

5 Angela Merkel im Brigitte-Interview am 26. 6. 2017, https://www.you tube.com/watch?v=Nf-2exo0nOs, abgerufen am 24. 3. 2021.

6 Tilman Kuban, Carsten Linnemann, Aufbruch für einen neuen Konser-vatismus, Pressemitteilung, 14. 2. 2021, https://www.junge-union.de/ aktuelles/aufbruch-fuer-einen-modernen-konservatismus/, abgerufen am 24. 3. 2021.

7 Zitiert nach: Matthias Geyer, Merkels Hirn, spiegel.de 25. 7. 2004, https://www.spiegel.de/panorama/merkels-hirn-a-82768727-0002-0001-0000-000031617109, abgerufen am 24. 3. 2021.

8 Peter Müller, Das Gehirn würfelt nicht, Der Spiegel 29/2014 13. 4. 2014, https://magazin.spiegel.de/EpubDelivery/spiegel/pdf/128101525, abge-rufen am 24. 3. 2021.

9 Im Wortlaut: Pressekonferenz von Bundeskanzlerin Merkel und dem österreichischen Bundeskanzler Faymann im Bundeskanzleramt, Mit-schrift Pressekonferenz 15. 9. 2015, bundesregierung.de, https://www. bundesregierung.de/breg-de/aktuelles/pressekonferenzen/pressekonfe renz-von-bundeskanzlerin-merkel-und-dem-oesterreichischen-bundes kanzler-faymann-844442, abgerufen am 24. 3. 2021.

10 Ebd.

11 Bundeskanzlerin Angela Merkel, Bürgerdialog «Gut leben in Deutsch-land» am 15. 7. 2015 in Rostock, bundeskanzlerin.de, https://www. bundeskanzlerin.de/bkin-de/mediathek/merkel-im-dialog-mit-jugendli chen-1518450!mediathek?query=, abgerufen am 24. 3. 2021.

12 Chantal Schäfer, Merkels Flüchtlingsmädchen Reem (14), Ich bin die

Einzige in meiner Klasse mit einer 1 in Deutsch», Bild am Sonntag 19.7.2015, bild.de 19.5.2015, https://www.bild.de/politik/inland/fluechtling/jetzt-erzaehlt-reem-der-welt-ihre-geschichte-41847636.bild.html, abgerufen am 24.3.2021.

13 Jesse Coburn, Tearful Moment with Merkel turns Migrant Girl into a Potent Symbol, New York Times 20.7.2015, nytimes.com, https://www.nytimes.com/2015/07/21/world/europe/legislation-gives-hope-to-girl-who-shared-plight-with-merkel.html, abgerufen am 24.3.2021.

14 Im Wortlaut: Sommerpressekonferenz von Bundeskanzlerin Merkel, 31.8.2015, bundesregierung.de, https://www.bundesregierung.de/breg-de/aktuelles/pressekonferenzen/sommerpressekonferenz-von-bundes kanzlerin-merkel-848300, abgerufen am 24.3.2021.

15 Deutschland – Auenland, Kulturzeit 3Sat 13.9.2017, https://www.3sat.de/kultur/kulturzeit/deutschland-auenland-100.html, abgerufen am 24.3.2021.

16 Zum Beispiel: Rede von Bundeskanzlerin Merkel im Rahmen der OECD-Konferenz in Paris, Mittwoch 19.2.2014, bundeskanzlerin.de, https://www.bundeskanzlerin.de/bkin-de/aktuelles/rede-von-bundes kanzlerin-merkel-im-rahmen-der-oecd-konferenz-478208, abgerufen am 24.3.2021.

17 Phoenix Wahlsendung am 18.9.2005, Machtwechsel von Gerhard Schröder zu Angela Merkel 2005, https://www.youtube.com/watch?v=AzuQgnnPRCA, abgerufen am 24.3.2021.

18 Universität Bern, Besuch der Bundeskanzlerin Angela Merkel an der Universität Bern am 3.9.2015, https://www.youtube.com/watch?v=-7Y-3vOMKQs, abgerufen am 24.3.2021.

19 Ebd.

20 Rezo, Die Zerstörung der CDU, 18.5.2019, https://www.youtube.com/watch?v=4Y1lZQsyuSQ, abgerufen am 24.3.2021.

21 Christian Lindner, Statement zum Ende der Sondierungsgespräche, liberale.de 20.11.2017, https://www.liberale.de/content/besser-nicht-regieren-als-falsch, abgerufen am 24.3.2021.

22 Deutscher Bundestag, Stenografischer Bericht, 114. Sitzung, 9.6.2011,

Plenarprotokoll 17/114, https://dipbt.bundestag.de/dip21/
btp/17/17114.pdf, abgerufen am 24.3.2021.

23 31. Parteitag der CDU Deutschlands 7.–8.12.2018, Bericht der Vorsitzenden der CDU Deutschlands, Bundeskanzlerin Dr. Angela Merkel, kas.
de, https://www.kas.de/documents/291599/291648/31.+Parteitags
protokoll_2018_Internet.pdf/62e3c155-8af0-5cb7-8004-900323d2ad
32?t=1560859494371, abgerufen am 24.3.2021.

Katastrophen

1 Jens Kersten, Stefan Rixen, Der Verfassungsstaat in der Corona-Krise,
München 2020, S.148.

2 Merkel: Die Osterruhe war ein Fehler, Statement der Bundeskanzlerin
am 24.3.2021, https://www.bundeskanzlerin.de/bkin-de/mediathek/
videos/merkel-statement-osterruhe-1881092!mediathek?query=, abgerufen am 6.4.2021.

3 Andreas Schäfer, Michael Zürn, Die demokratische Regression, Die politischen Ursachen des autoritären Populismus, Berlin 2021, S.133.

4 Zitiert nach: Laschet (CDU): «Mir sagen nicht Virologen, was ich zu
entscheiden habe», Armin Laschet im Gespräch mit Stefan Detjen, Interview der Woche, Deutschlandfunk 19.4.2020, https://www.deutschland
funk.de/lockerung-der-coronavirus-massnahmen-laschet-cdu-mir-sagen.
868.de.html?dram:article_id=474970, abgerufen am 6.4.2021.

5 Ministerpräsident Winfried Kretschmann am 13.12.2021 im Heute
Journal, zdf.de, https://www.zdf.de/nachrichten/politik/corona-shut
down-kretschmann-100.html, abgerufen am 6.4.2021.

6 Bodo Ramelow am 7.1.2021 in der Sendung «Markus Lanz», zdf.de,
https://www.zdf.de/gesellschaft/markus-lanz/markus-lanz-vom-7-
januar-2021-100.html, abgerufen am 6.4.2021.

7 Deutscher Bundestag, Aussprache zur Regierungserklärung von
Bundeskanzlerin Dr. Angela Merkel am 26.11.2021, Ralph Brinkhaus
für die CDU/CSU-Fraktion, Plenarprotokoll, Stenografischer Bericht, 19/195, https://www.bundestag.de/resource/blob/810584/

cdebb649c7a6121290fb6aa38c953899/19195-data.xml, abgerufen am 6.4.2021.

8 Katja Gloger, Georg Mascolo, Ausbruch, Innenansichten einer Pandemie, die Corona-Protokolle, München 2021, Kindle-Ausgabe, S. 279.

9 Kanzleramtsminister Dr. Helge Braun bei der offiziellen Vorstellung der Corona-Warn-App am 16.6.2020, bundesregierung.de, https://www.bundesregierung.de/breg-de/aktuelles/corona-warn-app-1760936, abgerufen am 6.4.2021.

10 Bertelsmann-Stiftung, ePA-Einführung, Lehren aus den Erfahrungen mit der Corona-Warn-App, Spotlight Gesundheit, Daten, Fakten, Analysen 2/2021, bertelsmann-stiftung.de, https://www.bertelsmann-stiftung.de/fileadmin/files/user_upload/SG_ePA_Einfuehrung_final.pdf, abgerufen am 6.4.2021.

11 European Medicines Agency, Update on assessment of the BionTech and Pfizer BNT162b2 vaccine marketing authorization application, Pressemitteilung von 15.12.2020, ema.europe.eu, https://www.ema.europa.eu/en/news/update-assessment-biontech-pfizer-bnt162b2-vaccine-marketing-authorisation-application, abgerufen am 6.4.2021.

12 Cordula Eubel, Nantke Garrelts, Hans Monath, Autorität der Kanzlerin «auf fast tragische Weise zerstört», Interview mit Robert Habeck, Tagesspiegel.de 31.5.2020, https://www.tagesspiegel.de/politik/robert-habeck-zur-corona-politik-autoritaet-der-kanzlerin-auf-fast-tragische-weise-zerstoert/25874684.html, abgerufen am 4.4.2021.

13 Peter Graf Kielmansegg, Belagerte Demokratie, Legitimität in unsicheren Zeiten, in: Martin Florack, Karl-Rudolf Korte, Julia Schwanholz, Coronakratie, Demokratisches Regieren in Ausnahmezeiten, Frankfurt/New York 2021, S. 43–49, S. 44.

14 Gunnar Folke Schuppert, Die Corona-Krise als Augenöffner, Ein rechts- und zugleich kulturhistorischer Essay, Manuskript zur Veröffentlichung im Jahrbuch des öffentlichen Rechts der Gegenwart, im Dezember 2020 der Autorin zur Verfügung gestellt.

15 Herlinde Koelbl, Spuren der Macht, S. 56.

16 Dirk Kurbjuweit, Angela Merkel, Die Kanzlerin für Alle?, München 2009, S. 154.

Vermächtnis

1 Rede von Bundeskanzlerin Dr. Angela Merkel bei der 368. Graduationsfeier der Harvard University am 30. 5. 2019 in Cambridge, USA,
https://www.bundesregierung.de/breg-de/aktuelles/rede-von-bundes
kanzlerin-merkel-bei-der-368-graduationsfeier-der-harvard-university-
am-30-mai-2019-in-cambridge-usa-1633384, abgerufen am 12. 3. 2019.

2 Im Wortlaut: Pressekonferenz von Bundeskanzlerin Merkel und dem
Präsidenten der Vereinigten Staaten von Amerika, Barack Obama, am
17. November 2016 im Bundeskanzleramt, bundesregierung.de, https://
www.bundesregierung.de/breg-de/aktuelles/pressekonferenz-von-
bundeskanzlerin-merkel-und-dem-praesidenten-der-vereinigten-staaten-
von-amerika-barack-obama-am-17-november-2016-844476, abgerufen
am 25. 3. 2021.

3 Stefan Kornelius, Angela Merkel, S. 273.

4 Französische Botschaft (Hg.), Rede von Staatspräsident Emmanuel
Macron an der Sorbonne, Initiative für Europa, Paris, 26. 9. 2017, https://
www.diplomatie.gouv.fr/IMG/pdf/macron_sorbonne_europe_integ
ral_cle4e8d46.pdf, abgerufen am 25. 3. 2021.

5 Emmanuel Macron, Für einen Neubeginn in Europa, Die Welt 4. 3. 2019.
https://www.welt.de/debatte/kommentare/plus189751165/Emmanuel-
Macron-Wir-Europaeer-muessen-uns-gegen-die-Nationalisten-zur-Wehr-
setzen.html, abgerufen am 25. 3. 2021.

6 Angela Merkel: Keine Eurobonds, «solange ich lebe», zitiert nach:
tagesspiegel.de, https://www.tagesspiegel.de/politik/kanzlerin-knall
hart-merkel-keine-eurobonds-solange-ich-lebe/6802298.html, abgerufen
am 25. 3. 2021.

7 Protokoll 31. Parteitag der CDU Deutschlands, 7.–8. 12. 2018, Hamburg,
Bericht der Vorsitzenden der CDU Deutschlands, S. 27, kas.de,
https://www.kas.de/documents/291599/291648/31.+Parteitags
protokoll_2018_Internet.pdf/62e3c155-8af0-5cb7-8004-900323d
2ad32?t=1560859494371, abgerufen am 25. 3. 2021.

8 Matthew Qvortrup, Angela Merkel, Europe's Most Influential Leader,
New York 2017, S. 217.

9 Christine Lagarde, Angela Merkel – Striking the right Note on Leadership, HHL Leipzig Graduate School of Management, August 31, 2019, imf. org, https://www.imf.org/en/News/Articles/2019/08/31/sp083119-Angela-Merkel-Striking-the-Right-Note-on-Leadership, abgerufen am 25.3.2021.

10 Zitiert nach Alexander Osang, Die deutsche Queen, Spiegel 20/2009 10.5.2009, spiegel.de, https://www.spiegel.de/politik/die-deutsche-queen-a-25f444a0-0002-0001-0000-000065330394, abgerufen am 25.3.2021.

11 Rede von Bundeskanzlerin Dr. Angela Merkel bei der 368. Graduationsfeier der Harvard University am 30.5.2019 in Cambridge, USA, https://www.bundesregierung.de/breg-de/aktuelles/rede-von-bundes kanzlerin-merkel-bei-der-368-graduationsfeier-der-harvard-university-am-30-mai-2019-in-cambridge-usa-1633384, abgerufen am 12.3.2019.

12 Kanzlerin Angela Merkel im Interview mit europäischen Zeitungen, «Was gut für Europa ist, war und ist gut für uns», 27.6.2020, bundes regierung.de, https://www.bundesregierung.de/breg-de/themen/europa/interview-kanzlerin-sz-1764690, abgerufen am 25.3.2021.

13 Regierungserklärung Bundeskanzlerin Dr. Angela Merkel zu den Euro-Stabilisierungsmaßnahmen, Stenographische Mitschrift des Bundestages, 19.5.2010, archiv.bundesregierung.de, https://archiv. bundesregierung.de/archiv-de/regierungserklaerung-von-bundeskanzle rin-merkel-zu-den-euro-stabilisierungsmassnahmen-1122352, abgerufen am 25.3.2021.

14 Rede von Bundeskanzlerin Dr. Angela Merkel bei der 368. Graduationsfeier der Harvard University am 30.5.2019 in Cambridge, USA, https://www.bundesregierung.de/breg-de/aktuelles/rede-von-bundes kanzlerin-merkel-bei-der-368-graduationsfeier-der-harvard-university-am-30-mai-2019-in-cambridge-usa-1633384, abgerufen am 12.3.2019.

15 Ebd.

16 Hermann Lübbe, Gegenwartsschrumpfung, in: Ralph Kray u. a., Autorität, Spektren harter Kommunikation, Opladen 1992, S. 78–91.

17 Andreas Reckwitz, Die Politik der Resilienz und ihre vier Probleme, in: Der Spiegel 10/2021.

18 Pressemitteilung des Bundesministeriums des Inneren, für Bau und Heimat vom 29. 5. 2020, bmi.bund.de. https://www.bmi.bund.de/SharedDocs/pressemitteilungen/DE/2020/05/abteilung-dv.html, abgerufen am 24. 3. 2021.

PERSONEN

Morgenstern, Christian 47
Müller, Hildegard 172–174
Müller, Michael 85
Müller, Peter 10, 89, 111
Müller-Vogg, Hugo 55, 151, 244
Mundlos, Uwe 222

Nagano, Kent 300
Netanjahu, Benjamin 311
Nolte, Claudia 95
Nooke, Günter 70, 73

Obama, Barack 194, 204 f., 210,
291 f., 300
Oettinger, Günther 89, 188
Oppermann, Thomas 217
Osang, Alexander 34, 37, 43
Osterhammel, Jürgen 17
Özdemir, Cem 122

Pflüger, Friedbert 89
Platzeck, Matthias 25, 35
Pofalla, Ronald 83, 122, 203
Popper, Karl 18, 304
Putin, Wladimir 12 f., 45, 192, 291

Qvortrup, Matthew 298

Ramelow, Bodo 217, 279
Reckwitz, Andreas 86 f., 308
Reich, Jens 68
Rödder, Andreas 255
Roll, Evelyn 10, 27, 43, 47, 58, 61
Rönsch, Hannelore 152, 155

Röttgen, Norbert 83, 89, 122,
124–128, 268 f.

Sacharow, Andrej Dmitrije-
witsch 43, 57
Şahin, Uğur 283
Sahwil, Reem 260
Sander, Jil 162
Sarkozy, Nicolas 192, 194, 202, 305
Sauer, Joachim 15, 29, 53, 57–59, 61,
195, 259, 294
Schabowski, Günter 35, 67
Schäfer, Armin 277
Scharping, Rudolf 90, 138
Schäuble, Wolfgang 10, 25–28, 83,
87, 89
Schavan, Annette 97, 105, 126,
134 f., 161, 165–167
Schiller, Karl 186
Schindhelm, Michael 36, 57, 60–63
Schipanski, Dagmar 69
Schipanski, Tigran 69
Schmidt, Helmut 28, 177, 180, 221
Schmidt, Ulla 187
Schnappauf, Werner 131
Schneiderhan, Wolfgang 133
Schnur, Wolfgang 70, 72–75
Scholz, Olaf 184, 216
Schönherr, Albrecht 38
Schorlemmer, Friedrich 70, 73
Schreiber, Karlheinz 99 f., 104
Schröder, Gerhard 10, 12, 19, 21, 25,
28, 43, 87, 90, 96, 98, 103, 106,
110, 115, 120, 128, 136–143, 159,

DANK

Es war ein großes Glück, dieses Buch recherchieren und schreiben zu dürfen. Vor allem weil so viele bereit waren, mit mir über die deutsche Politik, die Kanzlerin und über die Wandlungen der Gesellschaft seit der Wiedervereinigung zu sprechen. Ich habe selten so viel gelernt und so sehr von der Klugheit und Nachdenklichkeit anderer profitiert. Dafür bin ich sehr dankbar.

Die meisten Gesprächspartner haben mich um Vertraulichkeit gebeten, weshalb ich hier niemanden persönlich erwähne. Doch ohne das Vertrauen und die Offenheit ehemaliger und aktueller Kabinettsmitglieder und Ministerpräsidenten, enger Mitarbeiter im Kanzleramt und des Konrad-Adenauer-Hauses, politischer Wegbegleiter, Kritiker und Konkurrenten Angela Merkels wäre es nicht gegangen. Die Kanzlerin selbst stand für dieses Buch nicht zu einem Gespräch zur Verfügung. Der Konrad-Adenauer-Stiftung danke ich für die Möglichkeit der Archivrecherche und für viele wichtige Hinweise. Susanne Langguth hat mir erlaubt, den Nachlass ihres verstorbenen Ehemanns, des CDU-Politikers und Merkel-Biographen Gerd Langguth, im Archiv der Konrad-Adenauer-Stiftung einzusehen. Journalistische Kollegen, Zeithistoriker und Politikwissenschaftler haben mit mir über ihre Sicht der Dinge diskutiert. Für die Kollegialität, Hilfsbereitschaft und Freundschaft bin ich mehr als dankbar.

Wie immer hat mir Wolfgang Nowak sehr geholfen. Er, Margaret Heckel, Jörg Büsche und Martin Kessler haben das Manuskript gelesen und wichtige Ergänzungen und Korrekturen angeregt. Ohne Ulrich Wank würde es das Buch nicht geben. Frank Pöhlmann vom

Rowohlt Berlin Verlag danke ich für die freundliche Begleitung, besonders für seine Flexibilität in den letzten Wochen vor Abschluss des Manuskriptes. Danke!

Vor allem danke ich meiner Familie: Michael Sauga und Wolfgang Weidenfeld für die Gespräche, das Lesen, die kritischen und die freundlichen Kommentare. Miriam für ihre gute Laune. Ihnen ist dieses Buch gewidmet.

BILDNACHWEIS

Seite 23: getty images / Frank Ossenbrink

Seite 40: getty images / AFP

Seite 46: picture alliance / dpa | Tim Brakemeier

Seite 49: Glaescher / laif

Seite 56: picture alliance / dpa | Bernd Settnik

Seite 59: getty images / Bogumil Jeziorski

Seite 65: ullstein bild – dpa

Seite 76: ullstein bild – Melde Bildagentur

Seite 78: ullstein bild – Ebner

Seite 85: picture alliance / SvenSimon | Annegret Hilse / SVEN SIMON

Seite 94: getty images / Ulrich Baumgarten

Seite 105: picture-alliance / dpa | Andreas Altwein

Seite 109: ullstein bild – Martin Lengemann / WELT

Seite 114: Teutopress / Süddeutsche Zeitung Photo

Seite 121: picture alliance / dpa | Kay Nietfeld

Seite 127: Jose Giribas / Süddeutsche Zeitung Photo

Seite 136: picture alliance / REUTERS | FABRIZIO BENSCH

Seite 147: getty images / NurPhoto

Seite 163: getty images / Thomas Imo

Seite 166: ullstein bild – Christian Bach

Seite 173: picture alliance / AP Photo | MYRIAM VOGEL

Seite 191: picture alliance / dpa | Oliver Berg

Seite 195: picture alliance / dpa | DB Matteo Villanova

Seite 205: getty images / Sean Gallup

Seite 209: picture alliance / dpa | Marcus Brandt

Die Rowohlt Verlage haben sich zu einer nachhaltigen Buchproduktion verpflichtet. Gemeinsam mit unseren Partnern und Lieferanten setzen wir uns für eine klimaneutrale Buchproduktion ein, die den Erwerb von Klimazertifikaten zur Kompensation des CO_2-Ausstoßes einschließt.
www.klimaneutralerverlag.de